John Franklin

INS ARKTISCHE AMERIKA

Die dramatische Expedition
in die Nordwest-Territorien Kanadas

Herausgegeben von Detlef Brennecke

EDITION ERDMANN

Inhalt

Vorwort des Herausgebers

»… ausgesandt, einen Weg zur See aufzusuchen«
John Franklin, der Erforscher der Nordwestpassage

Die Entdeckung Amerikas ist die Pointe eines Aberwitzes … Anno Domini 1295 soll der Venezianer Marco Polo nach langen Karawanenzügen durch Ostasien – das weiland auch pauschal mit dem Begriff »Indien« bezeichnet wurde – in seine Heimat zurückgekehrt sein. Freilich: Ob diese Reise jemals stattgefunden hat, ist bis heute unbewiesen. Genauso, wie es keine Bestätigung für die Umstände gibt, unter denen Marco Polo angeblich dem Schriftsteller Rustichello da Pisa 1298 von seinem Gran Viaggio erzählt hat. Hirngespinste sind darunter, Ammenmärchen und Schnurrpfeifereien wie jene, wonach vor der Küste Chinas eine Insel namens »Zipangu« (= Japan) liege. Deren König halte Hof in einer Feste, deren Dach ganz und gar mit Gold plattiert sei, »gerade so wie wir die Häuser, oder richtiger die Kirchen, mit Blei decken«.

Zwei Jahrhunderte später wurde der Genueser Cristoforo Colombo von solchem Seemannsgarn gefesselt. Und er notierte neben die besagte Stelle in seinem Exemplar der *Beschreibung der Welt* »Aurum in copia maxima« … »Gold in größtem Überfluss«. Dann rüstete er drei Karavellen, ließ ihren Kurs nach Westen legen, und nachdem er fünf Wochen lang gesegelt war, trug er am 10. September 1492 in sein Bordbuch ein: »Heute ließ ich die Mannschaft zusammenrufen und sprach von den Ländern, die auf uns warten. Ich schilderte sie, wie ich sie aus dem Bericht Marco Polos kenne. Als ich die Reichtümer erwähnte, das Gold und die Edelsteine, mit welchen sich ein jeder die Taschen würde vollstopfen können, hellten sich die Mienen doch ein wenig auf.«

Sobald er dann am 12. Oktober den Strand von Guanahaní (= Watlinginsel) betreten hatte, wähnte er sich im Dunstkreis jenes Eldorados. Aber das Gefundene erwies sich nicht als das Gesuchte. Weder auf der ersten Mission noch auf der zweiten von 1494 bis 1496 noch auf der dritten von 1498 bis 1500 noch auf der vierten von 1502 bis 1504. Am Ende wurde dem Admiral nicht einmal das Namenspatronat der fernen Küste gewährt. Stattdessen sollte der Geograph Martin Waldseemüller aus Freiburg im Breisgau den fremden Gestaden 1507 in seiner *Universalis Cosmographia* zu Ehren des florentinischen Schiffsführers – und Aufschneiders! – Amerigo Vespucci den Namen »America« geben. Waldseemüller korrigierte das später. Aber da hatte er seine Karte bereits in tausend Exemplaren gedruckt und somit markt- und meinungsbeherrschend gemacht.

Gleichwohl wusste weder der eine noch der andere, weder dieser Deutsche noch jener Italiener, was »America« war. Ein riesiges, »Zipangu« vorgelagertes Eiland …? Eine Barriere im Atlantik …? Eine neue Welt …?

Des Rätsels Lösung brachte 1513 ein Mann, der heute wohl weitgehend vergessen wäre, wenn ihm nicht Stefan Zweig in den *Sternstunden der Menschheit* 1943 mit der ersten seiner zwölf historischen Miniaturen ein Denkmal eherner denn Erz gesetzt hätte: Vasco Núñez de Balboa, ein Desperado aus Jerez de los Caballeros in Spanien, der wie so viele seiner Zeitgenossen davon träumte, das von Marco Polo in zwei, drei Sätzen erwähnte Gefilde allen Überflusses zu erobern.

Gesten und Zeichen der »Indios« hatte Balboa entnommen, dass das Gebiet um die Siedlung Darien bloß ein schmaler Landstreifen ist, den im Westen ein unendlich weites Meer bespült – in wenigen Tagesmärschen zu erreichen. »Von diesem Augenblick an«, bemerkte Stefan Zweig, »hat das Leben dieses zufälligen Abenteurers einen hohen, einen überzeitlichen Sinn.« Denn Balboa machte sich auf den Weg über jenen Isthmus.

Es wurde eine Schinderei ohnegleichen – sowohl für die Conquistadores als auch für die Eingeborenen und die Tiere: die Pferde, die Lastesel und Bluthunde … »Ave Maria, gratia plena …« Die Überquerung – vielmehr: das Schneisen-Freischlagen, das Sümpfe-Durchwaten, das Berge-Erklimmen – führte durch einen Dschungel, aus dessen geheimnisvollen Tiefen immer wieder vergiftete Pfeile auf den längst fiebersiechen Heerwurm niederprasselten. Hundertdreiundzwanzig der hundertneunzig Soldaten, die sich vor Wochen beutelüstern aufgemacht hatten, waren inzwischen schon tot.

Doch dann, am 25. September 1513, schien es, als hätte sich die Heilige Jungfrau ihrer Schutzbefohlenen erbarmt. Und so trat auf einer Anhöhe plötzlich der Baumbestand zurück, und bis zum Horizont sah Balboa nichts als das Gleißen und Glitzern des avisierten Ozeans …

Zwei Tage später erreichte er mit einer Abteilung seiner Getreuesten das Ufer. »Diese zweiundzwanzig«, bezeugt eine zeitgenössische Quelle, »sowie der Schreiber Andrés de Valderrábano waren die ersten Christen, die ihren Fuß in das Mar del Sur setzten, und alle probten sie mit ihren Händen das Wasser und netzten damit den Mund, um zu sehen, ob es Salzwasser sei wie jenes des anderen Meeres. Und als sie sahen, dass dem so war, sagten sie Gott ihren Dank.«

So gewissenhaft der 27. September 1513 dokumentiert ist: Der grandiose Moment, in dem Balboa achtundvierzig Stunden zuvor die »Südsee« erblickt hatte, dieses Gewahrwerden, dass »America« ein Kontinent ist, markiert das Datum, an dem die Suche nach dem westlichen Seeweg nach »Indien« aufs Neue begann. »Indien« lag plus ultra, noch weiter draußen, und harrte darauf, von Osten her angesteuert zu werden.

Doch nachdem dies 1521 durch die Landung von Fernão de Magalhães auf den Philippinen gelungen war, sich aber – nicht zuletzt in dem Archipel am Südzipfel Amerikas – als äußerst mühsam erwiesen hatte, richtete sich das Augenmerk der Seefahrer Europas auf den Norden des Mundus Novus.

Daher schwärmten sie aus, um ihrerseits ans Ziel des Genuesen zu gelangen … und mussten doch allesamt vor heimtückischen Untiefen oder abweisenden Packeissperren beidrehen: der Italiener Giovanni da Verrazzano 1523 in der Hudson-Straße, der Portugiese Esteban Gómez 1525 unter dem Saum Neufundlands, der Franzose Jacques Cartier 1534 im Sankt-Lorenz-Golf, die Engländer Martin Frobisher 1576 vor der Cumberland-Halbinsel, Henry Hudson 1610 in der Hudson Bay und William Baffin 1616 im Lancaster-Sund.

Nein, die Nordwestpassage blieb ein Traum und ein Trug: ein brillantes Theorem!

So lenkte die dauerhafte Fruchtlosigkeit der älteren Piloten die Draufgängerlust der jüngeren für eine Weile auf andere Regionen, obschon das Parlament in London unterdessen – 1745 – eine Belohnung von zwanzigtausend Pfund Sterling für jenen Sailor ausgesetzt hatte, der den Durchschlupf fände. Nachdem dann überdies James Cook von der Beringstraße aus in west-östlicher Richtung vergebens nach jener Schneise gefahndet hatte, erschien sie ein für alle Mal als Illusion. Am 15. August 1778 notierte der Post Captain Seiner Majestät ins Logbuch der »Resolution«: »Eine halbe Stunde nach zwei kamen wir bei 22 Faden tiefem Wasser […] auf eine Breite von 70°41', wobei wir nicht in der Lage waren, uns auch nur ein Geringes weiter vorzutasten, war doch das Eis zur Gänze undurchdringlich und reichte vor uns von einem Horizont zum anderen, so weit wir sehen konnten.«

Die Nord-Route vom Atlantik in den Pazifik wurde zu einer Herausforderung für Albions Seehelden in spe. Dementsprechend stellte sich 1818 schon auf den ersten Seiten von Mary Shelleys Schauermär *Frankenstein* ein junger Skipper dadurch als Wohltäter der Menschheit vor, »dass ich in der Nähe des Pols eine Passage zu den Ländern entdecke, die zu erreichen im Augenblick so viele Monate in Anspruch nimmt«.

Now then! John Ross, David Buchan, William Edward Parry – sie alle ließen in ebenjenem Jahr 1818 die Anker lichten und irrten im maritimen Labyrinth der Arktis umher, erlitten Verluste an Material und Mannschaften, scheiterten, aber gaben nicht auf und wiederholten ihre Attacken.

Am erbittertsten kämpfte ein Engländer, der bis heute als Ausbund eines Suchers nach der Nordwestpassage gilt und nicht zuletzt durch Sten Nadolnys Roman *Die Entdeckung der Langsamkeit* (1983) ein mythischer Heros geworden ist, das Muster eines Mannes, der sein Schicksal beharrlich mit dem Drang zum Voraussein verband – jener Grundbedingung, die für die Erforschung der Erde seit Olims Zeiten zwingend ist.

Sein Name: John Franklin.

John Franklin wurde am 15. April 1786 in Spilsby geboren[1], einem Marktflecken in der Grafschaft Lincolnshire, nahe der Ostküste der Insel. Seine Vorväter stammten aus dem südwärts gelegenen Norfolk, hatten sich dann aber bei Sibsey in Lincolnshire als Gutsherren niedergelassen – freilich ohne Fortune. Denn mit jedem neuen Geschlecht schrumpfte das Vermögen der Sippe so weit zusammen, dass am Ende die Witwe John Franklins, des Großvaters des Wegbereiters, ein – wie die Annalen berichten – »gar mäßiges Auskommen« besaß. Da sie jedoch, wie ebenfalls kolportiert wird, eine Frau »von maskuliner Dynamik und resolutem Charakter« war, zog sie nach Spilsby, machte dort einen Laden mit Kolonialwaren auf und lernte ihren Sohn, Willingham, als Tandler und Trödler an. Das tat sie mit solchem Erfolg,

1 Ist es nicht eine seltsame Begebenheit, dass der Norweger Roald Amundsen 1899 in der nur dreißig Meilen von Spilsby entfernten Hafenstadt Grimsby eine Büchersammlung zur Entdeckungsgeschichte der Nordwestpassage erstehen sollte – eine Bibliothek, deren Studium ihn dazu befähigte, jenen Seeweg zwischen 1903 und 1905 tatsächlich zu befahren?

dass aus dem Groß- und Einzelhandelskrämer bald ein Bankbesitzer wurde, der es sich 1779 leisten konnte, auf der Main Street ein stattliches Haus zu kaufen, in das er mit seiner Frau Hannah Chappell, der Tochter eines begüterten Landwirts, und sieben Kindern (ein achtes war kurz nach der Geburt gestorben) einzog.

Als sich dann zu den drei Brüdern und vier Schwestern ein vierter Junge gesellte (ihm sollten im Laufe der Jahre drei weitere Mädchen folgen), geschah das für diesen Knaben unter günstigen Verhältnissen: Um ihn herum quirlte die Schar der Geschwister, mit denen er zu den Wäldern und Seen, Mooren und den Anhöhen hinauswandern konnte – denn am Rande der Lincolnshire Wolds war kein Platz für Stubenhockerei, sondern für Tatendrang, Wagemut und Rührigkeit. Bloß, musste es 1796 gleich das Internat von Saint Ives in Cambridgeshire sein? – Nach wenigen Wochen war John Franklin wieder zurück: auf der Lateinschule in Louth, nicht mehr als eine halbe Tagesreise nördlich von Spilsby.

Und wenige Meilen von hier, bei Saltfleet, lag das Meer … sein Geruch erfüllte die Luft.

Diese Prämissen, die familiären wie die topographischen, sollten mit frappanter Konsequenz einen von Willingham Franklins Söhnen als Richter nach Madras, einen anderen als Soldaten um die halbe und einen dritten – nämlich jenen, von dem im Folgenden hauptsächlich die Rede sein wird – als Entdecker fast um die ganze Welt führen.

Zumal die Epoche, in der John Franklin groß wurde, eine Zeit der Entgrenzungen war: Hergebrachte Schranken wurden aufgehoben, bestehende Gräben übersprungen und verbindliche Verhältnisse gelöst.

England befand sich im Umbruch. Seine Bürger sorgten (das Ehepaar Franklin hatte es gezeigt) in so massenhafter Weise für Nachwuchs, dass Thomas Robert Malthus in seinem *Versuch über das Bevölkerungsgesetz* 1798 wegen der ständigen »Neigung aller Lebewesen, sich in höherem Maße zu vermehren, als es die ihnen zur Verfügung stehende Nahrungsmenge zulässt«, nichts als Verelendung befürchtete. Vielerorts entstanden neue Städte, und die alten platzten aus den Nähten. Manchester allein sollte seine Einwohnerzahl von vierzigtausend Seelen zwischen 1770 und 1820 nahezu verfünffachen. Es war die Ära der Industrialisierung, die manchem Wohl und vielen Wehe brachte und allesamt in merkwürdiger Eintracht von der Ferne träumen ließ: die Arbeiter in den Slums, die Kaufleute in den Kontoren, die Unternehmer in den manor-houses. Diese prüften schon die Ausfuhr nach Australien … die anderen planten längst den Handel mit Ostindien … und jene priesen bereits die Freiheit in Amerika …

Infolgedessen wundert es nicht, dass das industrielle oder merkantilistische Saeculum namentlich in England zugleich ein – sagen wir – transozeanisches war. Immer beschäftigten sich Künstler und Denker mit dem Thema des Überseeischen. So bezeichnete Adam Smith 1776 in seiner Abhandlung über den *Wohlstand der Nationen* Bartolomëu Diaz' erste Umfahrung des Kaps der Guten Hoffnung als eines der »größten und bedeutendsten Ereignisse in der Geschichte der Menschheit«; und dann rankte er um diese Diagnose einen nationalökonomischen Exkurs über die »Vorteile, die Europa aus der Entdeckung Amerikas und der Passage um das Kap der Guten Hoffnung nach Ostindien gezogen hat«. 1798 ließ Samuel Taylor Coleridge in seiner *Ballade vom alten Seemann* einen Engländer in die Antarktis segeln:

> »Alsbald kamen Nebel und Schnee, und es wurde bitterkalt:
> Und Eis, masthoch, kam vorbeigetrieben, grün wie Smaragd.
> Und durch das Treibeis warfen die schneebedeckten Abgründe einen düsteren Schein:
> Weder Menschen noch Tiere können wir erkennen –
> überall war Eis.«

Das ging am Ende bis zu Ford Madox Browns erschütterndem Gemälde *Der letzte Blick auf England* von 1852 – jener Hommage an seinen Freund, den Bildhauer Thomas Woolner, der mit seiner Frau nach Australien auswandern musste.

Will man die hier umrissene Spanne, die auch das Leben John Franklins mit einschließt, geistesgeschichtlich orten, dann stellt sich heraus, dass sie recht genau mit der Periode des Romantic Movement zusammenfällt.

Der Erkenntniswille seiner Vertreter war auf das Bisher-nicht-Erfahrene und ergo Bisher-nicht-Gestaltete gerichtet. Darum verwarfen sie die klassischen Normen und griffen alternative Axiome auf. Die Künstler ließen sich vom Fallbei(l)spiel der Französischen Revolution in ihrer Auflehnung bestätigen und von der eigenen Einbildungskraft (»imagination«) in ihrem Schöpfertum bestärken. Auf diese Weise überwanden sie die Zwänge der gültigen Ordnung, bis sie schließlich eine noch nie da gewesene Wirklichkeit gewahrten und danach wiedergeben konnten. Mit einem Wort: Sie bewiesen eine Gesinnung, die jener der Rebellen auf dem politischen Sektor entsprach. Nicht zuletzt aus diesem Grunde wimmelt es von jetzt an in der Dichtung und der Malerei von Unangepassten: von Vaganten, Exploratoren und Abenteurern. Dass Prometheus, der den Menschen das Licht gebracht hatte, aber dafür von Zeus an einen Felsen gekettet worden war, in einem lyrischen Drama von Percy Bysshe Shelley aus dem Jahre 1820 durch Herkules »entfesselt« wird, ist bezeichnend für den Geist jener Zeit – den Trotz, das »Unbound«-Sein, die Unrast … den Wunsch nach Horizont-Erweiterung.

Ihren sichtbaren Ausdruck fand diese allgemeine Aufbruchstimmung im Œuvre William Turners durch die Schiffe: so auf dem Ölbildnis *Spithead: Schiffsmannschaft holt einen Anker ein* (1818), auf der Zeichnung *Blick auf einen Hafen* (1827) und auf dem Aquarell *Segelschiff auf See* (um 1843).

Als sein Zunftgenosse George Sanders um 1810 darstellte, wie Lord Byron windzerzaust am Ufer eines Gewässers steht – bereit, sich in Begleitung seines Gefährten Robert Rushton mit einem Ruderboot auf dem im Hintergrund wartenden Kutter einzuschiffen –, war dies englische Romantik pur!

Auf Schiffen ließ sich das ganz Andere erreichen. Schiffe waren Dienstfahrzeuge – sowohl für erdachte Recken als auch für leibhaftige, für gestandene Helden wie für angehende.

Solch einer war John Franklin, als er sich gemeinsam mit einem Klassenkameraden von Louth nach Saltfleet aufgemacht und zum ersten Mal in seinem Leben das Meer geschaut hatte. »Dieser eine Anblick«, schrieb späterhin sein Biograph Henry Duff Traill, »genügte.« Er stattete John Franklin mit jener Sehnsucht aus, mit der er zum Entsetzen des Vaters den Beruf eines Seemanns anstreben sollte. Ja, er tat dies Schuljahr für Schuljahr mit einer solchen Entschiedenheit, dass Willingham Franklin es 1799 auf einen Versuch ankommen ließ: Er erlaubte seinem Sohn, auf einem Kauffahrteischiff von Hull nach Lissabon und retour zu reisen … und erfuhr bei der Rückkunft seines Sprösslings, dass aus dessen Wunsch inzwischen ein eiserner Entschluss geworden war.

Da gab der Vater klein bei und schickte seinen Ältesten, Thomas, mit John Franklin nach London. Dort musterte der Vierzehnjährige im Herbst des Jahres 1800 als Freiwilliger bei den Seestreitkräften an.

Die Krone brauchte Soldaten: Hatte sich doch der kürzlich zum »Ersten Konsul« ernannte militärische Oberbefehlshaber Frankreichs, Napoleon, unter dem Vorwand, die demokratischen Ideale der Revolution zu exportieren, längst angeschickt, Eroberungskriege zu führen. Dass Lord Nelson die französische Flotte am 1. und 2. August 1798 vor der Küste Ägyptens bei Abukir vernichtet hatte, beirrte den Franzosen nur wenig in seiner Absicht, wie Alexander der Große dereinst »nach Indien zu gehen« – festigte aber erheblich den Nimbus der britischen Marine. Der Rock der Royal Navy zierte ungemein.

»Der Dolch«, meldete Thomas Franklin in brüderlichem Stolz aus London nach Spilsby, »und der Dreispitz, die äußerst formidabel sind, gehören zu den eindrucksvollsten Teilen von Johns Uniform.«

Mag Sten Nadolnys literarische Fiktion der allmählichen Gewährung der Gemächlichkeit durch John Franklin auch noch so faszinierend sein – die Wirklichkeit sah anders aus: Hier überschlugen sich die laufenden, die hastenden, die rasenden Ereignisse und rissen jeden mit sich fort. Wer flink war, kam voran; wer trödelig blieb, der ging unter. John Franklin aber behielt zu allen Zeiten Oberwasser. Denn er war wendig, behände, geschwind – auf Regsamkeit geradezu erpicht.

Shakespeares Drama *King John* (1591) gehörte erklärtermaßen zu den Werken, die den Jüngling besonders beeindruckt hatten. In dem Stück, das die angestammte Feindschaft zwischen England und Frankreich beleuchtet, appelliert Johns Namensvetter bereits in der ersten Szene an den Patriotismus seines Volkes, als er den provokanten Emissär König Philipps II. August über den Kanal mit den Worten zurückschickt:

»Sei du in Frankreichs Augen wie der Blitz;
Denn eh' du melden kannst, ich komme hin,
Soll man schon donnern hören mein Geschütz.«

Welche Vorlage für einen Stürmer und Dränger, einen »first class volunteer« in pompösem Outfit!

Als sich John Franklin im März 1801 zum Dienstantritt bei Kapitän Lawford meldete, wurde dessen »Polyphemus« soeben gerüstet, um nach dem Öresund auszulaufen. Zur Zurückweisung von Englands Anspruch auf die Kontrolle der freien – sprich: nicht zugunsten Frankreichs betriebenen – Handelsschifffahrt hatten Dänemark und Schweden, ferner Preußen und Russland in »bewaffneter Neutralität« eine Liga gebildet, was dazu

Der vierzehnjährige Franklin tritt der Royal Navy bei

führte, dass den Briten seither der Zugang in die Ostsee verwehrt war. Das Vereinigte Königreich betrachtete diese Maßnahme als Anschlag auf seine Seegeltung und setzte daher eine gewaltige Flotte in Marsch. »Es heißt«, schrieb John Franklin noch am 11. März von Bord der »Polyphemus« an seine Eltern, »dass wir nach Helsingör gehen; wir wollen versuchen, die Festung einzunehmen. Aber manch einer hier fürchtet, dass wir das nicht schaffen. Ich denke, er wird seine Auffassung ändern, wenn er sieht, dass wir fünfunddreißig Linienschiffe haben, nicht mitgerechnet die kleineren Kanonenboote, die Fregatten und Schaluppen. Auch bei vorsichtiger Schätzung werden gleich bei der Ankunft tausend doppelläufige Gewehre dem armen Schloss von Helsingör einen tüchtigen Salut schießen.«

Unverkennbar die Kraftmeierei einer sieggewohnten Truppe! Zumal zu ihrem Stab abermals Lord Nelson gehörte. Am 12. März nahm der mächtige Geleitzug mit dreiundfünfzig Einheiten von Yarmouth aus, östlich von Norwich, Kurs auf den Skagerrak, schwenkte dann nach Süden in das Kattegat ein und bekam am 27. März, als er bei Helsingör in einen Kugelhagel geriet, hautnah zu spüren, wie »bewaffnet« der Status Dänemarks war. Hatte Shakespeare dieses Land nicht im *Hamlet* (1599) just an diesem Ort durch den Mund der Titelfigur als Schurkenstaat bezeichnet? Jetzt galt es, dessen Hütern eine Lektion zu erteilen. Und so begann im Morgengrauen des 2. April 1801 das Bombardement Kopenhagens.

Die Schlacht, das Gemetzel war unvorstellbar. Auf eine Fläche von zwei Quadratkilometern wurden zweitausend Kanonen abgefeuert. Schiffe liefen auf Grund, Batterien am Ufer flogen in die Luft, Masten splitterten, Menschen stöhnten, Segel loderten auf, Pulverfässer barsten, es zischte und krachte und qualmte, dass es schier unmöglich war, den Überblick zu behalten. Es war ein Inferno. Nelson, der Mühe hatte, das Geschehen von der »Elephant« aus zu leiten, sagte später, es sei »das grauenvollste« aller Gefechte gewesen, die er mitgemacht hatte. Eintausendzweihundert seiner Leute waren schon verwundet oder gefallen; aufseiten des Gegners lag die Zahl bei sechstausend. Da, gegen 14 Uhr 45, stellten die

Dänen plötzlich das Schießen ein und hissten allenthalben weiße Fahnen. Der Weg ins Mare Balticum war frei.

Am Nachmittag des 2. April 1801 wurde auf der »Polyphemus« Bilanz gezogen. »Die Prüfung ergab«, berichtet das Logbuch, »dass wir sechs Tote und vierundzwanzig Verletzte zu beklagen haben und dass zwei Kanonen auf dem Unterdeck zerstört sind.« John Franklin hatte seine Feuerprobe physisch – und offenbar auch psychisch – unbeschadet überstanden. Er war nun in die Gemeinschaft der Seefahrer aufgenommen ... und konnte es tatendurstig kaum erwarten, dass die »Polyphemus« ihren Hafen erreichte: Plante doch sein Onkel Matthew Flinders eine Forschungsreise nach Neuholland (dem er später den Namen »Australien« gab). »Für den Fall, dass wir vor dem Abgang der ›Investigator‹ heimkommen sollten, wäre ich euch dankbar, wenn ihr euch für mich [bei Matthew Flinders] einsetzen würdet«, hatte John in jenem Brief vom 11. März an Willingham und Hannah Franklin weitblickend gebeten.

Und die Vorsorge zahlte sich aus! Weil Flinders nämlich nach wie vor in England aufgehalten wurde, als Franklin dort Ende Mai eintraf, und die Eltern ihrem Schwager den Filius ans Herz gelegt hatten, stieg der lediglich um: von Yarmouth nach Sheerness, von der »Polyphemus« auf die »Investigator«. Allein die Zeit zum Umpacken des Seesacks war etwas knapp bemessen. Denn der Starttermin war auf den 7. Juni anberaumt.

Matthew Flinders war siebenundzwanzig Jahre alt und seit Kurzem mit einer Schwester von Franklins Mutter verheiratet. Er hatte von 1791 bis 1793 eine Expedition mit dem durch die Meuterei auf der »Bounty« berüchtigten Kapitän William Bligh nach Tahiti sowie Westindien unternommen und war 1795 nach Neuholland gesegelt. Dessen Südküste hatte er bis 1800 auf mehreren Erkundungsfahrten besichtigt und aufgenommen und dabei den Nachweis des Insel-Charakters von Van-Diemens-Land (später Tasmanien) erbracht. Seit er die Früchte dieser Forschung in den *Observations on the Coasts of Van Diemen's Land, on Bass's Strait and its Islands, and on Part of the Coasts of New South Wales* (»Beobachtungen an den Küsten von Van-Diemens-Land, der Bass-Straße und ihren Inseln sowie Teilen der Küste von Neusüdwales«, 1801) vorgelegt hatte, galt er neben seinem Landsmann James Cook als einer der besten europäischen Kenner des Fünften Erdteils. Wobei sich das ›Wissen‹ aller seiner Wegbereiter – darunter der Spanier Luis Váez de Torres, der Niederländer Abel Janszoon Tasman und der Franzose Jean-François de Galaup Comte de la Pérouse – immer nur auf Abschnitte von Uferstreifen bezog. Wie also sah der Kontinent in toto aus? Wo verlief die Küstenlinie? War er vielleicht doch, wie seit Jahrhunderten vermutet, mit einer Landmasse am Südpol verbunden?

Flinders hatte seinen Report dem Präsidenten der Royal Society, Sir Joseph Banks, gewidmet und dabei mit der Wurst nach der Speckseite geworfen. Und zwar so erfolgreich, dass er nur wenige Monate später auf Empfehlung solchen Gönners durch die Großadmiralität Seiner Majestät Georgs III. damit betraut worden war, möglichst viele Befunde über jene Terra incognita zu sammeln: geographische und nautische, botanische und zoologische, anthropologische und astronomische. »Haben Sie alle diese erwähnten Untersuchungen und Erforschungen vollbracht, so verlieren Sie keine Zeit, mit der unter Ihrem Kommando stehenden Korvette für weitere Befehle nach England zurückzukehren.« Eine Order, die ins Leere ging … Aber wie konnte Flinders das ahnen, als er am 7. Juli in Sheemess auf Sheppey in der Themsemündung die Leinen kappen ließ?

1801 – welch ein Jahr für John Franklin! Er war Seemann geworden, hatte auf der Reede von Kopenhagen unter Nelson gekämpft, und jetzt, da eben sechs Monate verstrichen waren, befand er sich auf großer Fahrt um den halben Erdball. Und in einem Wettlauf! Denn den Offizieren der »Investigator« war bekannt, dass auf Drängen des französischen Weltumseglers Louis-Antoine de Bougainville das Direktorium in Paris den Kapitän Nicolas Baudin entsandt hatte, mit der »Géographe« ein ähnliches Unternehmen durchzuführen wie Flinders.

Da war es kein allzu gutes Vorzeichen, dass der Engländer bei der Isle of Wight auf eine Sandbank lief. Erst bei Flut ging die Reise weiter: an der Iberischen Halbinsel entlang, den Atlantik hinunter bis zum Kap der Guten Hoffnung, von wo Franklin einen launigen Brief nach Spilsby schickte: Er sei nun »für die Chronometer verantwortlich, bestimme Positionen & cetera«. Weiter ging es, jetzt gen Osten, quer über den Indischen Ozean, immer parallel zum 40. Breitengrad, bis die »Investigator« Anfang Dezember die Südspitze Neuhollands erreichte, wo die Besatzung bald auf die ersten Eingeborenen stieß. In unfreiwilliger Allgemein-Menschlichkeit notierte Flinders nach einem Landgang seiner Soldaten: »Die roten Röcke mit den gekreuzten weißen Gurten wurden [von den Aborigines] sehr bewundert, da sie Ähnlichkeit haben mit der Art, wie sie sich selbst verzieren.«

Bucht um Bucht, Riff um Riff, Kap um Kap wurde die Südküste Neuhollands fortan kartographiert: Längengrad um Längengrad, Woche um Woche, Messtischblatt um Messtischblatt. Dass am 22. Februar 1802 acht Männer auf der Suche nach einem Ankerplatz für ihr Mutterschiff mit einem Beiboot kenterten und ertranken und dass die »Investigator« am 8. April hinter der Känguru-Insel fürwahr der »Géographe« begegnete, ging in der exploratorischen Routine nahezu unter.

John Franklin beklagte nach dem Treffen mit den Franzosen allerdings, dass er ihre Sprache nicht beherrschte. Ansonsten schrieb er in demselben, an seine Mutter gerichteten Brief aus Port Jackson, der Bucht von Sydney: »Vater betrachtet, wie ich inniglich hoffe, inzwischen die Wahl, die ich für mein Leben getroffen habe, mit größerer Gelassenheit. Er sieht doch: Es lag weder an einer flüchtigen jugendlichen Grille noch an der attraktiven Uniform noch an dem Bedürfnis, die Schule hinzuschmeißen, dass ich mich für diese Profession entschieden habe.«

Es hätte eine glückliche Reise werden können ... wenn die »Investigator« nicht ein Seelenverkäufer gewesen wäre. Sie war dermaßen morsch, dass sie bereits auf der Herfahrt Wasser aufsog wie ein Schwamm. Am Ende, im Juli 1803, als Flinders Neuholland bis hinauf nach Arnhemland umrundet hatte (seine Karten waren noch im Zweiten Weltkrieg gültig!), konnte man ihren Rumpf mit einer Planke durchstoßen. Da gab Flinders das Schiff auf; seine Crew zerstreute sich ... Dass er selbst auf dem Rückweg nach England auf Mauritius in französische Gefangenschaft geriet und sechseinhalb Jahre lang festgehalten wurde, ist eine traurige Geschichte für sich.

John Franklins Heimreise dagegen stand unter günstigeren Sternen. Er war zunächst mit der »Rolla« nach

Kanton und dann von hier aus mit der »Earl Camden« auf verschlungenen Wegen nach England gesegelt. Dort stieg er am 6. August 1804 wohlbehalten das Fallreep hinab.

Sir Nathaniel Dance, der Kommandant der »Earl Camden«, bescheinigte dem Seekadetten: »Ich könnte aus der Besatzung meines Schiffes kein einziges Mitglied benennen, das in Würdigung seiner Beflissenheit und Emsigkeit sowie seiner mustergültigen Führung einen größeren Anspruch auf Lob und Auszeichnung verdient hätte als er.«

Am 7. August 1804 wurde der Name John Franklins aus der Schiffsrolle der »Earl Camden« gelöscht. Und nur einen Tag später wurde er schon in jene der »Bellerophon« eingetragen.

Er war jetzt achtzehn Jahre alt! Innerhalb kürzester Frist war er im Kugelhagel einer Seeschlacht und im Sonnenglanz des Äquators getauft oder, seemännisch gesprochen, mit allen Wassern gewaschen worden. Er hatte Mord und Totschlag erlebt und Frieden und Gedeihen einer weitgehend unberührten Natur genossen. Da war es, als ob das Schicksal ihm nun für einen größeren Zeitraum eine langsamere Gangart beschieden, die Knotengeschwindigkeit herabgesetzt hätte.

Obwohl es anfangs nicht so schien …

Das Machtgeschiebe in Europa, diese strategische Friktion mit ihrem unaufhörlichen Grollen und Beben, all die

Scharmützel und Geplänkel und Gefechte – dieser mal kalte, mal laue, mal heiße Krieg wütete noch immer. Und obwohl so viele Mächte daran beteiligt waren, stritten zuvörderst England und Frankreich um die Hegemonie auf dem Kontinent – ach was!: auf dem ganzen Globus. »Beherrschen wir«, hatte Napoleon 1804 beim Aufbau einer Invasionsarmee in Boulogne geschwärmt, »auf sechs Stunden den Kanal, dann sind wir die Herren der Welt.«

Fürs Erste krönte er sich zum Kaiser der Franzosen; und blieb doch für die Engländer nur »Little Boney«. Um ihm klar zu machen, wer im Kanal (und in Europa und in der Welt) das Sagen hatte, blockierten sie seit 1804 die französischen Häfen. Die »Bellerophon« unter Kapitän James Cooke belagerte Brest. Ein ödes Geschäft. »Die Tage«, schrieb John Franklin im Frühling 1805 an die Eltern, »werden wieder länger, und die Küste sieht schön aus. Einmal bin ich ans Ufer gefahren und habe einen ausgedehnten Spaziergang gemacht. Glaubt mir, für uns Kanal-Burschen ist ein Strandbummel, und sei es auch bloß am eklen Rande eines Hafens, ein Vergnügen.«

Langeweile ist der Nährstoff für Gerüchte. In die Karibik sollte es gehen, nach Cádiz oder Ostindien. Da, während die Männer noch über ihre neuen Einsatzorte rätselten, wurde die »Bellerophon« tatsächlich nach Cádiz beordert, wenig später nach Malta und kurz darauf nach Cartagena. Lord Nelson, der unterdessen das Kommando über das mit vierundsiebzig Kanonen bestückte Schiff übernommen hatte, jagte die französische Flotte mitsamt der Armada ihres Verbündeten Spanien. Bis er sie am 21. Oktober 1805 bei Trafalgar stellen konnte.

Da gingen dreiunddreißig Linienschiffe gegenüber Nelsons siebenundzwanzig in Position. Und wieder begann nun das große Töten, wurde Breitseite um Breitseite abgefeuert. Seinem Schwager Booth gab Franklin einen detaillierten Bericht: »Gleich zu Beginn verfingen sich die Masten der ›Bellerophon‹ in denen des französischen Linienschiffes [›L'Aigle‹]. Und obwohl die Rahen somit oben ziemlich dicht beieinander waren, klaffte unten eine Lücke – freilich nicht weit genug, als dass die Franzosen nicht versucht hätten, die ›Bellerophon‹ zu entern. Doch sobald sie Hand an die Reling unseres Schiffes legen wollten, bekamen sie von uns gehörig eins auf die Finger. Auf diese Weise stürzten Hunderte von Franzosen zwischen die Schiffe und ertranken.«

Auch Nelson fiel in dieser Schlacht. Seine Soldaten aber siegten und machten England auf Jahrzehnte zum Gebieter über alle Weltmeere. »Rule, Britannia …!« John Franklin hatte zu diesem Triumph sein Teil beigetragen. Er war der Signalgast der »Bellerophon«. Ist es daher nicht eine bestrickende Vorstellung, dass er es war, der Nelsons Tagesbefehl hinausgesandt hatte, der bald zum geflügelten Wort werden sollte: »England erwartet, dass jeder Mann seinen Dienst tut«?

Das viel zitierte und oft auch ironisierte Diktum galt für die Marine selbstverständlich fort. Aber Ereignisse wie jenes vor Kopenhagen oder bei Trafalgar fanden, genau besehen, lange nicht mehr statt, weil sich das Kräftemessen der Nationen künftig vor allem zu Lande vollzog, in den großen Feldschlachten: Austerlitz … Jena und Auerstedt… schließlich Leipzig … und dann Waterloo …

So spielte die Navy auf der Bühne der Weltgeschichte nur mehr die Rolle eines Komparsen. Sie stellte Geleitschutz, begleitete allfällige Bodenkämpfe durch Entlastungsangriffe vom Meer aus, unterstützte Blockaden und trug logistisch zur Expansion des britischen Kolonialismus in Indien und Nordamerika bei. Denn nachdem Napoleon im Gegenzug zu seiner Niederlage bei Trafalgar die Häfen des weitgehend von ihm dominierten Europas 1806 durch die Kontinentalsperre für Schiffe unter englischer Fahne geschlossen hatte, musste sich Großbritannien seine Märkte in Übersee suchen.

Der Lebenslauf John Franklins spiegelt die großen historischen Prozesse im Kleinen wider.

Sobald die »Bellerophon« in Plymouth überholt war, diente Franklin anderthalb Jahre lang als Obermaat auf ihr bei Patrouillen zwischen dem nordspanischen Kap Finisterre und der bretonischen Île d'Ouessant. Und als sich Portugal mit Rücksicht auf seine einträgliche Weinausfuhr nach England weigerte, die von Napoleon verhängten Abriegelungsmaßnahmen seinerseits anzuwenden und daraufhin im November 1807 französische Truppen gegen Lissabon vorrückten, machte sich die dortige Königsfamilie zur Flucht bereit. Das Schiff, das ihr die englische Regierung zur Verfügung stellte, trug den Namen »Bedford«, und John Franklin befand sich – mittlerweile zum Bootsmann befördert – in der begleitenden Crew. Das Ziel war Rio de Janeiro.

Im Geiste spielte er um Weihnachten 1808 durch, was die Geschwister im nebligen England wohl von ihm sagen mochten: »›Jetzt aalt sich unser Bruder in einem der reichsten Länder unter der Sonne, wo schon der geringste Aufwand bei Ackerbau und Viehzucht mit Riesenerträgen üppigst belohnt wird und der Boden die ergiebigsten Gold- und Silberminen bereithält ...!‹« Und er hätte für solch einen neidvollen Seufzer Verständnis gehabt: War doch seine Familie an eine Umgebung gebunden, in der die Menschen, wie er schrieb, »all ihr Sinnen und Trachten auf die teuren und überhöhten Märkte in ungesunden und übervölkerten Städten richten müssen«.

Da lobte er sich das bunte, heute beschauliche, morgen stürmische Dasein zur See, die frische Luft, das Abenteuer.

Sieben Jahre lang diente er auf der »Bedford«. Einmal dümpelte sie in tropischen Gewässern, ein andermal fuhr sie zu einer Spritztour quer über den Atlantik nach Madeira, dann wieder lief sie nochmals Rio de Janeiro an oder tauchte zur Verstärkung von Belagerungsstreitkräften vor der Küste der Niederlande auf, um sich als Nächstes in den 1812 ausgebrochenen Krieg zwischen England und den Vereinigten Staaten von Amerika einzuschalten. In der bis heute (und sei es auch nur durch das übermütige Lied des Country-Sängers Johnny Horton) berühmten *Battle of New Orleans* gelang es der »Bedford« zwar 1814, eine Anzahl feindlicher Kanonenboote vom Lake Borgne zu vertreiben – das Ringen selbst aber ging für die Briten, »the bloody British«, verloren.

Es bildete im Soldatenleben John Franklins so etwas wie den Schlussakkord. Denn als die »Bedford« heimgesegelt war und Franklin sie am 5. Juli 1815 verlassen und mit der ihm eigenen Promptheit zwei Tage später als Leutnant zur See das Deck der »Forth« betreten hatte, steuerte die Welt auf eine Zeit des Friedens zu.

Napoleon war endgültig geschlagen. Er hatte am 22. Juni abgedankt und begab sich am 15. Juli auf der »Bellerophon«, Franklins einstigem Schiff, in die Hände der Engländer. »Ich komme wie Themistokles«, sagte er mit dem Pathos dessen, der Plutarchs *Parallelbiographien* (um 110) gelesen hatte, »um mich an den Herd des englischen Volkes zu setzen.«

Zugegeben: Die Bedeutung der beiden Männer ist ungleich. Aber auch Franklin, der seine Epoche auf verblüffende Weise immer wieder verkörpert, musste sich nun – bei halbierten Bezügen – »an den Herd des englischen Volkes« hocken. Der Marine mangelte es an Aufgabenfeldern. Und so kehrte der Erste Offizier der Royal Navy John Franklin Ende 1815 in den Schoß der Familie nach Spilsby zurück. Er war jetzt neunundzwanzig Jahre alt und zur Untätigkeit verdammt.

Er hatte Muße, das Buch Matthew Flinders über *Die erste Umsegelung Australiens* (1814) zu lesen, und begann bei der Lektüre von einer neuen Expedition zu träumen. Als Robert Brown, der Botaniker der »Investigator«, vor einigen Wochen mit derselben Idee an ihn herangetreten war, hatte Franklin noch gezögert, denn er wollte seine militärische Karriere nicht durch einen neuerlichen ›Forschungsurlaub‹ aufs Spiel setzen. Doch nun, da die Admiralität ihm demonstrierte, wie wenig ihr sein Pflichtbewusstsein galt, wartete er brennend darauf, die von Tag zu Tag unerträglicher werdende Vita contemplativa gegen eine Vita activa einzutauschen.

Die Gelegenheit kam im Frühjahr 1818.

Nachdem die Navy darauf verfallen war, die alten Pläne von 1745 zur Erschließung »einer Nord-West-Passage durch die Hudson-Straße zu den Westlichen und Südlichen Meeren Amerikas« wieder aus der Schublade zu holen, hatte sie quasi als Arbeitsbeschaffungsmaßnahme vier Schiffe bereitgestellt, auf denen jenes bisher nie erreichte Tor nunmehr aufgestoßen werden sollte. Während also die »Isabella« und »Alexander« Richtung

Baffin Bay losgeschickt wurden, war der »Dorothea« und der »Trent« eine Route über Spitzbergen befohlen worden. Der Schiffsführer der Brigg »Trent« war John Franklin.

In einem Brief vom 6. April 1818 gestand er bei der Schilderung seiner Begegnung mit einer Reihe von Arktisspezialisten: »Es kommt mir schon ein wenig lächerlich vor, wenn ich mich in der Gesellschaft dieser Leute betrachte und daran denke, wie wenig ich von den Dingen verstehe, die Gegenstand ihrer Unterhaltung sind.«

Der Satz hatte prophetischen Charakter. Denn der Törn stellte sich binnen Kurzem als so etwas wie eine ins ewige Eis verlagerte Donquichotterie heraus: Der Eifer war groß, die Kenntnis der Fakten gleich null. Das zeigte sich am drastischsten daran, mit welcher Unbefangenheit die Männer ihre Fahrzeuge vorübertreibenden Eisbergen näherten. Einmal, berichtete später der Erste Offizier der »Trent«, Frederik William Beechey, in seiner *Voyage of Discovery towards the North Pole* (»Entdeckungsreise zum Nordpol«, 1843), wäre er mitsamt John Franklin um ein Haar von der Welle überspült worden, die ein kalbender Eisberg verursacht hatte. »Das Stück, das sich losgelöst hatte, verschwand zunächst gänzlich unter dem Wasserspiegel, und man konnte nichts sehen als die gewaltig brodelnde Flut und das Aufsteigen von Sprühnebel-Wolken, so wie es am Fuße eines hohen Kataraktes auftritt. Aber dann, nach wenigen Sekunden, schoss es auf einmal mit seiner Spitze hundert Fuß aus der Tiefe empor, und das Wasser strömte auf allen Seiten herunter, und jetzt tobte und wühlte es, ganz so, als wisse es nicht, wohin es sich wenden sollte, und nachdem es auf diese Weise eine Weile geschlingert hatte, kam es allmählich zur Ruhe.«

Mochten die unbedarften Pol-Stürmer noch glauben, durch Tatkraft und Entschlossenheit derlei Unbilden künftig meiden zu können, so machte ein undurchdringlicher Eiswall ihrem Vorstoß im Juli ein Ende. Die beiden Schiffe drehten bei und liefen nach einer mehr pittoresken als informativen Episode der Polarforschung am 22. Oktober 1818 wieder in den Hafen von Deptford bei London ein. Sie konnten melden, dass sie oberhalb von Spitzbergen eine Höhe zwischen dem 80. und 81. Breitengrad erreicht hatten, genau wie Henry Hudson – 1607.

Folgenreich sollte das Unternehmen dennoch werden. Denn hatte es nicht John Franklin seine Bestimmung gezeigt: die wesentliche, alle anderen Leistungen zurückstufende Sendung seines Lebens?

Was immer John Franklin ins Auge fasste – er nahm es zügig in Angriff. Daher war er nur sieben Monate später, am 23. Mai 1819, erneut aufgebrochen, die Nordwestpassage ausfindig zu machen. Sein Auftrag lautete, vom Ufer der Hudson Bay aus auf dem Landweg zur Mündung des Coppermine hinaufzumarschieren und von dort aus entlang der Küste nach Osten zu ziehen und sich am Ende womöglich mit William Edward Parry zu vereinen, der versuchen würde, ihm mit der »Hecla« sowie der »Griper« über die Baffin Bay und den Lancaster-Sund auf westlichem Kurs entgegenzukommen.

Ein simpler Schreibstubenplan. Es ging nur darum, von A (dem Hafen York Factory) nach B (der Mündung

Dr. John Richardson

des Coppermine) und daraufhin nach C (dem Lancaster-Sund) zu gelangen … und war doch schwierig zu bewerkstelligen!

Mit sich hatte Franklin einen Arzt, John Richardson, zwei Kadetten, George Back und Robert Hood, sowie einen Matrosen, John Hepburn; als Träger etliche Eingeborene, »Kanadier« oder sogenannte »voyageurs«, darunter den Irokesen Michel Teroahauté; ferner einen Vertreter der North-Western Company, der – neben der Hudson's Bay Company – anderen in Kanada tätigen

Handelsgesellschaft; außerdem gelegentlich ein paar Eskimos; und last, but not least zwei Dolmetscher.

Alles ließ sich gut an, als der Trupp York Factory am 9. September 1819 verließ. Die Gegend war bekannt und mit einem Netz von trading posts überspannt. Zunächst ging es auf mehreren Flüssen nach Südwesten bis Norway Point (oder House) und von hier aus nach Cumberland House, wo angesichts des einsetzenden Frosts eine Atempause eingelegt wurde. Dann, mit dem Anbruch des neuen Jahres, 1820, arbeitete sich das Expeditionskorps auf Schneeschuhen nordwärts nach Fort Chipewyan und, als der Sommer wieder die Benutzung der Boote zuließ, abermals über ein System von Gewässern nach Fort Providence vor. Hinter dieser Niederlassung durchquerten die Männer einen Landstrich, »den bis dahin noch kein Europäer bereist hatte«. Bis es im August oberhalb des Großen Sklavensees ein weiteres Mal Zeit wurde, ein Winterquartier aufzuschlagen. Franklin taufte es »Fort Enterprise«.

Unterbrochen allein von einigen Rekognoszierungstouren dauerte der Aufenthalt neun Monate – ein Dreivierteljahr, in dem die Temperaturen bisweilen auf 57° unter null sanken und die Männer sich die öde Zeit mit der Zeichnung von Messkarten vertrieben, der Niederschrift von naturhistorischen Notizen und der Pflege ihrer Ausrüstung. Dann, endlich, konnte der Marsch am 14. Juni 1821 fortgesetzt werden … bis es im Mündungsgebiet des Coppermine auf den Tag genau einen Monat danach zu jenem Ereignis kam, das mit der Sternstunde von Vasco Núñez de Balboa so viel Ähnlichkeit besitzt: »Noch an dem gleichen Abend genoss Doktor Richardson vom Gipfel eines hohen vom Lager drei Meilen entfernten Hügels herab den ersten Anblick der See, die mit Eis bedeckt zu sein schien.« Eine Woche später segelte John Franklin »auf dem Hyperboreischen Meere«!

Einen Monat lang verfolgte er den Küstenlauf, lotete er Wassertiefen aus, beobachtete er die Strömung und das Wetter ... und legte dabei fünfhundertfünfundfünfzig Meilen zurück. Dann zwang ihn der heraufziehende Winter, die Weiterfahrt abzubrechen und den Rückzug anzutreten. Der Umkehrpunkt bei 68°19' nördlicher Breite und 110°5' westlicher Länge bekam den Namen »Point Turnagain«.

Und eine Wende trat nun in der Tat ein. Denn auch wenn die Strapazen bisher groß gewesen waren, hatten die Europäer doch immerfort Gelegenheit gehabt, die Schönheit des Landes wahrzunehmen, die Sitten und Gebräuche der Eingeborenen zu studieren und die Wonne aller Entdecker zu genießen, an einem Ort der Erde ›Erster‹ zu sein.

Jetzt kippte alles um: Der Mundvorrat schwand dahin, das jagdbare Wild hatte sich nach Süden verzogen; und wechselte doch einmal ein Rentier oder Moschusochse vorüber, so waren die voyageurs zu schwach, um einen sicheren Schuss abzugeben. Bald zehrten die Männer nur noch von Flechten, die sie von Gesteinsbrocken klaubten und gallig »tripe de roche«, »Fels-Gekröse«, nannten; in ihrem Elend überwanden sie sogar allen Ekel und würgten einen Kadaver hinunter, den herumstreifende Wölfe längst verschmäht hatten – einige der Ausgemergelten »hatten dieser Mahlzeit ihre alten Schuhe beigefügt«.

John Franklins Bericht über seinen Vorstoß *Ins Arktische Amerika 1819–1822* (1823) raunt am Ende, als die Moribunden in »Fort Enterprise«, wenn auch nichts

Genießbares, so doch wenigstens eine Zuflucht gefunden hatten, dunkel etwas von Kannibalismus und schildert in umso grelleren Farben die Ermordung Robert Hoods durch den Irokesen Michel Teroahauté und dessen umgehende Hinrichtung durch John Richardson.

Im Grunde war zuletzt, als zehn der Teilnehmer des Hungermarsches durch Mord und Totschlag und Entkräftung umgekommen waren, keiner von den Lebenden mehr zu überlegtem Handeln in der Lage. Da tauchten am 4. November 1821 ein paar Indianer aus dem Waldesdickicht auf. Und nach wie vor rührt uns der Seufzer der Erleichterung an, mit dem John Franklin in sein Tagebuch kritzelte: »Gelobt sei der Herr! Heute sind wir durch die Ankunft von Indianern gerettet worden, die uns am Mittag mit Nahrungsmitteln versorgt haben.«

Irgendwo in seinem Report sollte er nach der Heimkunft nach England im Herbst 1822 den Ureinwohnern Kanadas ein Wort zur »Überlegenheit der Weißen über die Indianer« in den Mund legen. Doch am Schluss, als unabweisbar war, dass er und seine Mannen den Rothäuten das Leben verdankten, gab er offen zu, »dass weiße Männer Schuldner der Kupferindianer geblieben sind«. Die Einschränkung freilich, dass derlei »das erste Mal« vorgekommen sei, konnte er sich nicht verkneifen.

Und Franklin machte Furore. Obzwar er weit davon entfernt geblieben war, Parry zu treffen und damit die so dringend gesuchte Rinne nachzuweisen, sah er sich doch dank den Ergebnissen seiner Feldforschung in der Lage, diejenigen zu bestätigen, »welche die Ausführbarkeit der nordwestlichen Durchfahrt verteidigen«. Zudem: Das Buch über seine Reise, *Ins Arktische Amerika 1819–1822*, war rundweg begeisternd. Es enthielt zauberhafte Landschaftsschilderungen, pittoreske Skizzen aus dem Alltag der Indianer und auf seinem Höhepunkt eine spannende Gruselgeschichte – inklusive Happy End.

Unter denen, die Franklin anhimmelten, war eine Person, die den Namen benutzte, den die englischen Abenteurer einer Indianerin in Anspielung auf ihr Beinkleid gegeben hatten: »Green Stockings«[2]. Und so zirkulierte unter dem Pseudonym »Grünstrumpf« 1823 eine *Weise des treuen Eskimo-Mädchens* an den wackersten jener Helden. Sie schloss mit den Zeilen:

»Hiss die Segel aufs Neue, zum Pol hinan fahre,
derweil ich dir allwärts die Treue bewahre:
An den Flüssen, auf Bergen, im Waldlichtungs-
Schimmer,
in der Wildnis des Nordens bin dein ich für
immer.«

Was die Architektentochter Eleanor Anne Porden als kaum verhüllten Antrag in Reim-dich-oder-ich-fress-dich-Manier da gedichtet hatte, war in ihrer patriarchalischen Epoche so couragiert, dass es John Franklin wohl gerade deshalb gefiel. Jedenfalls fand die Verlobung mit Miss Porden im Frühsommer 1823 statt, am 19. August folgte die Hochzeit, und am 3. Juni 1824 wurde das Mädchen Eleanor Isabella geboren.

Nur: John Franklin war nicht für traute Häuslichkeit geschaffen. Mochte seine Frau, die an Schwindsucht litt, noch so krank sein und Klein Eleanor im schlimmsten Fall als einsame Halbwaise aufwachsen – der Drang hin-

2 Über »Green Stockings« erfährt der Leser mehr im 3. Kapitel des vorliegenden Bandes.

aus, dieser viel beschworene Ruf in die Ferne, war stärker als alles andere.

Deshalb ließ er – unter tränentreibendem Hier-gehe-ich-ich-kann-nicht-anders und der Hochachtung der Zeitgenossen vor so viel männlicher Überwindungskraft – Weib und Kind zurück und bestieg am 22. Februar 1825 die »Columbia«, die ihn zu seiner dritten Suche nach der Nordwestpassage über den Atlantik bringen sollte. Als er in Penentanguishene, einem Trappernest am Huronsee, noch mit den Vorbereitungen des Projekts befasst war, erreichte ihn die Nachricht, dass seine Frau sechs Tage nach seiner Abreise gestorben war.

Franklin hatte vor, diesmal zum Delta des Mackenzie zu ziehen, wo sich seine Truppe teilen sollte: Die eine Hälfte sollte von See her in Richtung Westen bis zur Beringstraße sondieren, die andere in Richtung Osten bis zur Mündung des Coppermine. Da Parry auf seiner Expedition von 1818 bis 1820 im Melville-Sund oberhalb der Victoria-Insel auf eine nördliche Breite von 74°26' und eine westliche Länge von 113°47' gelangt war und Franklin im Coronation-Golf unterhalb dieser Insel 68°19' sowie 110°5' erreicht hatte, würde dann für künftige Operationen vergleichsweise wenig zwischen den beiden Höhen »unexplored« bleiben (nämlich rund sechshundertachtzig Kilometer oder dreihundertsiebzig Seemeilen).

Um das Erzübel seiner vorigen Mission, den Ausfall von Proviant, abzustellen, hatte Franklin durch Mitarbeiter der Hudson's Bay Company im Vorweg eine Kette von Depots anlegen lassen, sodass er seine neue Fahrt durch »Ober-Canada« gut gewappnet antreten konnte. Mit von der Partie waren die altbewährten Weggenossen John Richardson und George Back – Zeugen einer Kontinuität, die zum Signum der ganzen Reise werden sollte. Und wie oft ließ sie Raum für Kontemplation! Angesichts einer malerischen Felsschlucht notierte Franklin: »Ich wurde unwillkürlich daran erinnert, wie sehr jeder Liebhaber des Romantischen von dem Anblick dieses Ortes ergriffen werden müsste, zumal da die Sonne gerade durch die breiten abendlichen Schatten außerordentlich gehoben wurde.«

Die Männer benutzten die ihnen bekannten Wege, kampierten in Cumberland House und Fort Chipewyan und zogen weiter nach Fort Norman am Mackenzie, von wo Richardson und Back einen Abstecher zum Großen Bärensee machten. Derweil fuhr Franklin auf dem Mackenzie zur Beaufortsee, kam dann aber zurück, um mit seinen fünfzig Leuten in »Fort Franklin« am Westufer des Großen Bärensees das neue Jahr abzuwarten.

Dann, am 24. Juni 1826, wurde die Hauptaufgabe angepackt. In vier Booten legten die Männer zur Mackenzie-Mündung ab, wo sie am 4. Juli beim Point Separation voneinander schieden: Franklin entfernte sich gen Westen und Richardson gen Osten.

Und auch wenn Franklin nicht zur äußersten nordwestlichen Spitze der amerikanischen Landmasse vordringen konnte – zum wievielten Male machte ihm der Winter einen Strich durch die Rechnung? – war doch sein Avancement bis hinter die Prudhoe Bay und damit auf eine nördliche Breite von 70°24' und eine westliche Länge von 149°37' ein gewaltiger Fortschritt.

Der Stolz und die Freude des Expeditionschefs wurde umso größer, als er am 8. September 1826 bei der Rückkehr nach »Fort Franklin« dort Richardson mit dessen

Tross vorfand und erfuhr, dass sie – wie geplant – die Küste vom Mackenzie bis hinüber zum Coppermine kartographisch aufgenommen hatten.

Selten war eine geographische Expedition dermaßen glatt verlaufen. Deshalb bedurfte es bei der Abfassung der *Zweiten Reise an die Küsten des Polarmeeres in den Jahren 1825, 1826 und 1827* (1828) erheblicher Anstrengung des Autors, um seine Leser nicht zu langweilen. Die sporadischen Eskimo-Attacken auf Franklins Eskorte, all diese arktischen Mini-Trafalgars, die in Wahrheit nichts anderes waren als Balgereien mit Dieben, dürften ihre Existenz eher einem kompositorischen Diktat verdanken als der faktischen Realität.

Unumstritten war die erdkundliche Ausbeute der Fahrt, war die allgemeine Ansicht, durch Franklins Engagement der Lösung des Problems der Nordwestpassage sehr nahe gekommen zu sein. Daher belohnte King George IV. diese Großtat, indem er ihren Urheber 1829 in den Adelsstand erhob.

Sir John Franklin war jetzt fünfundvierzig Jahre alt.

Am Ende seines Berichts über die *Zweite Reise an die Küsten des Polarmeeres* hatte Franklin festgestellt, dass bezüglich der Nordwestpassage lediglich zwischen der Behringstraße und der Prudhoe Bay sowie an der Victoria-Insel zwei kürzere Teilstücke unerforscht waren, sodass die Erschließung dieser Wasserstraße auf »keine unübersteiglichen Hindernisse« mehr stoßen dürfte. Daher hoffte er, »dass Englands Eifer in der Verfolgung dieser Entdeckungen nicht eher erkalten werde, bis die Frage über die Möglichkeit einer nordwestlichen Durchfahrt vollkommen erledigt oder wenigstens die ganze nordamerikanische Küste in unsere Karten eingetragen ist«.

Doch der Köder hatte nicht verfangen. Denn Downing Street weigerte sich plötzlich, weiterhin Geld in Unternehmungen zu stecken, deren Teilnehmer (wenn überhaupt) mit dem Gutachten zurückzukommen pflegen, den begehrten Aufschluss erst beim nächsten Mal geben zu können. Kurzum: Die Admiralität hatte die für den Entdecker der Nordwestpassage einst ausgelobten zwanzigtausend Pfund Sterling am 15. Juli 1828 kassiert.

Die Mittel waren wichtigeren Haushaltsposten vorbehalten. Da sich Großbritannien um die Mitte der zwanziger Jahre den Griechen in ihrem Freiheitskampf gegen die Türken an die Seite gestellt hatte, operierte die Royal Navy in der Ägäis. Und so war die Zeit, in der Franklin nach der Heimkehr aus Amerika »an den Herd des englischen Volkes« verbannt war, nicht lang, denn er wurde 1830 als Kommandant der »Rainbow« nach Malta und ins Östliche Mittelmeer geschickt. Und wieder ließ er ein Eheweib zurück, denn er hatte am 5. November 1828 die Unternehmerstochter Jane Griffin geheiratet – eine Frau, deren unbeugsame Gattenliebe sie nachmals zur zweiten Penelope machen sollte, »der weit Gepriesenen«.

Der Einsatz auf der »Rainbow« war ein Durchgangsstadium auf dem Lebensweg. Denn als die Regierung Williams IV. den Kapitän zur See Sir John Franklin 1836 zum Gouverneur von Van-Diemens-Land berief, wollte sie seine Meriten mit einer Funktion honorieren, die seine Laufbahn krönte.

Wer ahnte, dass Franklin, nachdem er mit seiner Frau und seiner Tochter – und übrigens in Begleitung seines Kameraden von der ersten Kanada-Reise, John Hepburn – im August 1836 in Southampton die »Fairlie« bestiegen hatte, auf ein Fiasko zusteuern würde? Aber auch auf eine Phase, in der die Größe seiner Persönlichkeit erst voll und ganz erkennbar wurde …

Weil es etwas anderes ist, ob jemand in der Schilderung einer publikumsfernen Reise selbst über sich befindet oder bei der Bekleidung eines öffentlichen Amtes von anderen beurteilt wird, gestattet Franklins Wirken in Van-Diemens-Land, den Blick auf seine Wertmaßstäbe, sein Weltbild und sein Wesen zu vertiefen und auf diese Weise die Tatsache zu objektivieren, dass der Mann mehr war als ein Arktis-Maniac.

Van-Diemens-Land, das er mit seiner Familie am 6. Januar 1837 betrat, war eine Sträflingsinsel. Anfangs hatte sie zur englischen Kolonie Neusüdwales gehört, wurde aber seit 1825 als gesonderte Besitzung verwaltet. Vierzigtausend Menschen lebten hier, wobei das Mengenverhältnis zwischen freien Siedlern und Verbannten ungefähr fifty-fifty betrug. Und mit beiden Bevölkerungshälften hatte es sich der nun scheidende Gouverneur Sir George Arthur verdorben. Denn er war korrupt und despotisch. Dieses freilich störte in London wenig; und jenes wurde dort angesichts der guten Rendite, welche die Kolonie dem Mutterland abwarf, übersehen. In Van-Diemens-Land aber hatte Arthurs Regime zu Spannungen zwischen der Einwohnerschaft und der Obrigkeit geführt, sodass Franklin bei der Übernahme seiner

John Franklin

Geschäfte in Hobart, dem Hauptort der Insel, regelrecht als Erlöser gefeiert wurde. »Morgen«, hieß es auf einem Plakat, das der Verleger Andrew Bent hatte anschlagen lassen, »sollte als Tag des Dankes gefeiert werden, an dem wir von der eisernen Faust des Gouverneurs Arthur befreit sein werden.«

Solche Zuversicht wollte Franklin nicht enttäuschen. War es doch sein Anliegen, dass sozialer Friede auf der Insel Fuß fasse, dass die Siedler gesetzmäßig behandelt werden, die Günstlingswirtschaft aufhöre und das Los der Verbannten, die bei ihrer Zwangsarbeit in den Bergwerken, im Straßenbau, auf den Feldern und in den Privathaushalten wie Sklaven gehalten wurden, möglichst erleichtert werde. In einer seiner ersten Reden versicherte Franklin, wie der HOBART TOWN COURIER am 13. Januar 1837 meldete: »Ich mag beim Erreichen dieser Ziele versagen, weil ich den Umgang mit derart heiklen Sachverhalten nicht gewohnt bin oder mein auf Versöhnung bedachtes Handeln nicht verstanden wird oder mir aus Vorsatz oder Fahrlässigkeit Steine in den Weg gelegt werden oder ich die edlen oder berechnenden Belange von anderen antasten muss – aber ich werde nicht deshalb scheitern, weil es mir an Aufrichtigkeit und Entschlossenheit mangelt oder ich es an jener strengen Überparteilichkeit fehlen lasse, die mich dazu zwingt, alle Stände und Vertreter und Untertanen Seiner Majestät in dieser Kolonie unbefangen und frei von Vorurteil zu behandeln. Denn sie sind meiner Obhut anvertraut.«

Schöne Worte! Und weitsichtige …

Sie fielen zum Auftakt einer Gaunerei, die im Buch der Niedertracht einen der erschreckendsten Abschnitte füllt: ein Kapitel, bei dem sich schwerlich sagen lässt, ob es nicht genauso böse der Phantasie Shakespeares entsprungen sein könnte. Motto: »Fair is foul, and foul is fair.«

Der Auslöser war läppisch: Ein Mann hatte ein Verbrechen begangen und war von Richter Matthew Forster – der mit dem ehemaligen Gouverneur Arthur verschwägert war – zu einer hohen Freiheitsstrafe verurteilt worden. Da aber der Täter von Beruf Koch war und da die Nummer zwei von Van-Diemens-Land, John Montagu – auch er mit dem ehemaligen Gouverneur Arthur verschwägert –, soeben einen Koch suchte, sprach er bei Forster vor. Mit dem Ergebnis, dass der Übeltäter nicht in Ketten, sondern in der Küche landete.

Der Vorgang war exemplarisch für das mafiose System, das Arthur seinem Nachfolger hinterlassen hatte. Und so zögerte Franklin keine Sekunde, die Mauschelei rückgängig zu machen.

Was er dabei unterschätzte, waren die Folgen: Er hatte nicht nur die beiden Düpierten, Montagu und Forster, gegen sich aufgebracht, sondern auch deren Paten Arthur, der in London alle Fäden in der Hand hielt, sowie die von Montagu stets mit vertraulichen Mitteilungen gefütterte Presse.

Mochte Franklin also staatlich finanzierte Schulen errichten und ein College in Aussicht stellen, mochte Lady Franklin sich für die Verbesserung der Arbeitsbedingungen der weiblichen Gefangenen verwenden, mochte das Ehepaar eine naturkundliche Gesellschaft gründen und ein Museum für die Naturgeschichte von Van-Diemens-Land bauen, mochte Franklin die Sitzungen des Lokal-Parlaments fortan öffentlich und nicht mehr im Geheimen tagen lassen und Highlights wie eine jährliche Regatta veranstalten und dafür sorgen, dass die Insel nach dem Wunsch der Siedler nicht länger Van-Diemens-Land, sondern »Tasmanien« hieß ... mochte er vieles tun, um den Lebensstandard auf dem Eiland zu heben: Die Ränkespiele Montagus machten alles zunichte.

Die Zeitungen begannen sich über Franklins »visionäres Gequatsche« lustig zu machen – wozu brauchten Schafzüchter Kultur? Der Grundstein des Colleges landete im Meer. Und um Lady Franklin kursierte das Gerücht, sie sei die eigentliche Herrin in Government House. Die Amtsführung ihres Gatten nannte der CORN-

WALL CHRONICLE am 18. Januar 1842 unverfroren »die verrückte Führerschaft eines Nordpol-Spinners«.

Als Franklin schließlich Montagu zur Rede stellte und an seine Zusage gemahnte, gegenüber der Presse Zurückhaltung zu wahren, leugnete Montagu, dass ein diesbezügliches Gespräch jemals stattgefunden hätte: »Während Eure Exzellenz und die Mitglieder Eurer Regierung bei zahllosen Anlässen nachprüfen konnten, warum mein Gedächtnis im Ruf steht, bemerkenswert gut zu funktionieren, sind Eure Beamten nicht ohne Ursache geblieben zu bemerken, dass Eure Exzellenz sich auf das Eure nicht immer mit derselben Sicherheit verlassen können.«

Diese Unverschämtheit brachte das Fass zum Überlaufen, und Franklin schmiss Montagu raus. Der freilich hatte dem Gouverneur solche Entschlossenheit nicht zugetraut und sah nun – zumal er überall verschuldet war und um seine Existenz bangte –, dass er zu hoch gepokert hatte. Deshalb wandte er sich um Hilfe flehend an Lady Franklin, die nach Rücksprache mit ihrem Mann erwiderte, dass die Demission, so leid es ihr tue, nicht zu revidieren sei. Sobald Lady Franklin durch diese Antwort in die Affäre mit hineingezerrt war, ließ Montagu verbreiten, endlich könne er den Nachweis dafür erbringen, dass die administrative Autorität in Van-Diemens-Land faktisch nicht John Franklin, sondern dessen Frau sei. Der CORNWALL CHRONICLE sprach seither nicht mehr von »Seiner Exzellenz«, sondern nur noch von »Ihrer Exzellenz«.

Dies alles erreichte am Ende auch den Kolonialminister in London, Lord Stanley, und veranlasste ihn, Franklin unter dem Datum des 13. September 1842 mitzuteilen, dass er Montagu, dem durch eine fadenscheinige Entlassung Unrecht geschehen sei, zur Wiedergutmachung den

Das Government House in Hobart, Ölgemälde von 1837

weitaus attraktiveren Posten eines Vize-Gouverneurs am Kap der Guten Hoffnung übertragen habe.

Da stellte Franklin seinem Vorgesetzten anheim, ihn zu entlassen. Was dieser mit Wirkung vom 10. Februar 1843 auch tat. Und noch einmal wurden jetzt in Hobart Plakate geklebt. Aber diesmal stand auf ihnen: »Glorreiche Neuigkeiten! Sir John Franklin abberufen!«

Die Rückfahrt auf der »Flying Fish« dauerte von Januar bis Juni 1844 und gab Franklin hinreichend Zeit zu erkennen, dass sein Debakel als Gouverneur auch ein positives Element enthielt. Es bestand in der Bestätigung, dass seine von Freiheitsdenken und Aufklärungswillen geprägte Arbeit nicht im bürokratischen Raum genutzt werden konnte, weil seine Liberalität fundamental war: Sie setzte seine Ungebundenheit voraus – brauchte Reisen, Forschen und Entdecken.

Nicht umsonst waren die unbeschwertesten Tage, die er in der Kolonie verbracht hatte, jene, als zwischen August 1840 und Juni 1841 eine Expedition zur Messung des Magnetismus der Südhalbkugel der Erde Hobart besuchte. Das Ganze stand unter der Leitung der Kapitäne James Clark Ross und Francis Rawdon Moira Crozier; ihre Schiffe trugen die Namen »Erebus« und »Terror«. Franklin war buchstäblich aufgekratzt, ja: wie ausgewechselt. Seine Frau berichtete am 7. September 1840 in einem Brief an ihren Vater über die Begegnung der drei alten Seebären: »Mit einem Mal erscheint Sir John den Leuten hier in einem völlig anderen Licht – so heiter und gelöst und beschwingt ist er in der Gegenwart seiner neuen Freunde.«

Ob sie wohl schon bei dieser Gelegenheit Pläne für die Zukunft schmiedeten? Immerhin wussten sie, dass die Royal Geographical Society 1836 die Regierung in London in einer Petition gebeten hatte, das Thema »Nordwestpassage« wieder auf die Agenda zu setzen. Franklin, der seinerzeit ebenfalls konsultiert worden war, hatte damals erklärt: »Sie wissen mit Sicherheit, dass mir keine Aufgabe mehr am Herzen liegt als die Vollendung der Aufnahme der Nordküste Amerikas und damit der Nordwestpassage.«

Nun, da Franklin im Sommer 1844 nach London zurückgekehrt war, flochten sich diverse Fakten zu einem Handlungsstrang zusammen: Lord Stanleys Interesse, den Gouverneur a.D. tunlichst kaltzustellen … die Entscheidung der Admiralität, noch einmal einen Verband zur Erschließung der Nordwestpassage zu entsenden … Franklins Wunsch, die Pioniertat durchzuführen… James Clark Ross' Vorschlag, den Freund mit der Expedition zu betrauen … und Lady Franklins Bereitschaft, für eine Weile auf ihren Mann zu verzichten. Und war es nicht ein gutes Omen, dass die beiden Dreimaster, die für das Unternehmen ausgerüstet wurden, die »Erebus« und »Terror« waren: jene Schiffe, die Franklin in seine Malaise von Van-Diemens-Land einen Lichtstrahl gesendet hatten?

Trotz allen Schmerzes der Besatzungen über den Abschied von ihren Familien war der 19. Mai 1845, als die »Erebus« unter Franklin und die »Terror« unter Crozier von einem vielstimmigen »Hurrah« und »Farewell« begleitet aus der Mündung der Themse hinaus ins offene Meer glitten, ein Freudentag für den Leiter des Unternehmens. In einem Brief aus Grönland rief er seiner Frau zu: »Wie sehr wünschte ich mir, jedem einzelnen meiner Verwandten schreiben zu können, um ihm zu versichern, wie glücklich ich mich mit meinen Offizieren, meiner Mannschaft und meinem Schiff schätze!« Und Commander James Fitzjames von der »Erebus« meldete nach Hause: »Wir sind voller Freude und sehr stolz auf Sir John Franklin.«

Frohen Mutes setzten sie die Reise fort: von der Disko-Insel nach Westen quer über die Baffin Bay, wo sie vor dem Eingang in den Lancaster-Sund auf zwei Fischtrawler trafen, die »Prince of Wales« und die »Enterprise«. Nachdem sie der »Prince of Wales« eine Visite abgestattet hatten, vermerkte deren Kapitän Dannett im Logbuch:

»Beide Mannschaften sind gesund und die Stimmung ist bemerkenswert gut.« Kapitän Robert Martin von der »Enterprise« wollte noch zu einem Gegenbesuch auf die »Erebus« herüberkommen. Aber dann schlug das Wetter um und die Walfänger und die Entdecker verloren einander aus den Augen. Man schrieb den 26. Juli 1845.

Es war der Tag, an dem John Franklin mit seinen Getreuen im Dunst des nördlichen Eismeers auf immer entschwand.

Eskimos wollten später irgendwo Männer gesehen haben, die sich taumelnd durch Nacht und Eis geschleppt haben. Aber solche Nachrichten gehörten bereits zu all dem Vagen und Spekulativen, das sich um den Untergang Franklins rankte.

1847 hatte die Navy die ersten Suchschiffe ausgeschickt, darunter eines, das von Franklins Weggefährten aus Kanada, John Richardson, befehligt wurde, und ein anderes, das sein Freund aus den besseren Tagen von Hobart, James Clark Ross, leitete. Bald durchkämmten Suchmannschaften der Admiralität, des United States Navy Departments und Lady Franklins sowohl von Westen wie von Osten her das Meer im Norden Kanadas.

Zwar fanden Besatzungsmitglieder der – welche Fügung! – »Lady Franklin« unter William Penny am 27. August 1850 auf der Beechey Insel die Gräber von drei Mitgliedern aus Franklins Crew. Was indessen mit den übrigen einhundertsechsundzwanzig geschehen war, konnte auch dieser Fund nicht enthüllen.

Dass Robert John Le Mesurier McClure, nachdem er sich auf der »Investigator« von der Beaufortsee bis zur Barrowstraße vorgearbeitet hatte, dort aber sein Schiff verlassen musste, auf dem folgenden Marsch gen

Wie alle Offiziere der »Erebus«-und-»Terror«-Expedition von 1845 ließ sich John Franklin vor dem Start fotografieren

Osten 1854 die Nordwestpassage sozusagen en passant entdeckte – wen interessierte das? Wo doch Lady Franklins herzzerreißende Emsigkeit, das Los ihres Gatten zu klären, alle Schlagzeilen beherrschte! Als Karl Brandes 1854 sein Buch *Sir John Franklin. Die Unternehmungen*

H. M. S.hips Erebus and Terror
Wintered in the Ice in

28 of May 1847 Lat. 70°5' N Long. 98°23' W

Having wintered in 1846–7 at Beechey Island in Lat 74°43'.28" N. Long 91°39'.15" W after having ascended Wellington Channel to Lat 77° and returned by the West side of Cornwallis Island.

~~Commander.~~
Sir John Franklin commanding the Expedition.

All well

Whoever finds this paper is requested to forward it to the Secretary of the Admiralty, London, *with a note of the time and place at which it was found:* or, if more convenient, to deliver it for that purpose to the British Consul at the nearest Port.

Quinconque trouvera ce papier est prié d'y marquer le tems et lieu ou il l'aura trouvé, et de le faire parvenir au plutot au Secretaire de l'Amirauté Britannique à Londres.

Cualquiera que hallare este Papel, se le suplica de enviarlo al Secretarie del Almirantazgo, en Londrés, con una nota del tiempo y del lugar en donde so halló,

Een ieder die dit Papier mogt vinden, wordt hiermede verzogt, om het zelve, ten spoedigste, te willen zenden aan den Heer Minister van de Marine der Nederlanden in 's Gravenhage, of wel aan den Secretaris den Britsche Admiraliteit, te London, en daar by te voegen eene Nota, inhoudende de tyd en de plaats alwaar dit Papier is gevonden geworden.

Finderen af dette Papiir ombedes, naar Leilighed gives, at sende samme til Admiralitets Secretairen i London, eller nærmeste Embedsmand i Danmark, Norge, eller Sverrig. Tiden og Stœdit hvor dette er fundet ønskes venskabeligt paategnet.

Wer diesen Zettel findet, wird hier-durch ersucht denselben an den Secretair des Admiralitets in London einzusenden, mit gefalliger angabe an welchen ort und zu welcher zeit er gefundet worden ist.

Party consisting of 2 Officers and 6 Men left the Ships on Monday 24th May 1847

Gm. Gore Lieut.
Chas F. Des Voeux mate

»Sir John Franklin died on the 11th June 1847« – die Notiz am äußersten rechten Rand dieses Zettels beendete das Rätselraten um John Franklins Schicksal

für seine Rettung vorlegte, benötigte er für die Aufzählung dessen, was bisher in die Wege geleitet worden war, mehr als dreihundert Seiten. Und die Suchmannschaften zogen weiterhin aus. Jahr um Jahr ... Sommer wie Winter ... Bis alle Mühsal zu guter Letzt belohnt wurde. Am 9. Mai 1859 fand William Robert Hobson unter einem Steinhaufen auf King William Land einen Zettel, durch den mitgeteilt wurde: »Sir John Franklin starb am 11. Juni 1847.«

Es war die Meldung vom Tod eines Mannes, der das »Unbound«-Sein gelebt hatte, das Weg-von-hier, den Wissensdrang. Und so war er am Ende auch inmitten seiner Forschertätigkeit von der einen Welt in die andere hinübergewandert. Das ist es, worauf Alfred Tennysons Spruch auf dem Ehrenmal für Sir John Franklin in der Westminster Abbey zu London anspielt:

»Nicht hier: im Nord ist dein Gebein verscharrt,
derweil du, Segler-Geist,
auf Deiner glücklicheren Helden-Fahrt
zu keinem Erd-Pol reist.«

Detlef Brennecke

John Franklin

Ins Arktische Amerika

1. Kapitel

Abreise von England – Die Davis-Straße – York Factory

Am 23. Mai 1819 schiffte sich die Reisegesellschaft an Bord eines der Hudson-Bay-Kompanie gehörigen Schiffs, der »Prinz von Wales«, zu Gravesend ein. – Bei der Einfahrt in das Atlantische Meer erließ ich eine Anweisung zur Nachricht und zum Verhalten der Offiziere im Laufe der uns aufgetragenen Dienstverrichtungen und erteilte ihnen über die nach meinen Instruktionen von uns erwarteten Aufklärungen und Entdeckungen nähere Auskunft. Auch gab ich ihnen Abschriften der Signale, die ich mit Parry verabredet hatte, um uns ihrer zu bedienen, falls wir die Nordküste von Amerika erreichten und zusammenträfen.

Am 25. Juli waren wir an der Einfahrt der Davis-Straße. Hier sprachen wir mit der Mannschaft eines nach England bestimmten Walfischfahrers, der eine Ladung von vierzehn Walfischen an Bord hatte. Der Befehlshaber benachrichtigte uns, dass das Eis in dieser Jahreszeit in der Davis-Straße stärker sei, als es, solange er denken könnte, gewesen wäre; auch läge es insbesondere sehr dicht gegen Westen, wo es sich im Norden von Resolution Island der Küste angeschlossen und von dort aus bis nahe an die grönländische Küste ausgedehnt habe. Zwar habe es eine Fülle von Walfischen gegeben, doch hätten wegen des ungemein dichten Eises nur wenige erlegt werden können. Seine und mehrerer anderer Walfischfahrer Schiffe wären bedeutend beschädigt, und zwei wären zwischen ungeheuren Eismassen unter 74°40' nördlicher Breite gänzlich zerschmettert; doch sei die Mannschaft gerettet worden. Aufs Angelegentlichste, doch vergebens, erkundigten wir uns nach dem Kapitän Parry; da aber seit einiger Zeit der Wind, wie der Walfischfahrer versicherte, stark aus Norden geweht hatte, und daraus zu schließen war, dass die Baffin Bay vom Eis frei sei, so waren wir geneigt, uns von seinen Fortschritten günstige Hoffnungen zu machen.

Die Wolken nahmen an jenem Abend so sehr den Anschein der Eisberge an, dass der größte Teil der Schiffsgesellschaft dadurch getäuscht wurde; doch war ihre Einbildungskraft durch die Mitteilung des Walfischfahrers, dass er erst zwei Tage vor unserem Zusammentreffen eine Gruppe von Eisbergen verlassen habe, aufs Äußerste gespannt.

Am 28. kreuzten wir, um einer großen Fläche schwimmenden Eises auszuweichen. Am folgenden Tag näherten wir uns einer zweiten, und am 2. August trafen wir unter 59°58' nördlicher Breite und 59°53' westlicher Länge zum ersten Mal auf große Eisberge und wurden am Abend durch verschiedene derselben eingekreist, denen wir nur durch Kreuzen entgingen. Die kürzere Entfernung der Küste von Labrador betrug hier achtundachtzig Meilen; wir loteten, fanden aber keinen Grund.

Am 5. August versuchten einige Offiziere, einen der größeren Eisberge zu ersteigen; doch war es wegen der steilen, glatten Abhänge nicht möglich. Dies war einer der größten, die wir sahen, und seine Höhe betrug 149 Fuß; allein diese Eismassen werden in nebliger Atmosphäre oft täuschend bis ins Unermessliche vergrößert, weshalb nicht selten Reisende ihren Umfang sehr übertrieben dargestellt haben.

Am 7. sah man die *Resolution*-Insel, und nachdem man deren eisigen Küsten mit genauer Not und nicht ohne ein starkes Leck entgangen war, segelte das Schiff am 11. in die Hudson-Straße ein.

Am 12. August erreichten wir die *Saddleback*-Insel, die sehr raue Umrisse hat. – Frühmorgens waren wir dem oberen, von Wilden bewohnten Teil der Insel gegenüber und näherten uns der Küste so sehr wie möglich, um den das Land bewohnenden Eskimos Gelegenheit zu geben, zum Tauschhandel an Bord zu kommen; eine Gelegenheit, die sie bald ergriffen. Schon am Vormittag umringten uns vierzig Kanus, in denen je ein Mann saß. Als wir uns nachmittags der Küste mehr genähert hatten, langten noch fünf bis sechs andere Boote an, in denen sich Weiber und Kinder befanden.

Die Eskimos zeigten sogleich ein großes Verlangen, Tauschhandel zu treiben, und bewiesen dabei keine geringe Verschlagenheit, indem sie sich sehr hüteten, anfangs nicht zu viele Artikel zum Vorschein zu bringen. Hauptsächlich boten sie Öl, Seehundszähne, Walfischknochen, Kleidungsstücke, insbesondere Mützen und Stiefel aus Seehundsfellen und dergleichen zum Tausch an und erhielten dagegen kleine Sägen, Messer, zinnerne Kessel und Nadeln. Lustig war es anzuschauen, wie jeder, der etwas eingetauscht hatte, laut aufjauchzte und den erhandelten Gegenstand aus Freude mit der Zunge beleckte, wovon selbst die Nadeln nicht ausgenommen waren. Die Weiber brachten Abbildungen von Männern, Weibern, vierfüßigen Tieren und Vögeln, die mit Mühe und Geschicklichkeit aus Seehundszähnen geschnitzt waren; doch hatten die meisten Gestalten keine Augen, Ohren und Finger. Messer hielten sie in großem Wert.

Übrigens suchte keiner seinen Nachbarn zu überbieten oder sich aufzudrängen, wo ein anderer einen Handel schloss; war er aber zustande gebracht und der Erwerber in Besitz desselben, dann strömte alles herbei und nahm teil an der Freude.

Die Eskimos hatten breite und platte Gesichter und kleine Augen; die Männer waren im Durchschnitt untersetzt. Einige der jüngeren Frauenzimmer und die Kinder hatten ziemlich angenehme Gesichtszüge; allein der Unterschied zwischen diesen und den bejahrteren Frauen zeigte deutlich die Wirkung weniger Jahre in diesem unwirtlichen Klima. Die meisten hatten Geschwüre an den Augen, und alle schienen eine plethorische Körperbeschaffenheit zu haben; so z.B. bluteten mehrere während ihres ganzen Aufenthalts in der Nähe des Schiffes unaufhörlich aus der Nase. Die Männer trugen eine Jacke von Meerschwein-Fellen und weite Beinkleider von Bärenhaut; einige hatten Mützen von weißem Fuchs. Die Weiberkleidung bestand aus dem gleichen Stoff, war jedoch anders geformt und hatte unter anderem eine Art von Kapuze, worin die kleinen Kinder getragen wurden. Wir fanden ihr Benehmen lebhaft und angenehm. Sie hatten Vergnügen daran, unsere Sprache und Gesten nachzuahmen; aber nichts machte ihnen größeres Vergnügen, als wenn wir versuchten, ihnen ihre Worte nachzusprechen.

Ihre Kanus waren von Seehundsfellen und denen der Eskimos in Grönland fast in allen Stücken gleich; sie waren in der Regel neu, und ihr Zubehör war sehr gut instand. Die für die Weiber bestimmten Boote können sehr wohl zwanzig Personen fassen. Ein ältlicher Mann verrichtet dann das Amt eines Steuermanns, und die

Weiber rudern; doch haben sie auch einen Mast mit einem aus Walfischdärmen bereiteten Segel.

Wahrscheinlich gehen die Eskimos von dieser Küste auf irgendeinen Teil der Küste von Labrador über, um dort den Winter zu verleben, da man ganze Familien nicht selten die Meerenge dorthin hat passieren sehen.

Um frisches Wasser einzunehmen, segelten wir an die Küste von Labrador, wo ich mit Dr. Richardson ans Land ging, um diesen Teil der Küste zu erforschen. – Die Klippen an der Küste waren vierzig bis fünfzig Fuß hoch, ganz senkrecht und hatten zu ihrer Basis eine kleine Klippe, gebildet aus den Resten einer Schiefertonschicht. Von diesem kleinen Erdfleck aus sammelte Dr. Richardson Proben von dreißig verschiedenen Pflanzengattungen, und wir waren im Begriff, einen Teil des Felsens hinaufzuklettern, um in das Innere zu gehen, als wir durch ein Signal an Bord zurückgerufen wurden.

Am Abend des 19. passierten wir die Digges-Inseln, die Endpunkte der Hudson-Straße. In den nächsten fünf Tagen hinderte uns ein unaufhörlich starker Wind, die Küste von Labrador rasch entlangzusegeln, und hielt uns in der Nähe der gefahrvollen Inselkette, die *Schläfer*, auf, die sich von 60°10' bis zu 57° nördlicher Breite erstrecken. Ein günstiger Wind setzte uns endlich am 25. in den Stand, unseren Lauf quer durch die Hudson Bay zu nehmen. Am 28. entdeckten wir das Land im Süden des Vorgebirges Tatnan, welches so ungemein niedrig ist, dass man die Gipfel der Bäume zuerst sieht. Das Kap Tatnan ist nur dadurch bemerkenswert, dass es der Punkt ist, von wo aus die Küste mehr westwärts gegen die York Factory wendet. Wir sahen am folgenden Morgen endlich die sandige Untiefe, bekannt unter dem Namen York Flats, die wir erst nachmittags mit der Flut übersegeln konnten. Bei unserer Ankunft auf dem Ankerplatz kam sogleich der Gouverneur der Posten der Hudson-Bay-Kompanie zu uns an Bord. Abends begleiteten mich die Herren Richardson und Hood in die York Factory, die sieben Meilen von den Flats entfernt ist und die wir nach Einbruch der Dunkelheit erreichten.

Als ich dem Gouverneur die Gegenstände der Expedition mitgeteilt und ihm eröffnet hatte, dass ich angewiesen sei, mich mit ihm und einem älteren Bekannten der Kompanie über die zweckmäßigste Ausführung unseres Dienstauftrages zu beraten, erwiderte er, dass er uns nach seiner von dem Komitee der Kompanie erhaltenen Instruktion allen möglichen Beistand zur Förderung unserer Fortschritte leisten solle und sich ein besonderes Vergnügen daraus machen werde, diesen Teil seiner Amtspflicht zu erfüllen. Zugleich machte er mich mit einigen Kompanie-Beamten bekannt, die während ihres langen Aufenthalts im Lande die verschiedenen Reisemethoden und die zu erwartenden Hindernisse kennengelernt hatten. Auf ihr Verlangen entwarf ich eine Reihe von Fragen über die Dinge, worüber wir Nachricht wünschten. Nach zwei Tagen beantworteten sie solche sehr ausführlich und befriedigend; ein Gleiches tat der Gouverneur mit den an ihn erlassenen schriftlichen Fragen über den gleichen Gegenstand. Bei dem zwischen der Hudson-Bay- und Nordwest-Kompanie herrschenden Handelsstreitigkeiten war es uns von großer Wichtigkeit, dass einige Agenten dieser letzteren Handelssozietät, die eben damals in der York Factory in Gewahrsam gehalten wurden, uns gleichfalls die freundschaftlichsten und unbeschränktesten Zusicherungen erteilten, dass das In-

Robert Hood

teresse der Expedition durch die Genossen der Nordwest-Kompanie auf das Angelegentlichste würde gefördert werden – eine Zusicherung, die die dort erlangte Kunde von den in Gewalttätigkeiten ausgearteten Händeln der beiden Kompanien doppelt wünschenswert machte.

Ich hielt es jedoch für dienlich, den Offizieren der Expedition in einer schriftlichen Mitteilung streng zu verbieten, sich auf irgendeine Weise in jene Händel einzumischen und von diesem schriftlichen Verbot den in der York Factory anwesenden vornehmsten Beamten beider Parteien Kenntnis zu geben, worüber diese ihre Zufriedenheit bezeigten.

Alle diese Agenten waren einstimmig der Meinung, dass es vorzugsweise zu raten sei, den Weg über Cumberland House und die Postenkette bis zum *Großen Sklavensee* zu nehmen, sodass ich ihn einzuschlagen beschloss und den Gouverneur ersuchte, uns die nötigen Transportmittel so bald wie möglich zu besorgen.

Man hatte mir in meinen Instruktionen zu erkennen gegeben, dass wir uns wahrscheinlich in der York Factory einen Schoner verschaffen könnten, um nordwärts bis zu Wager Bay zu segeln; allein das einzige dazu eventuell verwendbare Schiff war abwesend und überdies für den Augenblick unbrauchbar; auch war der gerade Weg nach Norden schon durch die Unmöglichkeit, sich an der Küste Jäger und Führer zu verschaffen, unanwendbar.

Einen Monat vor unserer Ankunft hatten die Eskimos, die sich in Churchill aufhielten, diesen Aufenthalt verlassen, und wir konnten uns daher vor ihrer Rückkehr im folgenden Frühling keinen Dolmetscher aus jenem Land verschaffen. – Der Gouverneur suchte uns eines der größten Boote der Kompanie zu unserer Fahrt aus und setzte unverzüglich die Zimmerleute daran, es auszubessern.

Die York Factory, die Hauptniederlassung der Hudson-Bay-Kompanie, liegt am westlichen Ufer des Flusses Hayes, etwa fünf Meilen oberhalb der Mündung auf der sumpfigen Halbinsel, welche die Flüsse Hayes und Nelson scheidet. Die Umgebung ist flach, morastig, mit

Pappeln, Weiden, Lerchen- und Birkenbäumen bewachsen, allein das Feuerungsbedürfnis in der Nachbarschaft des Forts hatte alles nutzbare Brennholz verbraucht, und es muss jetzt aus weiter Ferne geholt werden. Der Boden besteht aus angeschwemmtem Ton, mit Kieseln untermischt. Wenngleich das Flussufer etwa zwanzig Fuß über die Wasserfläche erhaben ist, so wird es doch bei Springfluten häufig überschwemmt; auch werden jährlich bedeutende Teile desselben mit dem Losbrechen des Eises abgerissen. – Die vorzüglichsten Gebäude sind in der Form eines Vierecks gebaut; sie sind zwei Stockwerke hoch und haben platte mit Blei gedeckte Dächer. Die Beamten wohnen in einem Teil dieses Vierecks, und in den übrigen Teilen werden Warenartikel aufbewahrt; die Werkstätten, Pelzmagazine und Bedientenhäuser liegen außerhalb des Vierecks, und das Ganze ist mit einer zwanzig Fuß hohen Palisade umgeben. Von dem Haus bis an den Landungsplatz am Ufer ist zum leichteren Transport der Steine und des Pelzwerks eine Plattform angelegt, die den einzigen Spazierweg bildet, dessen die Bewohner der Faktorei sich während des Sommers auf diesem schlammigen Erdfleck bedienen können. Die wenigen Indianer, die gegenwärtig diese Niederlassung besuchen, wohnen in *Swampy Crees.* Auch während unserer Anwesenheit lagerten einige derselben außerhalb der Palisade. Ihre Zelte bestanden aus zwanzig bis dreißig oben kegelförmig zusammengebundenen, mit amerikanischen Hirschfellen bedeckten Stangen; in der Mitte brennt ihr Feuer und oben ist eine Öffnung zum Abzug des Rauchs. Diese Indianer hatten ein schmutziges Äußeres und litten sehr an Keuchhusten und den Masern; dies aber hielt sie vom übermäßigen Genuss geistiger Getränke keineswegs ab, die sie sich zu ihrem Unglück von den Handelsleuten mit gar zu großer Leichtigkeit verschaffen können, sodass sie uns jede Nacht halb betrunken durch ihre eintönigen Lieder die Ohren ermüdeten. Ihre Kränklichkeit wurde damals insbesondere denen fühlbar, die in jener Jahreszeit sich mit der Erjagung und dem Zusammenbringen ihres Wintervorrats an Gänsen beschäftigten, die in unermesslichen Schwärmen in den weiten umliegenden Flächen zusammenströmen. Die Vögel ziehen sich im Sommer nach Norden zurück und brüten in Sicherheit, wenn aber der herannahende Winter sie nötigt, ein südlicheres Klima aufzusuchen, so lassen sie sich in den Sümpfen dieser Bay nieder und mästen sich dort drei bis vier Wochen lang, bevor sie das Land gänzlich verlassen. Auch machen sie in ihrem Frühlingszug nach Norden an den gleichen Stellen halt, ihre Ankunft wird freudig begrüßt, und der Zeitpunkt der Gänsejagd ist einer der glücklichsten im ganzen Jahr. Wilde Enten findet man den ganzen Sommer hindurch in Menge auf den Sümpfen.

2. Kapitel

Beginn der Entdeckungsreise – Deren Fortschritte bis Cumberland House

Als unsere Reisevorräte an den Strand gebracht wurden, fand es sich, dass das Boot sie nicht alle fassen konnte; aller Schinken, ein Teil des Mehls, Tabaks, Reises und Schießpulvers wurde wieder ins Magazin zurückgebracht; doch übernahm es der Gouverneur, den Schinkenvorrat uns im nächsten Jahr nachzusenden; Tabak, Munition und geistige Getränke wären – so versicherte der Gouverneur, im Innern des Landes zu haben; sonst hätte ich diese wesentlichen Artikel nicht zurückgelassen.

Am 9. September 1819 schifften wir uns um Mittag ein, froh, unsere Reise in das Innere Amerikas nun zu beginnen. Sechs Meilen oberhalb der Faktorei waren Wind und Flut uns entgegen, und die Barke musste durch die Schiffsmannschaft mittels eines Stricks gezogen werden – eine äußerst mühsame Arbeit in jenen Strömen. Unsere Leute mussten längs des steilen Abhangs einer hohen Uferbank, die in jener Jahreszeit durch häufigen Regen äußerst schlüpfrig war, das Fahrzeug fortziehen und wurden überdies durch umgestürzte Bäume oft auf ihrem Weg gehindert. Gleichwohl legten wir im Durchschnitt zwei (englische) Meilen in einer Stunde zurück, wobei eine Hälfte der Schiffsmannschaft die andere alle halbe Stunde ablöste. Die Ufer und Inseln des Flusses bestehen aus angeschwemmtem Boden, sind mit Fichten, Lerchen, Pappeln und Weiden dicht bewachsen. Die Breite des Stroms in einiger Ferne oberhalb der Faktorei beträgt etwa eine halbe Meile, und auf der ersten Tagesreise wechselte dessen Tiefe von drei bis neun Fuß.

Bei Sonnenuntergang landeten wir nach einer Tagesreise von zwölf Meilen und schlugen unsere Zelte auf; schnell zündeten wir ein großes Feuer an, ein Abendessen wurde bereitet und ebenso rasch verzehrt, worauf wir, angetan mit unseren Röcken von Büffelhaut, uns zur Ruhe legten und einen gesunden Schlaf genossen.

Am folgenden Morgen um fünf Uhr war unser Lager wieder in Bewegung. Wir mussten wieder zu der ermüdenden Arbeit des Schiffziehens unsere Zuflucht nehmen; bald ging es unter Klippen her, so steil, dass die Schiffsmannschaft kaum einen Erdfleck fand, wo sie festen Fuß fassen konnte, bald wurde ihr Pfad durch Schlüpfrigkeit fast unwegsam. – Im Laufe jenes Tages passierten wir einen Ort, wo sich ein trauriger Zufall ereignet hatte. Vor einigen Jahren erwählten zwei Indianerfamilien, bewogen durch die Fläche eines schmalen Strandes zwischen einer Klippe und dem Fluss, diese Stelle, um ihr Lager aufzuschlagen. Ruhig legten sie sich schlafen, nicht ahnend, dass der Boden, auf dem sie ruhten, vom Ufer abgerissen sei und schwankend einen Abgrund verhülle. Nachts versank er plötzlich, und mit ihm wurde die ganze Reisegesellschaft in den Fluten begraben. – Die Länge unserer Tagesreise betrug in gerader Linie 16½ Meilen in südwestlicher Richtung. Bald nach Sonnenuntergang hatten wir kaum unser Lager aufgeschlagen, als ein heftiger Regen einsetzte und die ganze Nacht anhielt. –

Sechzehn Meilen am elften Tag und fünf am folgenden Morgen führten uns zum Beginn des Flusses Hayes, gebildet aus dem Zusammenfluss des Steel und Shamattawa. Nach unseren Beobachtungen liegt dieser Ort unter

56°22'32" nördlicher Breite und 39°1'37" westlicher Länge. Er ist 48 ½ Meilen (mit Einschluss der Flusskrümmungen) von der York Factory entfernt. Der Fluss Steel, durch den unsere Fahrt ging, ist an der Mündung etwa dreihundert Yards breit; seine Ufer sind höher als die des Hayes, bröckeln aber allmählich in den Strom hinab und bilden einen ziemlich guten Leinpfad. Es gelang uns, bis etwa zehn Meilen oberhalb der Mündung des Flusses zu kommen, bevor der Sonnenuntergang uns zur Landung nötigte. – Der Steel bietet viele schöne Landschaften dar; er windet sich durch ein enges, aber schön bewachsenes Tal, welches in jeder Biegung die mannigfaltigsten Aussichten darbot, noch malerischer durch die Einwirkungen der Jahreszeit auf das abfallende Laub, doch bei allen diesen Reisen schien die Gegend aus Mangel an Bevölkerung verödet, so groß war das rund umher herrschende Schweigen, dass selbst das Kreischen der heimischen Krähe *(zohiskey-johneesh)* uns aufschreckte.

Am 10. erreichten wir den Beginn des Steels, gebildet durch den Zusammenfluss der Flüsse Jox und Hill. Beide sind fast von gleicher Breite, doch hat der Letztere eine reißendere Strömung. Hier überholte uns ein Herr McDonald auf seiner Reise nach dem Roten Fluss, in einem kleinen mit zwei Indianern bemannten Boot. Als ein Beweis der Gewandtheit der Indianer und ihrer Geschicklichkeit in der Erlegung des Wildes, verdient hier angeführt zu werden, dass jene beiden Bootsleute am vorhergehenden Tag, ohne andere Waffen als ein Beil, zwei Rehe, einen Habicht, einen *Curilinus* und einen Stör erlegten. Auch drei Boote der Hudson-Bay-Kompanie stießen an jenem Morgen zu uns und fuhren mit uns den Hill stromaufwärts. So niedrig war das Wasser in diesem

Fluss, und seine Fälle waren der Fahrt so hinderlich, dass an jenem Tag die Bootsleute mehrmals ins Wasser springen und das Boot über große Steine heben mussten.

Deshalb konnten wir auch mit den leichteren Kompaniebooten nicht Schritt halten, bis endlich am 16. der Fluss tiefer wurde, sodass wir wenigstens eine Tagesreise von zwölf Meilen zurücklegen konnten.

Die Ufer des Flusses Hill sind höher und haben durchbrochenere Umrisse als die des Steels und Hayes; die Klippen von angeschwemmtem Ton waren an manchen Stellen achtzig bis neunzig Fuß hoch über der Wasserfläche; hinter ihnen erhoben sich Hügel von etwa zweihundert Fuß Höhe; doch hinderten uns dichte Waldungen, weit jenseits der Flussufer umherzuschauen.

Am 17. September frühmorgens gelangten wir an eine Felskette, die sich quer über den Fluss erstreckte. Von hier aus musste das Boot mehrere enge felsige Kanäle stromaufwärts gezogen werden, bis wir an einen Ort kamen, wo der Strom, eingeengt durch eine Reihe kleiner Inseln, verschiedene Wasserfälle bildete. Als wir die mühselige Arbeit vollbracht hatten, die Ladung unseres Bootes aus- und einzuschiffen und über die Fälle zu bringen, erreichten wir in geringer Entfernung eine Niederlassung, Rock-House genannt. Hier vernahmen wir, dass die Wasserfälle in dem oberen Teil des Flusses Hill noch weit gefahrvoller und zahlreicher seien als die bereits zurückgelegten; und die Erfahrensten unter unseren Bootsleuten waren der Meinung, dass, wenn unser Fahrzeug nicht erleichtert würde, der Winter unserer Fahrt ein Ende machen werde, bevor wir Cumberland House oder irgendeinen zweckmäßigen Posten erreichen könnten. Sechzehn unserer Gepäckstücke mussten daher dem Aufseher des Postens in Verwahrung gegeben werden, mit dem Auftrag, uns diese im nächsten Jahr durch die nach Athabasca führenden Kanus nachzusenden.

So erleichtert, begaben wir uns wieder auf die Reise, passierten den Borrowicks Fall und erreichten die Mud Portage, bis wohin die Boote mit Stangen stromaufwärts gestoßen wurden. Hier landeten wir, nachdem wir im Lauf des Tages mehrere Schneeschauer gehabt hatten und das Thermometer auf 30° stand.

Am folgenden Morgen hatte das Land sein Winterkleid angelegt, da während der Nacht tiefer Schnee gefallen war. Wir schifften uns zur gewöhnlichen Stunde ein, legten am 18. und 19. den Point of Rocks, die Brassa Portages, den Lower Burntwood und die Morgan-Felsen mit Mühe zurück und schlugen am letzteren Ort unser Nachtlager auf. Hier ist der Strom drei Meilen breit, und er gewährte uns eine ausgedehntere Aussicht auf die Gegend, als wir seit unserer Abreise von der York Factory genossen hatten, da die Flussufer aus niedrigen, flachen, mit Sümpfen untermischten Felsen bestanden und uns eine Aussicht auf das Innere gestatteten, dessen Oberfläche mit einer Menge von kegelförmigen Hügeln bedeckt ist. Der Höchste dieser Hügel *(hills)*, der dem Fluss Hill den Namen gegeben hat, ist höchstens sechshundert Fuß hoch. Von seinem Gipfel soll man sechsunddreißig Landseen erblicken.

Am 20. bewältigten wir die Upper Burntwood und die Rocky Ledge Portage und lagerten beim Smooth Rock, nachdem wir wegen der unendlichen Mühseligkeiten, verursacht durch das häufige Tragen des Schiffs und Gepäcks über Felsen und Untiefen, lediglich dreieinhalb Meilen zurückgelegt hatten. Nur ein Augenzeuge kann sich von den Anstrengungen der Bootsleute von den Orkney-Inseln in der Beschiffung dieses Flusses einen Begriff machen. Die Notwendigkeit, unaufhörlich in das Wasser zu springen, nötigt sie, den ganzen Tag in nassen Kleidern zu verbringen, obwohl die Temperatur weit unter dem Gefrierpunkt steht. Die ungemeinen Lasten, die sie über Felsbänke und Untiefen tragen, sind nicht minder ein Gegenstand des Erstaunens als die Munterkeit, womit sie diese Dienste verrichten. – Jenseits der Untiefe von Mossy, wo die Ladung eine Viertelmeile weit durch einen tiefen Morast getragen werden musste, dehnt der Fluss sich bis auf mehrere Meilen aus und enthält eine Menge Inseln.

Endlich erreichten wir am 23. den von allen Bootsleuten als das Ende der mühseligen Stromauffahrt des Flusses Hill ersehnten Punkt Dramstone, landeten auf der Sail-Insel *(Segelinsel)* und bereiteten uns ein Frühstück. Mittlerweile fällten unsere Bootsleute einen Baumstamm zu einem neuen Mast und versahen ihn mit einem Segel. Wir verließen die Insel mit gutem Wind und trafen bald darauf in einer Niederlassung bei einem Landsee, *Swampy Lake* genannt, ein, deren einzige Bewohner der Aufseher, namens Calder, und sein Bedienter waren. Ihr einziges Nahrungsmittel war gedörrtes Büffelfleisch mit geschmolzenem Fett gemischt, das hier *pemmican* genannt wird und wovon sie uns einen Vorrat mitgaben. – Nach einem kurzen Aufenthalt auf diesem Posten durchsegelten wir den Rest des Swampy Lake und hielten nach einer Tagesreise von 16½ Meilen Nachtruhe bei einer Untiefe im Fluss Jack. Dieser Fluss, der nur acht Meilen lang, aber voll beschwerlicher Fälle ist, hielt uns lang auf. – Am folgenden Morgen sahen wir Wälder, die im Sommer in Brand geraten waren, noch immer rauchen; dies ist ein gewöhnliches Ereignis, das lediglich der

Aussicht auf die »Hügel« beim Hill River

Nachlässigkeit der Indianer und Reisenden zuzuschreiben ist, die ihre Feuer nicht auslöschen und dadurch viele Meilen weit umher die Waldungen in Feuer aufgehen lassen. – Am 24. holte uns ein Indianer ein, der mir vom Gouverneur der York Factory ein Antwortschreiben auf ein an ihn erlassenes Schreiben vom 15. überbrachte, das einen nochmaligen ostensiblen Befehl an alle Kompaniebeamte und Angestellte enthielt, uns allen in ihrer Macht stehenden Beistand zu leisten. – An jenem Abend zeigte sich das Nordlicht in Form eines glänzenden Bogens, der sich quer über den Zenit in nordwestlicher und südöstlicher Richtung erstreckte. – Am 25. segelten wir mittags in den Landsee Knee, der eine sehr unregelmäßige Form und in der Mitte eine plötzliche Biegung hat, wovon er den Namen *Knee* (Knie) erhielt. Er ist mit Inseln bedeckt, und seine Ufer sind niedrig und bewaldet. Die Umgebung, so weit wir sie sehen konnten, ist flach und selbst ohne die mäßigen Anhöhen, die man am oberen Teil des Flusses Hill findet.

Ungefähr eine halbe Meile von der erwähnten Biegung des Flusses liegt ein kleines aus magnetischem Eisenerz bestehendes Eiland, das schon in beträchtlicher Ferne auf die Magnetnadel einwirkt. Da wir schon vorher von diesem merkwürdigen Umstand unterrichtet waren, beobachteten wir sorgfältig unseren Kompass und bemerkten, dass in der Entfernung von dreihundert Yards (neunhundert Fuß) die Einwirkung auf die Magnetnadel sichtbar war. Je näher wir dem Felsen kamen, desto unbeständiger wurde ihre Bewegung, und als wir landeten, wurde sie ganz nutzlos; es wurde augenscheinlich, dass die allgemeine magnetische Kraft durch die örtliche Anziehungskraft des Erzes gänzlich überwältigt war. Wenn Katers Kompass auf der nordwestlichen Seite der Insel nahe am Boden gehalten wurde, senkte sich die Magnetnadel, und wenn man den gleichen Kompass etwa dreißig Yards gegen Westen der Insel brachte, dann lag sie horizontal, bewegte sich frei und deutete auf den magnetischen Norden. Am südwestlichen Punkt der Insel ans Land gebracht, wurde sie so nahe wie möglich gegen den magnetischen Meridian gerichtet und vibrierte frei, wenn die obere Seite des Instruments nach Osten oder Westen gerichtet wurde. Wenn das Instrument von Nordwesten zum südöstlichen Punkt gebracht wurde, der etwa zwanzig Yards von demselben entfernt war und an den Meridian gestellt wurde, hörte die Magnetnadel auf, sich zu drehen, und blieb in einem Winkel von 60° stehen. Veränderte man die Stellung des Instruments und gab der Nadel eine Richtung von Südosten und Nordwesten, so

Der Trout-Wasserfall

hing sie vertikal. Die Lage der schieferartigen Schichten des magnetischen Erzes ist ebenfalls vertikal; übrigens ist ihre Richtung sehr unregelmäßig.

Frühmorgens am 27. begannen wir den *Trout River* (Forellenfluss) stromaufwärts zu fahren. An seiner ersten Felsbank stürzt er etwa sechzehn Fuß tief zwischen zwei Klippen hinab, und dieser Wasserfall, Trout Fall genannt, bietet eine schöne Naturszene dar, welche Herrn Hood zu einer Zeichnung derselben veranlasste.

Am 28. legten wir den Rest des Forellenflusses zurück und trafen mittags zu Oxford House am Landsee Holey ein; dies war früher ein ziemlich wichtiger Posten der Hudson-Bay-Kompanie, der aber sehr in Verfall geraten ist. Die Indianer haben in den letzten Jahren die sumpfige Gegend nach und nach verlassen und sind den Saskatchewan stromaufwärts gezogen, wo es einen größeren Überfluss an Wild gibt. Wir fanden einige Cree-Indianer vor dem Fort gelagert. Sie litten zugleich an Keuchhusten und Masern und sahen äußerst krank aus. Vergebens suchten wir einen von ihnen zu überreden, uns zu begleiten, um Enten zu schießen, die dort sehr zahlreich, aber zu scheu waren, als dass unsere Jäger sie hätten erlegen können. Doch tauschten wir den erhaltenen muffigen Pemmikan gegen eine bessere Art ein. Auch überließen sie uns einen kleinen, uns aber sehr willkommenen Vorrat an Fischen. Der Landsee Holey gewährt von einer Anhöhe hinter Oxford House herab einen angenehmen Anblick; und seine zahlreichen an Form und Höhe äußerst mannigfaltigen Inseln tragen dazu bei, jene Einförmigkeit der Landschaft zu unterbrechen, die für den Reisenden in diesen Gegenden so ermüdend ist. Forellen von ungemeiner Größe, die häufig über vierzig Pfund wiegen, fängt man im Überfluss in diesem Landsee. – Wir verließen Oxford House am Nachmittag des 28., nahmen unser Nachtlager auf einer Insel im See, legten am folgenden Tag den Rest desselben zurück und erreichten den Weepinapannis, einen schmalen, an den Ufern stark mit Gras bewachsenen Fluss, der eine bedeutende Strecke mit dem Landsee parallel läuft und das südliche Ufer desselben zu einer kleinen Halbinsel bildet. An diesem Tag zerbrachen zwei unserer Boote an den Felsen, bei der Fahrt über eine Untiefe, Swampy Portage genannt. Kaum waren sie wieder instand gesetzt, mussten sie einen neuen reißenden Fall bei der John-Moore-Insel stromaufwärts gezogen werden. Hier stürzt der Fluss mit unwiderstehlicher Kraft durch die von zwei Felseninseln gebildeten Kanäle; noch im vorigen Jahr wurde ein Bootsmann, beschäftigt, ein Fahrzeug hinüberzuziehen, von den Gewässern verschlungen.

Der Weepinapannis besteht aus mehreren Armen, die sich wechselnd trennen und vereinigen und das Land in mancherlei Richtungen durchschneiden. Wir erwählten den Hauptkanal, durchquerten den kleinen Landsee Windy und fuhren dann in den tiefen, etwa dreihundert Yards breiten, ruhigen Strom Rabbit Ground. Hier wurde die Gegend flacher und führte uns nordwärts durch einen Arm eines seichten, mit Schilf durchwachsenen Landsees nach Hill Gates.

Dieses ist der Name eines romantischen Engpasses, dessen felsige Wände sich sechzig bis achtzig Fuß hoch senkrecht erheben und an manchen Stellen den Strom dergestalt einzwängen, dass es an Platz mangelt, die Ruder zu gebrauchen. Der Engpass endete in einem großen malerischen Wasserfall, umgeben von einer wildschönen, majestätischen Naturszene. Auf einer der hervorragenden Klippen hatte der braune Fischadler sein Nest gebaut. – Im Laufe des Tages überwanden wir diesen und noch einen anderen Wasserfall, und am folgenden Tag mussten wir unsere Bootsladungen einen dritten von tausenddreihundert Yard Länge stromaufwärts tragen lassen. Lange werde ich der rauen, charakteristischen, diese Wasserfälle umgebenden Naturszenen gedenken; Felsen auf Felsen getürmt überhingen in gestaltlosen Massen die brausenden Waldströme, und die glänzenden mannigfaltigen Farbtöne der Moosarten, welche die Oberfläche der Klippen bedeckten und mit dem Dunkelgrün der ihre Gipfel bedeckenden Fichten kontrastierten, erhöhten die Schönheit und Großartigkeit des Gesamteindrucks der Szene, von der zwei meiner Reisegefährten eine genaue Zeichnung anfertigten. An dieser Stelle bemerkten wir eine Art von Wegweiser, wie wir auf der ganzen Reise noch keinen gesehen hatten, von so großem Nutzen er auch bei den vielen voneinander abweichenden Wegen für den Reisenden sein muss. Er bestand aus einem hohen Fichtenbaum, von dem man alle Äste bis an den Gipfel abgehauen und oben nur ein kleines Büschel von Zweig übrig gelassen hatte. – An jenem Tag hatte ich das Unglück, auf einem Felsengipfel von einer ausweichenden Mooslage abzugleiten und zwischen zwei Wasserfällen in den Fluss zu stürzen. Mein Streben, das Ufer wieder zu erreichen, war eine Zeit lang fruchtlos, weil die Felsen in meinem Bereich, immerwährend bespült von Wasser, schlüpfrig geworden waren; nachdem ich aber eine ziemliche Strecke stromabwärts getrieben war, erfasste ich einen Weidenzweig und hielt mich an ihm fest, bis man mir zu Hilfe kam. Der einzige aus diesem Unfall erwachsene wesentliche Nachteil war die Beschädigung eines trefflichen Chronometers.

Jetzt setzte ein heftiger Frost ein, und am 3. Okt. bei Sonnenaufgang stand das Thermometer auf 25°. Wir durchfuhren an jenem Tag mehrere kleine Landseen, die durch schmale von einer großen Menge Bisamratten bewohnte Flüsschen aneinanderhingen. Wir bemerkten viele aus Schlammerde erbaute kegelförmige Wohnungen dieser Tiere, die zum Teil drei bis vier Fuß über dem Gras der Moräste hervorragten.

Bei *Painted Stone* (Gemalter Felsen), einem niedrigen zehn bis zwölf Yards breiten Felsen, entspringen zu beiden Seiten mehrere schlammige Flüsse, die verschiedene Richtungen nehmen. An der einen Seite beginnt die Wasserfahrt, die wir bei der York Factory eingeschlagen hatten; diese Stelle kann daher als eine der Quellen des Flusses Hayes betrachtet werden. An der anderen Seite des Felsens entspringt der Echemamis und mündet in westlicher Richtung in den Fluss Nelson. Hier sollen in früheren Zeiten von den Indianern gottesdienstähnliche Gebräuche verrichtet und Opfer dargebracht worden sein. – An diesem Ort wurden wir vom Gouverneur der York Factory, Herrn Williams, eingeholt, der am 20. Sept. in einem indianischen Kanu abgereist war. – Der Echemamis fließt durch einen Morast und enthält in der trockenen Jahreszeit anstatt des Wassers bloß einen etwa zwei Fuß hohen Schlamm. Dann pflegt man Dämme zu bauen, um ihn durch den Stau seiner Gewässer schiffbar zu machen. Da die Biber diese Arbeit sehr geschickt zustande zu bringen wissen, hat man versucht, ihre Brut an diese Stellen zu befördern; allein es ist bis dahin nicht möglich gewesen, die Indianer abzuhalten, dieses nützliche Tier, sobald sie seine Zufluchtsorte entdecken, zu töten. Wir sahen weiter stromaufwärts einen neu errichteten Biberdamm, in den man eine Öffnung gemacht hatte, hinreichend, um ein Boot durchzulassen. Man sagte uns, dass sie unfehlbar noch in der nächstfolgenden Nacht von den fleißigen Bibern würde ausgefüllt werden.

Am Morgen des 5. Oktober fuhren wir in den Sea River, einen der vielen Arme des Nelson; er ist mehr als vierhundert Yards breit, und seine Gewässer haben eine schlammige weißliche Farbe. Auch dieser Strom hatte einen Fall von vier bis fünf Fuß. – An den Ufern des Little Jack Rivers schlugen wir unsere Zelte auf; hier ist ein kleines, aus Baumstämmen erbautes Haus, die Wohnung eines Fischers, der die Niederlassung von Norway House mit Forellen und Stör versieht. Er überließ uns einige dieser Fische, die wir uns zum Abendbrot trefflich schmecken ließen. – Der Little Jack River ist eigentlich nur ein Kanal, der sich zwischen verschiedenen großen Inseln hindurchwindet, welche die Landseen Upper und Lower Playgreen scheidet. Am unteren Ende dieses Kanals mündet der Big Jack River, ein bedeutender Strom, in den Landsee.

Am 6. Oktober trafen wir nachmittags in Norway Point ein. Die Gewässer des Landsees Winnipeg und der in ihn mündenden Flüsse sind durch die mit demselben gemischte Menge weißen Tons äußerst trübe, weswegen man die versunkenen Felsstücke, die den Booten so gefährlich sind, nicht erkennen kann; so stieß ein uns begleitendes Boot auf einen Felsen, glücklicherweise jedoch ohne bedeutenden Schaden zu nehmen. Die Indianer schreiben die schlammige Beschaffenheit dieser Landseen und Flüsse der Bösartigkeit einer ihrer Gottheiten zu, und ihre fabelhaften Traditionen enthalten darüber eine lange Geschichte.

Norway Point bildet den äußersten Punkt einer schmalen Halbinsel, welche die Landseen Playgreen und Winnipeg scheidet. Gebäude wurden hier zuerst durch eine Anzahl Norweger errichtet, die aus der Niederlassung am Roten Fluss durch die vor einiger Zeit dort geschehenen Unruhen von dort vertrieben wurden. Jetzt ist Norway Point ein der Hudson-Bay-Kompanie gehöriger Handelsposten. Bei der Landung zu Norway Point trafen wir Kolonisten des Lord Selkirk, die einen Tag früher als wir von der York Factory abgereist waren. Durch unsere Beobachtungen fanden wir, dass Norway House unter 53°41'38" nördlicher Breite und 98°1'24" westlicher Länge liegt.

Mit günstigem Wind segelten wir das nördliche Ufer des Landsees Winnipeg entlang und landeten am 8. Oktober auf einer schmalen sandigen Landzunge, welche die Limestone Bay von dem eigentlichen See trennt, und machten nachmittags halt auf einer kleinen aus Kalkstein bestehenden Insel am Endpunkt dieser Halbinsel, die sich zwanzig Meilen weit gegen Westen erstreckt.

Am 9. erreichten wir die Mündung des Saskatchewan. Es kostete uns einen ganzen Tag, die Boote von dort bis an den Fuß eines großen zwei Meilen davon entfernten Wasserfalls zu ziehen. Bei diesem bildet der Fluss eine plötzliche Biegung von Süden nach Osten und bahnt sich seinen Lauf durch einen engen Kanal in der Kalksteinlage. Ein Schwarm von Pelikanen und zwei bis drei braune Fischadler fingen in den brausenden Gewässern des Stromes Fische, und zwar, wie es schien, mit großem Erfolg. Auch ist am Fuß des Wasserfalls eine ergiebige Störfischerei. Mehrere Gold-Wasserhühner, Kanadische Beinbrecher *(Coccothraustes)*, Grünzlinge *(Vireo)*, Baumhacker *(Picus martius)* und ein schönes schmal gestreiftes Murmeltier wurden an diesem Tag geschossen.

Der Weg von Kanada bis an den Athabasca trifft mit dem von der York Factory bis an die Mündung des Saskatchewan zusammen. Dieser Fluss wird oberhalb des großen Wasserfalls breiter, und die Landschaft wird schöner. Die Ufer sind hoch, zusammengesetzt aus weißem Ton und Kalkstein, und ihre Anhöhen sind dicht bewachsen mit mannigfaltigen Gattungen von Fichten, Pappeln und Weiden. Die Strömung ist sehr reißend und das Bett an manchen Stellen durch zerbrochene und versunkene Felsstücke gefahrvoll. – Unsere Zelte schlugen wir an der Einfahrt des Cross Lake, eines großen vierzig Meilen weit nach Nordosten fließenden Landsees auf, von dem wir einen kleinen Teil durchfuhren, und dann durch mehrere sich schlängelnde, von einer Inselgruppe gebildete Kanäle in den *Cedar Lake* (Zedernsee) einruderten – nächst dem Winnipeg die größte Fläche süßen Wassers, die wir bis jetzt auf unserer Reise gesehen hatten. Im Frühling und Herbst finden sich hier wilde Enten und Gänse in unermesslichen Schwärmen ein. Zur Zeit unserer Ankunft begannen sie ihren Abzug, da die morastigen Ufer durch die Nachtfröste hart gefroren waren. Hier sahen wir nachts das Nordlicht in so ungemeinem Glanz, dass seine vielfarbigen Lichtstrahlen sich bisweilen über den ganzen Himmel verbreiteten; unter den mannigfaltigen prismatischen Farben, die es annahm, waren Violett und Gelb vorherrschend. – Der *Muddy Lake*, in den wir nun einfuhren, führt seinen Namen (Schlammiger Landsee), weil er bloß aus einigen Kanälen besteht, die sich zwischen Weiden und Morastbänken hindurchwinden, die bei Springfluten überströmt werden. – Wir landeten bei einem Indianerzelt, das von zwei zahlreichen, zusammen dreißig Seelen betragenden indianischen Familien bewohnt wurde. Sie waren schlecht gekleidet und befanden sich durch die Verheerungen des Keuchhustens und der Masern in einem jämmerlichen Zustand. Bei unserer Ankunft waren sie beschäftigt, für die Kranken eine Schwitzstube oder ein Schwitzhaus anzulegen. Dies ist ein Heilmittel, welches sie, verbunden mit Singen und Trommeln, für ein großes Spezifikum in allen Krankheiten halten. – Unseren nächsten Halt machten wir auf der *Devils-Drum* (Teufelstrommel)-Insel, in deren Nähe gleichfalls einige Indianerfamilien auf einer anderen kleinen Insel ein Lager aufgeschlagen hatten, um Gänse und Enten zu erlegen.

Am 16. November ging es achtzehn Meilen den Saskatchewan stromaufwärts, dessen Ufer niedrig und mit

Weidenbäumen besetzt sind. Die Umgebung ist morastig und von zahlreichen Armen des Flusses durchschnitten. – Im Laufe des Tages passierten wir abermals ein indianisches Lager von drei Zelten, dessen Bewohner in einem noch elenderen Zustand zu sein schienen als die, welche wir früher gesehen hatten. Sie hatten soeben eine Beschwörungszeremonie mit einem kranken Gefährten vorgenommen; und ein Hund, den sie kürzlich einer ihrer Gottheiten zum Opfer getötet hatten, hing an einem Baum.

Die Annäherung des Winters zeigte sich durch einen heftigen Frost, und man sah große Schwärme wilder Enten und Gänse ihren Flug nach Süden aufnehmen. Um noch vor ihrem Abzug ihrer so viele wie möglich zu erlegen, hatte eine Anzahl Indianer hinter dem Flussufer am Rand eines kleinen morastigen Landsees ein Lager aufgeschlagen. Sie hatten ein sehr großes Zelt, etwa vierzig Fuß lang und achtzehn Fuß breit; es war mit amerikanischem Hirschleder gedeckt und hatte Öffnungen zum Abzug des Rauchs. Am Boden war eine besondere Abteilung für Schlafstellen, in der Mitte waren ihre Trommeln und andere Beschwörungsinstrumente angehäuft, und an jedem Ende brannte ein Feuer. Unter den Indianern waren viele von halb europäischer, halb indianischer Abkunft, die ganz nach der Weise der Letzteren lebten. – Vom Saskatchewan ging die Fahrt in den *Little River* (den Kleinen Fluss), einen der beiden Ströme, in den der Fichteninselsee *(Pine Island Lake)* seine Gewässer ergießt. Auch von diesem durchruderten wir einen Teil und fanden den Rand desselben schon derart überfroren, dass wir, um an den Landungsplatz nach Cumberland House zu gelangen, eine beträchtliche Eisstrecke durchbrechen mussten. Wenn wir erwogen, dass diese Eisdecke die Wirkung einiger Nachtfröste im Anfang des Winters war, so überzeugten wir uns von der Unmöglichkeit, in dieser Jahreszeit zu Wasser weiter fortzukommen, und beschlossen daher, die Einladung des uns seit unserem zweiten Zusammentreffen begleitenden Gouverneurs der York Factory, Herrn Williams, anzunehmen und mit ihm auf dem Handelsposten Cumberland House zu weilen.

Unmittelbar nach unserer Ankunft (am 22. Oktober) besuchten wir Herrn Connolly, ein sich hier aufhaltendes Mitglied der Nordwest-Kompanie. Auch er versprach uns alle mögliche Unterstützung in unserem Unternehmen und hielt Wort. Der unerwartete Zuwachs an einstweiligen Bewohnern dieses Handelspostens machte eine Vermehrung der Wohnzimmer notwendig, und unsere Leute wurden sogleich in Arbeit gesetzt, ein unvollendetes Gebäude so schnell wie möglich in Ordnung zu bringen.

Vor dem 6. November war der Landsee noch nicht ganz überfroren; an jenem Morgen aber wurde das Eis fest genug, um ihn auf Schlitten passieren zu können. Schon früh am Tag wurden die Hunde angeschirrt, und man begann die Winterbeschäftigungen damit, dass man nach Fischen ausschickte, die man vom *Swampy River* (Morastfluss) herbeiholen ließ, wo Leute abgestellt waren, um unmittelbar vor dem Eintritt des Frostes einen Vorrat davon einzusammeln. Menschen und Hunde schienen sich über den eingetretenen Wechsel zu freuen, und mit größter Schnelligkeit ging es auf der Eisfläche von dannen.

Am 22. November waren der Saskatchewan sowie alle Flüsse gänzlich mit Eis bedeckt, ausgenommen eine schmale, sehr reißende Strömung in der Nähe des Forts.

– Nun bezogen wir das Haus, welches unsere Leute seit unserer Ankunft für uns eingerichtet hatten. Wir fanden es anfangs ungemein kalt, obwohl in jedem Zimmer ein gutes Feuer unterhalten wurde, und oft froren wir an der einen Seite des Körpers, während wir auf der anderen an Hitze litten. – In den letzten drei Tagen des Novembers war so anhaltendes Tauwetter eingetreten, dass auf dem Saskatchewan und einigen Teilen des Landsees das Eis aufbrach und das Reisen dort gefährlich wurde. Danach trat wieder Frostwetter ein, bis am 13. Dezember das Eis abermals aufging und die Überfahrt auf zwei Tage unterbrochen wurde.

Mittlerweile überzeugten mich meine Unterredungen mit den Kompanie-Agenten von der Notwendigkeit, mich noch während des Winters in den Bezirk des Athabascas zu begeben, da die dortigen Europäer am besten mit der Beschaffenheit und den Hilfsquellen des Landes nordwärts des Großen Sklavensees *(Great Slave Lake)* bekannt sind und man sich einzig aus dieser Gegend die nötigen Führer, Jäger und Dolmetscher verschaffen kann. Ich hatte im Voraus an die sich in jener Gegend aufhaltenden Mitglieder der Nordwest-Kompanie geschrieben und sie um Beförderung unserer Unternehmung gebeten, auch diejenigen Gegenstände benannt, derer wir bedurften. Bevor ich jedoch mein Schreiben absandte, erwog ich die Hindernisse und Verzögerungen, denen die Übermittlung desselben unterworfen sein könnte, und beschloss, mich so bald wie möglich mit zwei meiner Gefährten, den Herren Back und Hepburn, in der Mitte des Januars an den Athabasca zu begeben, die Herren Richardson und Hood aber bis zum Frühling in Cumberland House zu lassen. – Das Weihnachts- und Neujahrsfest wurden

George Back

auf die in jener Niederlassung stets übliche Weise mit Freudenschüssen, gesellschaftlichen Mahlen und Tänzen gefeiert, und beim Mittagessen setzte uns Herr Connolly unter anderem einen Biber vor, dessen Geschmack wir köstlich fanden. Beim Tanz zeigten die Kanadierinnen einige Anmut und große Gewandtheit. Die Weiber von halb indianischer und halb europäischer Abkunft lieben sehr diese Belustigung, so wenig man ihnen auch sonst nach ihrem Benehmen die dazu nötige Lebhaftigkeit zutrauen sollte.

John Hepburn

Jetzt gab ich den Herren Richardson und Hood eine schriftliche Instruktion über die mit der Hudson-Bay- und Nordwest-Kompanie getroffenen Verabredungen wegen der Art und Weise, wie im Frühling diese meine beiden Gefährten auf ihrer Reise weiterbefördert werden sollten, und wegen einiger anderer in meiner Abwesenheit zu ihrer Nachricht dienenden Punkte. – Die Häuser der beiden Handelskompanien auf diesen Posten liegen nahe beieinander, am oberen Ende einer kleinen Insel, welche den Fichteninselsee vom Fluss Saskatchewan scheidet und etwa 2¾ Meilen von dem Letzteren entfernt ist. Die Gebäude bestehen aus aufeinandergelegten Baumstämmen, sind ohne sonderliche Rücksicht auf Bequemlichkeit erbaut, mit hohen Palisaden umgeben und durch hölzerne Bastionen geschützt. In den Fenstern ersetzen Rentierfelle sehr unvollkommen das Glas. Das Land in der Umgebung von Cumberland House ist niedrig, der mit Kalkstein untermischte Grund und Boden aber ist gut und fähig, Korn und Gewächse aller Art hervorzubringen. Schon hat man gute Küchengewächse und Kartoffeln so gut wie die englischen gezogen. Alle europäischen Tiergattungen würden hier reichliche Nahrung finden. Es können sich daher die Kolonisten weit unabhängiger von den Indianern machen und brauchten sich nicht auf den Erfolg ihrer Jagd zu verlassen, wenn sie sich auf die Förderung des Anbaus der Umgebungen legten. Zwar ist die Gegend durch das Feuerungsbedürfnis sehr von Waldungen gelichtet, doch hat sie, besonders im winterlichen Kleid, wenig Angenehmes. – Die indianischen in der Nachbarschaft wohnenden Stämme sind die der Crees oder Knisteneaux – vormals eine zahlreiche, mächtige und räuberische Nation, die aber längst aufgehört hat, Furcht zu erregen, und jetzt vielleicht der harmloseste unter allen indianischen Volksstämmen ist. Diese Umwandlung ist ihrem Verkehr mit Europäern und der ungemeinen Abnahme ihrer Bevölkerung, die Letztere aber großenteils dem Umstand zuzuschreiben, dass man unbedachtsamerweise den Genuss starker Getränke bei ihnen eingeführt hat; sie werden für gute Jäger gehalten und sind durchgängig sehr emsig mit dieser Beschäftigung. Hinsichtlich anderer Bedürfnisse hingegen sind sie gänzlich von den Europäern abhängig.

3. Kapitel

Abreise von Cumberland House – Methode der Winterreisen in jenen Gegenden – Carlton House – Isle à la Crosse – Ankunft im Fort Chipewyan

Am 18. Januar 1820 verließen wir Cumberland House und machten uns nach Carlton House auf den Weg. Bevor wir aber die Einzelheiten dieser Reise erzählen, wird es nicht am unrechten Ort sein, die nötige Ausrüstung eines Winterreisenden in diesen Regionen zu beschreiben. Man verfertigt Schneeschuhe aus zwei leichten, an beiden Enden aneinander befestigten Hölzern, welche durch Querhölzer krumm gebogen sind. Die Seitenhölzer werden so geformt, dass der Vorderteil des Schuhs dem eines Schiffs ähnlich ist und der hintere Teil in einem spitzen Winkel endet; die Räume zwischen den Hölzern werden durch netzförmig verschlungene lederne Riemen ausgefüllt, ausgenommen denjenigen Teil hinter dem mittleren Holz, worauf der Fuß ruht, der durch Riemen, die um die Hacken gewunden sind, an das Holz befestigt ist. Die Länge eines Schneeschuhs beträgt vier bis sechs Fuß, die Breite anderthalb bis dreiviertel Fuß. Man hat in diesen Schuhen einen vollkommen natürlichen Gang; doch sind sie unbequemer in Gebüschen, und fällt man, so kann man nicht schicklich ohne Hilfe wieder aufstehen. Jeder Schuh wiegt etwa zwei Pfund. Die nordindianischen Schneeschuhe weichen von den südindianischen darin ab, dass sie eine gekrümmtere Form haben. Übrigens ist die überwiegende europäische Erfindungskraft unfähig gewesen, die ursprüngliche

Form dieser zweckmäßigen Fußbekleidung zu verbessern.

Schlitten werden aus zwei bis drei vorn aufwärts gebogenen, durch Querhölzer aneinander befestigten Kufen verfertigt. Sie sind so dünn, dass sie, wenn sie schwer beladen sind, bei jeder Unebenheit des Bodens, über die sie hingleiten, sich biegen. Die gewöhnlichen, durch Hunde gezogenen Schlitten sind acht bis zehn Fuß lang und sehr eng. Die Handelsleute pflegen sie mit einem ledernen, bemalten Halbverdeck zu versehen und sie »Karriolen« zu nennen. – Außer Schneeschuhen hat jeder Reisende eine Decke, ein Beil, ein Feuerzeug und eine Flinte bei sich. – Seine Winterkleidung besteht in einer Kapuze, die man bei Wind oder in Wäldern über den Nacken zieht, um ihn vor dem Schnee zu bewahren; ferner in weiten ledernen Hosen und indianischen Strümpfen, welche um die Fußknöchel dicht anschließen; und Mokassins oder indianischen Schuhen und in einem ledernen Rock, der mit einem Gürtel um die Hüften befestigt ist, woran ein Beutel mit Feuerzeug und einem Messer sowie auch ein Beil hängt.

Herr Back und ich wurden von dem Seemann John Hepburn begleitet; wir waren mit zwei bedeckten und zwei unbedeckten Schlitten versehen, wozu die Führer und Hunde von jeder der beiden Handelskompanien zur Hälfte geliefert wurden. Die auf vierzehn Tage nötigen Lebensmittel füllten so sehr die Schlitten, dass wir nur mit Mühe für einen kleinen Sextanten, einen Anzug, so viel Wäsche, um dreimal wechseln zu können, und für das nötigste Bettgewand Raum finden konnten. Gleichwohl beschränkten wir uns sehr und beluden selbst die bedeckten Schlitten mit einem Teil des Gepäcks, anstatt

Winterliche Reise mit Hundeschlitten

uns selbst hineinzusetzen; dennoch meinten die Eigentümer der Hunde, wir hätten die Schlitten überladen. Die Ladung eines durch drei Hunde gezogenen Schlittens beträgt im Anfang einer Reise gewöhnlich nicht weniger als dreihundert Pfund – eine Last, die jedoch wegen des fortwährenden Verbrauchs der Lebensmittel täglich vermindert wird. Der Schlitten selbst wiegt etwa dreißig Pfund. Wenn der Schnee hart gefroren und der Pfad gut betreten ist, legt man in einer Stunde, einschließlich der Ruhepausen, etwa dreiviertel Meilen oder täglich circa fünfzehn Meilen zurück. Wenn der Schnee locker ist, geht die Reise natürlicherweise weit langsamer und beschwerlicher vorwärts.

Am 18. morgens um acht Uhr verließen wir das Fort. Die Herren Richardson, Hood und Connolly gaben uns das Geleit den Saskatchewan entlang, bis sie bei dem tiefen Schnee ohne Schneeschuhe nicht weiterkonnten. Da uns Herr Mackenzie, Assoziierter der Hudson-Bay-Kompanie, dessen Bestimmung die *Isle à la Crosse* war, mit vier Schlitten begleitete, so bildeten wir eine ganze Prozession. Weil der Schnee tief lag, ging es nur langsam vorwärts auf der Oberfläche des Flusses, der auf der Strecke von sechs Meilen, die wir am ersten Tag zurücklegten, etwa dreihundertfünfzig Yards breit ist. An dem Ort, wo wir unser Lager aufschlagen wollten, konnten wir kaum Fichtenzweige finden, um den Boden unserer Ruhestätte zu bedecken. Sie besteht übrigens in weiter nichts als in einem Plätzchen, das von Schnee befreit und mit Fichtenzweigen bedeckt wird, welche man mit Decken und Kleidungsstücken belegt, und darauf unter freiem Himmel – während zu den Füßen der Reisenden ein gutes Feuer brennt – warm und behaglich schläft, selbst wenn das Thermometer weit unter dem Gefrierpunkt steht.

Die Ankunft am Lagerplatz gibt sogleich jedem Reisegenossen Beschäftigung; und erst dann, wenn die Schlafplätze geordnet sind und hinreichende Feuerung für die Nacht zusammengebracht ist, wird das Feuer angezündet. Einzig die Hunde bleiben während dieser geschäftigen Szene untätig; und man lässt sie vor ihren Schlitten angeschirrt, bis man Zeit gehabt hat, diese auszupacken und alle Gattungen von Lebensmitteln aus dem Bereich dieser gefräßigen Tiere an die Bäume zu hängen. Bald machten wir die Erfahrung, wie notwendig diese Vorsichtsmaßregel sei; denn obwohl die Hunde zu Abend wohl gefüttert waren, stahlen sie fast unter Hepburns Augen einen bedeutenden Teil unserer Vorräte weg.

Nach einer trefflichen Nachtruhe legten wir am folgenden Tag wegen des tiefen Schnees nur einen kurzen

Weg zurück. Die Landschaft an den Ufern des Flusses wurde immer schöner. – Am 20. machten wir Rast beim Mosquito Point, nachdem wir etwa neun Meilen zurückgelegt hatten und meine Füße durch die Schneeschuhe wund gelaufen waren – ein Übel, dem wenige bei der Einweihung in Winterreisen entgehen.

Am 21. war der Morgen kalt, aber sehr angenehm zum Reisen; wir durchzogen die Halbinsel Mosquito Point, um einen Umweg von mehreren Meilen, den der Fluss macht, zu vermeiden. Wir lagerten am unteren Ende von Tobin Falls, und da hier der Schnee weniger tief lag, so ging es am 22. schneller vorwärts, wenngleich auf Kosten meiner und meiner Gefährten Füße. Jenseits der Tobin-Wasserfälle dehnt sich der Fluss bis zu fünfhundert Yards aus, und seine Ufer sind mit Fichten, Pappeln, Birken und Weiden dicht bewachsen.

Am 23. war der Himmel bedeckt, und es schneite mitunter. Wir sahen im Laufe des Tages zwei Wölfe und einige Füchse über den Fluss gehen und bemerkten viele Spuren von Moose (einer Gattung amerikanischer Elche) und Rotwild. Kaum hatten wir uns gelagert, als tiefer Schnee fiel und uns den Vorteil einer doppelten Decke gewährte. Am nächsten Morgen trafen wir zwei Männer von Carlton auf ihrer Reise nach Cumberland, die uns durch ihre Spuren zu unserer großen Freude in den Stand setzten, ohne Schneeschuhe rasch fortzugehen.

Allein in der Nacht vom 24. war so viel Schnee gefallen, dass die Spuren gänzlich bedeckt und das Gehen sehr ermüdend war. Am Fuß einer senkrechten Felsklippe sahen wir die Reste von zwei Stück Rotwild liegen, die vermutlich von den Wölfen überwältigt und verzehrt worden waren. Diese gefräßigen Tiere, die dem Rotwild und den Elchen an Schnelligkeit nachstehen, nehmen häufig an Orten, wo weite Ebenen durch steile Felsklippen umgrenzt sind, zu nachstehendem Mittel ihre Zuflucht. Während nämlich das Wild ruhig grast, versammeln sich die Wölfe in großen Scharen, bilden einen Halbkreis und schleichen sich langsam in die Nähe des Wildes, um es nicht gleich anfangs zu beunruhigen; doch wenn sie wahrnehmen, dass sie diese arglosen Geschöpfe gänzlich eingeschlossen und ihnen den Rückzug quer durch die Ebene abgeschnitten haben, bewegen sie sich schneller, erschrecken ihre Beute durch ein furchtbares, gellendes Geschrei und treiben sie zu dem einzigen, ihnen noch offenen Weg, das heißt, gegen den Abgrund hin; sie scheinen zu wissen, dass das Wild, wenn es einmal auf der Flucht ist, sich leicht über den Rand des Abgrunds treiben lässt, da die Hintersten aus allen Kräften die Vordersten vorwärts drängen. Wenn dann die Fliehenden den Felsen hinabgestürzt sind und größtenteils verstümmelt daliegen, dann steigen die Wölfe in Muße hinab und halten in Ruhe an ihnen ein Festmahl.

Am 26. machten wir Halt in einer jetzt verödeten Niederlassung, Ober-Nippeweeen genannt. Zwar konnten wir in dem verlassenen Haus ohne Türen und Fenster die längst ersehnten Operationen des Barbierens und Waschens zum ersten Mal seit unserer Abreise von Cumberland vornehmen, da bis dahin die Witterung zu streng gewesen war, es in freier Luft zu tun; allein was die Nachtruhe anlangte, so fanden wir, dass sich's weit gemütlicher in freier Luft schläft als in einem unvollkommen geschützten Haus.

Im Laufe des folgenden Tages passierten wir den südlichen Arm des Saskatchewan, der in den »Felsenbergen«

(Rocky Mountains) unfern der Quellen des nördlichen Arms des Missouri entspringt. Auch sahen wir die Trümmer einer Niederlassung, die von den Kaufleuten gezwungenerweise verlassen war, weil die unlenksamen und räuberischen Assiniboine-Indianer ihnen keine Ruhe ließen. – Am 28. hatten wir einen starken, schneidenden Nordwestwind, der uns einen heftigen Schnee gerade ins Gesicht trieb und uns zwang, so geschwind wie möglich zu gehen, auch uns unaufhörlich die dem Wind ausgesetzten Teile des Körpers mit Schnee zu reiben, um dem Erfrieren zuvorzukommen. Doch ungeachtet dieser Vorsichtsmaßregel litten einige unserer Reisegefährten sehr bedeutend. – Wegen der Seltenheit der Holzungen mussten wir bis abends spät wandern. Nachts war es so kalt, dass unser Tee in den zinnernen Teekannen gefror, bevor wir ihn trinken konnten, und eine Mischung von Rum und Wasser sich gefrierend verdickte. Als wir uns jedoch zur Ruhe gelegt hatten, fühlten wir keine Unzuträglichkeit und kümmerten uns wenig um die Wölfe, obgleich wir sie nicht nur heulen hören, sondern sie sogar sehen konnten. – Am 29. lagerten wir an einem bemerkenswerten Ort, der von den Reisenden *The Neck of Land* genannt wird. Er ist mit Tannen und Fichten dicht besetzt, obwohl das jenseitige Ufer fast ganz kahl ist. Hinter dem südlichen Ufer gibt es weite Ebenen, die für Büffel oder andere grasende Tiere eine treffliche Weide gewähren. Wir sahen eine Herde der Ersteren, konnten ihnen aber nicht nahe kommen.

Am 30. waren unsere Lebensmittel fast ganz verzehrt; auch die armen Hunde hatten schon seit einigen Tagen mit sehr spärlichem Futter vorlieb nehmen müssen; daher war ihre Raubgier unbegrenzt. – Schon zum Frühstück hatten wir Carlton House zu erreichen gehofft, trafen aber erst um Mittag dort ein, obschon der Weg gut war. Der Aufseher des Postens, Herr Prudens, empfing uns mit jener freundschaftlichen Aufmerksamkeit, die uns das Rundschreiben des Gouverneurs der York Factory, Herrn Williams, gesichert hatte; bald nach unserer Ankunft bewirtete man uns mit einem trefflichen Gericht gerösteter Büffelfleisch-Schnitte, die unter allen Umständen als wohlschmeckend befunden worden wären, insbesondere aber für uns, obwohl wir sie ohne Brot und Gemüse aßen, nach unserer Reisekost von getrocknetem Fleisch und Pemmikan ein köstliches Mahl waren. Am folgenden Morgen stattete uns Herr Hallet, der Vorsteher des drei Meilen von dort gelegenen Handelspostens der Nordwest-Kompanie, seinen Besuch ab. Er war bereits mit einer Abschrift des auch von *seinen* Vorgesetzten an die Agenten der Nordwest-Kompanie zu unseren Gunsten erlassenen Rundschreibens versehen und bereit, unsere Reise zum Athabasca nach Möglichkeit zu fördern.

Fast täglich fanden sich zu Cumberland House einige Stone-Indianer ein. Ihr Äußeres würde mich sehr für sie eingenommen haben, hätte ich nicht von den Agenten der beiden Handelsposten vernommen, dass dieser Volksstamm einen verräterischen und betrügerischen Nationalcharakter habe. Ihre Mienen sind leutselig und angenehm, ihre Augen groß und ausdrucksvoll, ihre Adlernase, ihre schönen weißen Zähne und kühne Stirn verschönern ihre Gesichtsbildung; doch sind die Backenknochen etwas hoch. Ihre Gestalt ist durchgängig wohlgebildet, sie sind mehr als mittlerer Größe und haben zarte Glieder von guten Verhältnissen. Sie sind von heller Kupferfarbe und haben eine Fülle pechschwarzen, über die Ohren hängenden und das Gesicht beschattenden Haares. Ihre Kleidung, die mir sehr zierlich und passlich schien, besteht aus einem Wams und weiten ledernen Schifferhosen; über demselben tragen sie einen geschmackvoll übergeworfenen weiten Rock von Büffelfell. Ihr Köcher hängt auf der Schulter, und in der Hand tragen sie den Bogen und einen Pfeil, um stets zum Angriff oder zur Verteidigung bereit zu sein, zuweilen auch eine Flinte. Ein Beutel enthält ihr Feuerzeug, Tabak, eine Pfeife und was sie sonst an Sachen besitzen, worauf sie Wert legen; dieser Beutel ist hübsch verziert mit Igelstacheln. So ausgerüstet tritt der Stone-Indianer mit einer das Gefühl der Unabhängigkeit verratenden Haltung auf.

Die einzigen europäischen Handelsartikel, die diese Indianer im Austausch gegen das Fleisch verlangen, das sie den Handelsposten liefern, sind Tabak, Messer, Munition, Branntwein und mitunter Glasperlen, mehr aber Knöpfe, die sie in Reihen als Zierrat ins Haar flechten. Ein glücklicher Jäger trägt gewöhnlich zwei bis drei Dutzend Knöpfe im Haar, die an jeder Seite der Stirn herabhängen und woran am Ende zuweilen Korallenglöckchen befestigt sind, die bei jeder Bewegung des Kopfes klingeln, was den so Geschmückten sehr zu belustigen scheint; zuweilen ist eine ganze Schnur derselben gleich einer Tiara um den Kopf gewunden, und ein geschmackvoll geordneter Federbusch ziert die Mitte des Kopfes.

Die Stone-Indianer stehlen, was sie nur können, insbesondere Pferde. Diese Tiere, meinen sie, sind Gemeingut, die der Allmächtige zum Gebrauch für alle Menschen geschaffen hat und die daher weggenommen werden können, wo man sie antrifft; doch räumen sie jedem Besitzer derselben das Recht ein, sie zu bewachen, um womöglich ihre Entwendung zu verhüten. Diese eingestandenen Grundsätze haben die Folge, dass man auf allen Handelsposten äußerst auf seiner Hut ist; gleichwohl sind die Indianer in ihren kühnen Angriffen gegen einzelne Europäer, manchmal sogar gegen Reisegesellschaften von drei oder vier Personen glücklich. Vor zwei Jahren wagte es eine ganze Bande Indianer, einige Pferde, die vor dem Tor des Forts der Nordwest-Kompanie grasten, wegzunehmen; sie trotzten dem Feuer der wenigen damals im Fort liegenden Leute den ganzen Tag und erwiderten bisweilen ihre Schüsse, wodurch auf beiden Seiten ein Mann getötet wurde; endlich führten sie den Diebstahl dennoch aus. Wehrlose Personen, die sie antreffen, pflegen sie aller ihrer Kleidungsstücke, insbesondere solcher mit Knöpfen, zu berauben, um sie selbst bei der strengsten Witterung in diesem Zustand ihrem Schicksal zu überlassen. Erwarten sie Widerstand, so morden sie nicht selten vor dem Raub. Wenn die Handelsleute reisen, stellen sie daher jederzeit Wachen auf, um während der Nachtruhe Überfälle zu verhüten; auch bedienen sie sich oft der Kriegslist, bei Sonnenuntergang ein Feuer anzuzünden, welches sie brennen lassen, während sie bald nach dem Dunkelwerden ein entfernteres Lager beziehen. Man muss lange in ihrer Nähe gewohnt haben, um die peinlichen Besorgnisse, die ihr Benehmen unaufhörlich erregt, zu überwinden. Aus Furcht, sich von den nötigen Lebensmitteln und Zufuhren gänzlich abgeschnitten zu sehen, müssen die Handelsleute oft die größten Beleidigungen und selbst Mordtaten übersehen, wenngleich die Verbrecher sich mit der größten Unverschämtheit unmittelbar nach der Tat zeigen und sich ihrer wohl gar rühmen. Selbst nach der Entdeckung eines von ihnen begangenen Diebstahls fühlen sie sich nicht verpflichtet, das Gestohlene wieder herauszugeben, wenn sie nicht ein Äquivalent dafür erhalten.

Die Stone-Indianer leben in Freundschaft mit den Crees, und zwar bloß aus Eigennutz; diese beiden Volksstämme vereinigen sich in entschiedener Feindseligkeit gegen die im Westen wohnenden indianischen Nationen, die gewöhnlich Sklavenindianer genannt werden – ein Schimpfname, den die Crees den Stämmen beilegen, die sie mit Erfolg bekriegt haben. Die Sklavenindianer sollen den Stone-Indianern sehr gleichen und ebenso verwegen und treulos gegen die Handelsleute sein. – Fast jeden Sommer gibt es Kriege zwischen den feindselig gegeneinander gesinnten Volksstämmen, auch stellt nicht selten jede Partei drei- bis vierhundert Reiter ins Feld. Ihre Anführer beobachten im Angriff und in der Verteidigung alle Vorsichtsmaßnahmen der geschicktesten Feldherren, und wenn einer der Krieg führenden Teile eine zweckmäßige Stellung gewählt zu haben glaubt oder findet, dass er den anderen überfallen kann, so geht der Angriff vor sich. Er geschieht in gedrängten Haufen, folglich ist das Blutvergießen verhältnismäßig groß, wenn auch das Gefecht nur kurz ist. Die Gefangenen beiderlei Geschlechts werden selten verschont, sondern auf der Stelle mit mutwilliger Grausamkeit getötet. Die Toten werden skalpiert, und für den Tapfersten wird der gehalten, welcher die meisten Schädel vom Schlachtfeld mitnimmt. In der Folge befestigt er sie an seiner Kriegskleidung und trägt sie als Zeugen seiner Waffentaten. Der siegende Teil schwärzt eine Zeit lang Gesicht und Kleidungsstücke als Zeichen der Freude; und in diesem Zustand kommen oft

Indianer in die Niederlassung oder tanzen und singen in der Nähe derselben, wobei sie ihren ganzen scheußlichen Kriegsschmuck anlegen. Um Trauer anzudeuten, bedecken sie Haare und Kleidung mit weißem Ton. – Die Crees in der Nähe von Carlton House haben die gleiche Gesichtsform wie die in der Nähe von Cumberland; doch sind sie ihnen in äußerer Haltung weit überlegen, was daher kommt, dass sie in einer fruchtbareren Gegend leben, die alle ihre Bedürfnisse im Überfluss hervorbringt. Sie sind gelehriger, lenksamer und arbeitsamer als die Stone-Indianer und liefern den Handelsposten größere Vorräte an Lebensmitteln und Pelzwerk. Ihre Kleidungsweise gleicht im Ganzen der der Stone-Indianer. – Die Crees verschaffen sich Flinten von den Handelsleuten und bedienen sich ihrer lieber als der Bogen und der Pfeile; von ihnen bekommen die Stone-Indianer entweder durch Diebstahl oder durch Handel oder auch durch Gewinn im Spiel ebenfalls Schießgewehre.

Am 6. Februar begleiteten wir Herrn Prudens auf einem Besuch im Lager der Crees, etwa sechs Meilen von Carlton House; wir fanden sieben Zelte unter einer Gruppe von Tannen. Das größte, in das wir eintraten, gehörte dem Häuptling, der abwesend war, bald danach aber auf die Nachricht von unserer Ankunft zurückkehrte. Er war ein Sechziger, bewillkommnete uns mit einem herzlichen Händedruck und einem englischen Gruß, der unter den Indianern gewöhnlich ist und den sie von den Handelsleuten gelernt haben. Da wir erwartet waren, hatten sie das Zelt zierlich geordnet, über den Boden frisches Gras gestreut und Röcke von Büffelfell dem Eingang gegenüber ausgebreitet, worauf wir uns niederlassen sollten; über dem Feuer hing ein Kessel, um Speisen für uns zu kochen.

Als wir uns einige Minuten mit ihnen unterhalten hatten, lud Herr Prudens den Häuptling und seine Jäger ein, als Zeichen unserer Freundschaft eine Pfeife mit uns zu rauchen; dies wurde im ganzen Lager laut verkündet, und zehn Männer aus den übrigen Zelten schlossen sich augenblicklich unserer Gesellschaft an. Bei ihrem Eintritt zogen sich die Weiber und Kinder, deren Gegenwart in solchen Fällen der Etikette zuwiderläuft, sogleich zurück. Die Pfeife oder das Rohr, gestopft und angezündet vom Schreiber des Herrn Prudens, wurde dem Häuptling dargeboten, der beim Empfang folgende Zeremonie einhielt, ehe er anfing zu rauchen: Zunächst wandte er die Spitze nach allen vier Weltgegenden, dann zum Himmel, zur Erde und gegen das Feuer, als eine Ehrfurchtsbezeugung für die Schutzgeister des Hauses; hierauf tat er nur drei Züge, gab das Rohr dem ihm zunächst sitzenden Gefährten, und seinem Beispiel folgte jeder in der Runde. Nachdem die Pfeife wieder gefüllt war, wiederholte derjenige, den die Reihe traf zu rauchen, nur den letzten Teil der Zeremonie und richtete die Spitze zum Himmel, zur Erde und zum Feuer; es wurde dem Häuptling Branntwein mit Wasser gemischt gereicht, der, bevor er trank, eine Feder forderte, solche mehrmals in den Becher tunkte und den Boden mit der Flüssigkeit besprengte, wobei er jedes Mal ein Gebet sprach. Das Erste, was er von dem Großen Geist *(Keetchee Manitou)* erflehte, war: dass er allenthalben einen Überfluss von Büffeln geben und ihnen in ihrem Gehege einen guten Fang verleihen möge. Hierauf betete er um einen Überfluss an anderen Tieren, namentlich denen, die gutes Pelzwerk lieferten, und endlich um stete Gesundheit der anwesenden Gesellschaft, vor allem um ihre Bewahrung vor der damals herrschenden Krankheit. Dann folgten noch einige andere Gegenstände, die wir uns, ohne die Gesellschaft zu stören, nicht gebührend verdolmetschen lassen konnten. Bei jedem Gebet drückten alle anwesenden Indianer ihre Zustimmung durch ein lautes *Aha!* aus.

Nach Beendigung der Gebete tat der Alte einen Trunk und ließ den Becher in die Runde gehen. Hierauf rauchte jeder nach Gefallen, und das Gespräch wurde allgemein. Ich bedauerte sehr, nichts davon verstehen oder mir erklären lassen zu können, da es sehr munter und launig zu sein schien und häufiges Lachen erregte. Insbesondere die jüngeren Männer verlachten die Enthaltsamkeit eines ihres Gefährten, der weder trank noch rauchte. Er ertrug ihren Spott mit aller Fassung und versicherte ihnen, sie würden besser daran tun, seinem Beispiel zu folgen. Herr Prudens erzählte mir dies und setzte hinzu, dieser Mann sei nicht nur einer der besten Jäger, sondern auch der Wohlwollendste und Zufriedenste im ganzen Stamm. – Jetzt erschienen vier Stone-Indianer und wurden eingeladen, ins Zelt zu treten; doch nur einer nahm diese Einladung an. Als Herr Prudens hörte, dass die drei anderen solche ablehnten, gab er sogleich Befehl, unsere Pferde genau in Obacht zu halten, da er jene drei Indianer der Absicht sie zu stehlen beargwöhnte. – Da unsere indianische Gesellschaft vernommen hatte, mein Begleiter und ich wären vornehme Kriegsoberhäupter, so erwarteten sie, dass wir irgendeine Ansprache an sie halten würden. Diese Erwartung wurde mir mitgeteilt, und ich benutzte sie zu einer Ermahnung an die Indianer, die Handelsleute wohlwollend zu behandeln und ihnen fleißig Lebensmittel oder Pelzwerk zu liefern, auch ihre Vorräte und Pferde nicht zu stehlen; zugleich versicherte ich ihnen, ich wolle, wenn

Büffeljagd

ich hörte, dass sie sich ferner gut benähmen, dieses ihrem großen Vater jenseits des Meeres (so bezeichnen sie den König von England, dessen Wohlwollen sie durch die Ansiedler sehr zu würdigen gelernt hatten) lobend berichten.

Alle versprachen, seinem Rat zu folgen, und versicherten mir, nicht sie, sondern die Stone-Indianer beraubten und belästigten die Kaufleute. Der anwesende Genosse des letzteren Stammes hörte diese Beschuldigung seiner Landsleute ruhig an; doch vielleicht verstand er nicht ganz den Sinn der Anklage. Wir ließen die Gesellschaft ihren Rum austrinken und gingen hinaus, um das an die Zelte stoßende Büffelgehege in Augenschein zu nehmen.

Der größte Teil der Arbeit fällt unter den Wilden regelmäßig den Frauen zur Last. Wir sahen sie beschäftigt, Büffelhäute zu bereiten sowie Holz, Wasser und Lebensmittel beizubringen, wobei sie manchmal die Hunde zu Hilfe nehmen. Sie befestigen zu dem Zweck eine lange

Stange an jeder Seite des Hundes, sodass er die Enden derselben auf dem Boden nachschleppt; unmittelbar hinter dem Schweif sind sie mit einem Querholz in angemessener Entfernung voneinander befestigt, worauf die in ein Netz gespannte Ladung fortgezogen wird.

Wir sahen die indianischen Knaben sich üben, mit Pfeilen nach dem Ziel zu schießen, sodass sie früh schon zu Jägern gebildet werden, auch sind die Stone-Indianer so geschickte Bogenschützen, dass sie einen sehr kleinen Gegenstand aus bedeutender Entfernung treffen und ihren Pfeilen Kraft genug zu geben wissen, um einen Büffel, trotz seiner dicken Haut, aus der Nähe zu töten.

Das Büffelgehege war ein kreisförmiger Platz von etwa hundert Yards im Durchmesser; der Eingang war mit Schnee so hoch und so fest zugemacht, dass die eingepferchten Tiere nicht herauskonnten. An dem dahin führenden Weg waren auf einer Strecke von etwa einer Meile, zu beiden Seiten in gleichen Entfernungen von ungefähr zwanzig Yards, Pfähle in den Boden geschlagen, damit die Büffel sie für Menschen halten und sich dadurch abschrecken lassen sollten, von dem zum Gehege hinleitenden Weg abzuweichen. Baumzweige waren etwa fünfzig bis sechzig Yards vom Gehege aufgehäuft, um den Indianern zum Hinterhalt zu dienen, wenn ein Büffel herannaht, und ihn dann in den eingeschlossenen Bezirk zu scheuchen. Die größte Gewandtheit in der Büffeljagd zeigen die Reiter, die sich inzwischen um die in den Ebenen weidenden Tiere dergestalt zu bewegen wissen, dass sie genötigt werden, den Weg zum Gehege einzuschlagen. Ist dieser Zweck erreicht, so erheben sie ein lautes Geschrei und erschrecken sie so, dass sie blindlings in die ihnen gelegte Schlinge rennen. Wenn sie die Hinterhalte erreichen, springen die versteckten Jäger ebenfalls hervor und vermehren den Schrecken durch Geschrei und Flintenschüsse. Die gescheuchten Tiere laufen in die Schranken, wo sie mit Pfeilen oder Flinten erschossen werden. In der Mitte des Platzes stand ein Baum, an welchem die Indianer Schnitte von Büffelfleisch und einige Stücke Tuch aufgehängt hatten als Dankopfer für den großen »Herrn des Lebens«; zuweilen lassen sie einen Mann den Baum ersteigen, der in dieser Stellung bleiben muss, bis alle in das Gehege getriebenen Büffel getötet sind. – Die Crees beklagten sich gegen uns, dass die Stone-Indianer vor zwei Nächten die Verwegenheit besessen hätten, jenen geweihten Baum seiner Opfer zu berauben und die eingeschlagenen Pfähle zu verrücken. Zuweilen versuchen auch erfahrene und wohlberittene Jäger, durch einen Angriff auf eine ganze Herde, einzelne Büffel von den übrigen zu trennen, sie, so schnell sie auch laufen mögen, reitend zu verfolgen und sie im Lauf zu erlegen, welches umso gefahrvoller ist, da oft der Büffel, wenn er sich in der Nähe gedrängt sieht, sich plötzlich umwendet, wütend auf das Pferd des Jägers losstürzt und es verwundet oder den Reiter herabwirft. Mitunter steigen auch die Jäger in einiger Entfernung vom Pferd, nähern sich, im Schnee kriechend, der Herde und bleiben, sobald sie sehen, dass die Tiere sie erblicken, bewegungslos liegen, bis sie ihre Augen anderswohin richten; dies setzen sie so lange fort, bis sie den Büffeln so nahe kommen, dass sie zwei oder drei Stück aus der Herde erschießen können. Es ist leicht zu erraten, wie beschwerlich eine solche Jagd in einer Gegend ist, wo das Thermometer manchmal auf 30 bis 40° unter null steht.

Als wir von den Zelten zurückkehrten, setzte Herr Back sich in einen mit Hunden bespannten Schlitten, um ein Büffelkalb zu verfolgen. Ich folgte in einem bedeckten, mit einem Pferd bespannten Schlitten. Herr Back fiel bald aus seinem Fahrzeug, die Hunde eilten mit demselben vorwärts, und er musste sich zu mir setzen. Als jemand den Hunden nacheilte, fand er sie ganz erschöpft neben dem Büffelkalb liegen, welches sie so lange gehetzt hatten, bis es ebenso erschöpft war wie sie.

Der Büffel ist ein plumpes, ungestaltetes Tier, besonders linkisch, aber keineswegs langsam im Laufen; sein Haar ist dunkelbraun, sehr zottig und um Kopf, Hals und Rücken dicht gekräuselt, sodass es das Auge fast ganz bedeckt; insbesondere ist dies bei dem Ochsen der Fall, welcher größer und hässlicher ist als die Kuh. Am meisten wird der Rücken des Tieres geschätzt, der, besonders in gewissen Jahreszeiten, stark mit Fett bedeckt ist.

Der Dolmetscher auf dem Handelsposten der Nordwest-Kompanie riet uns, nicht, wie unsere Absicht gewesen war, in einem Lager der Stone-Indianer die Nacht zuzubringen, und zwar weil sie der Meinung sind, der Keuchhusten und die Masern, woran sie so sehr leiden, seien von den Weißen zu ihnen gebracht worden; es könnten daher diejenigen unter ihnen, welche an jenen Krankheiten Angehörige verloren hätten, in dem Wahn, wir wären jene Unheil bringenden Personen, sich an uns rächen. Auch machte uns der Dolmetscher auf einen anderen schlechten Zug dieses Volksstammes aufmerksam. Nicht selten empfangen sie nämlich einen Gast sehr freundlich in ihren Zelten und legen ihm auf seinem Heimweg einen Hinterhalt, um ihn völlig auszuplündern.

Carlton House, das nach unseren Beobachtungen unter 52°50'47" nördlicher Breite und 106°12'1" westlicher Länge liegt, hat eine angenehme Lage, etwa eine Viertelmeile vom Flussufer, auf einer Ebene, geschützt durch bedeutende Anhöhen. Das Land ist fruchtbar und bringt mit geringer Mühe Weizen-, Gersten-, Hafer- und Kartoffelernten hervor. Mitte April wird der Boden beackert, und als Dr. Richardson am 10. Mai diesen Landstrich bereiste, hatte der Weizen bereits starke Blätter. – Jenseits einer steilen Anhöhe hinter dem Haus beginnt die weite Ebene, deren Grenzen nur unvollkommen bekannt sind. Sie erstrecken sich längs des üblichen Arms des Saskatchewan und gegen die Quellen der Flüsse Missouri und Assiniboine. Die treffliche Weide liefert Futter im Überfluss für mannigfache Gattungen grasender Tiere, von denen der Büffel, Rotwild und eine Gattung von Antilopen am häufigsten vorhanden sind; dies zieht natürlich ganze Herden von Wölfen nach sich, von denen es zwei Arten gibt, die große und die kleine. Auch viele Bären halten sich im Sommer an den Ufern dieses Flusses auf. Von Letzteren ist diejenige Gattung, deren Haar ins Graue geht, die wildeste, und wird daher sowohl von Indianern als Europäern gefürchtet. Der Reisende leidet, wenn er diese Ebenen durchzieht, nicht nur Mangel an Wasser und Feuerung, sondern ist auch der Gefahr ausgesetzt, dass sein Pferd in den unzähligen Dachshöhlen strauchelt. In vielen großen Bezirken besteht die einzige Feuerung in gedörrtem Büffeldünger; und die wenigen vorhandenen Quellen enthalten häufig nur salziges Wasser.

Carlton House und La Montée sind Provisionsposten, und es wird nur eine unbedeutende Menge Pelzwerk auf diesen bei den Ansiedlungen gewonnen. Die Lebensmittel verschafft man sich im Winter von den Indianern, und zwar in Form von getrocknetem Fleisch und von Fett; und wenn beides untereinander gemischt wird – worauf es den Namen Pemmikan erhält –, stellt es im Sommer das Hauptnahrungsmittel der Reisenden dar, wenn sie von den Niederlassungen hin und her reisen. Auch bewahrt man eine beträchtliche Menge Pemmikan zum winterlichen Gebrauch auf den meisten Pelzhandelsposten auf, da es unter den Nahrungsmitteln, die man auf einer Winterreise mitnehmen kann, am wenigsten Platz einnimmt. Man presst es in lederne Beutel ein, deren jeder fünfundachtzig Pfund hält und worin es sich ein Jahr lang, mit besonderer Sorgfalt sogar zwei Jahre hält.

Außer Herrn Prudens und seinem Schreiber gehörten noch acht Mann zum Handelsposten Carlton House. Zum Posten La Montée gehörten siebzig Kanadier und Personen halb indianischer, halb europäischer Abkunft, nebst sechzig Frauen und Kindern, die zusammen täglich mehr als siebenhundert Pfund Büffelfleisch verzehrten. – Weiter stromaufwärts liegen noch die beiden Provisionsposten Fort Augustus und Edmonton, durch welche auch einiges Pelzwerk bezogen wird. – Am letzteren Ort ist der Kropf ein sehr gewöhnliches Übel. Es befällt einzig diejenigen, die das Wasser des Flusses trinken, und zwar insbesondere die Frauen und Kinder halb indianischer, halb europäischer Abkunft, welche ihren dauernden Aufenthalt im Fort haben und sich des Flusswassers bedienen, das im Winter durch eine ins Eis gehackte Öffnung geschöpft wird. Die Männer werden, weil sie oft auf Reisen in der Ebene abwesend sind, wo ihr Getränk aus geschmolzenem Schnee besteht, weniger von diesem Übel angegriffen. Auch die Eingeborenen, die sich im Winter auf Schneewasser beschränken und im Sommer das Wasser der kleinen, die Ebene durchströmenden Bäche trinken, bleiben vom Kropf befreit. Diese Tatsachen widerlegen die allgemein angenommene Meinung, diese Krankheit entstehe aus dem Trinken des Schneewassers.

Der Saskatchewan ist ziemlich weit unterhalb Edmontons, wo er seinen Lauf durch die Ebene fortsetzt, trübe und von weißlicher Farbe; so trinken ihn die Bewohner von Carlton House, wo man den Kropf nur dem Namen nach kennt. Hingegen sollen die Bewohner von Rocky Mountain House, sechzig Meilen näher der Quelle des Flusses, weit mehr daran leiden als selbst die von Edmonton. Auch zeigte er sich unweit der Quellen des *Elk* und *Peace Rivers* (Friedensflusses); in dem Landstrich hingegen, der von der Bergkette der *Rocky Mountains* (Felsengebirge) entfernt ist, kennt man ihn nicht, obwohl die Eingeborenen neun Monate im Jahr Schneewasser trinken. Ein einjähriger Aufenthalt zu Edmonton reicht hin, eine ganze Familie mit dem Kropf zu behaften, mit welchem bei Kindern kropfiger Mütter nicht selten ein angeborener Idiotismus und Wasserköpfe verbunden sind.

Als wir von der Geschwulst und anderen Körperbeschwerden hergestellt waren, die wir uns auf unserer Reise von Cumberland House zugezogen hatten, bereiteten wir uns zu unserem Zug nach Isle à la Crosse und ersuchten beide Handelsniederlassungen um die nötigen Transport- und Nahrungsmittel, mit denen wir bereitwillig versehen wurden. Am 9. waren die unbedeckten und bedeckten Schlitten (die Letzteren werden hier Karriolen genannt) beladen und wurden vormittags abgesandt; Herr Back und ich folgten nachmittags auf Herrn Prudens' Pferden bis zum nächsten, sechs Meilen entfernten Lagerplatz, den unsere Schlittenführer im Schutz einiger Pappeln aufgeschlagen hatten. Wegen des in der folgenden Nacht gefallenen Schnees war unser nächster Tagesmarsch äußerst beschwerlich. Nachmittags erreichten wir das Ende der Ebene und schlugen auf einer mit Pappeln, Weiden und einigen Fichten bewachsenen Anhöhe unser Lager auf. – Am folgenden Morgen sahen wir eine große Herde Rotwild in der Nähe grasen, von denen unsere kanadischen Begleiter vergebens einiges zu schießen suchten. Besser gelang es ihnen mit einigen Kranichen und Rebhühnern. Als wir eine angenehme Mannigfaltigkeit von Hügeln und Tälern durchzogen hatten, eröffnete sich uns plötzlich die Aussicht auf den Irokesensee *(Lake Iroquois)* und dessen malerische Ufer, an denen wir uns, nachdem wir den See passiert hatten, lagerten. Weiterhin sahen wir während einer ganzen Tagesreise die Spuren eines verheerenden Waldbrands. – Bei den Ruinen einer indianischen Hütte fanden unsere kanadischen Begleiter sich sehr getäuscht, als sie unter einem aufgestapelten Holzhaufen eine Niederlassung von Lebensmitteln zu finden hofften; denn nachdem sie ihn abzutragen begonnen hatten, sahen sie zu ihrem Befremden einen weiblichen in Leder gekleideten, dem Anschein nach erst kürzlich hierher gelegten Körper. Neben demselben lagen die Kleidungsstücke der Verstorbenen, Feuerzeug, eine Fischleine und ein aus Baumrinde verfertigter Napf.

Eine weite Wiesenstrecke, wo wir mehrere Büffelherden weiden sahen, führte uns zu dem eiförmigen *Stinking Lake* (Stinkenden See), der seinen Namen nicht von den Gewässern, sondern von seinen niedrigen morastigen Ufern hat. Am folgenden Morgen erreichten wir bald nach unserer Abfahrt einen betretenen Pfad und nahmen frische Spuren von Schneeschuhen wahr. Gleich darauf stieß ein Irokese zu uns, der sich bei einem Trupp Cree-Indianer aufhielt, um für die Nordwest-Kompanie Lebensmittel und Pelzwerk von ihnen zu erhandeln. Er begleitete uns bis an die Grenze seines Bereichs und gab unseren Kanadiern von seinem reichlichen Vorrat an Lebensmitteln etwas ab. – Am gleichen Tag führte unser Weg zu einigen von den Crees bewohnten Hütten, die zum Handelsposten am Saskatchewan gehörten, woher sie gekommen waren, um Biber zu fangen. Wir machten bei ihnen nur einen kurzen Halt und kamen über einen Morast an den Pelican Lake, der eine unregelmäßige Form hat, sechs Meilen von Osten nach Westen und acht von Norden nach Süden misst. Von dort ging es in die Wälder, wo wir unter einer Gruppe von Fichten lagerten, von der Gattung, bekannt unter dem Namen *Pinus inops.* – Am folgenden Morgen begegneten wir einer indianischen Familie, die uns verkündigte, dass wir unseren ganzen Weg zum nahen Posten der Hudson-Bay-Kompanie festgetreten finden würden, worin wir uns jedoch getäuscht fanden, sodass wir erst am folgenden Morgen den Handelsposten erreichten, wo wir sehr freundlich von dem Vorsteher desselben, Herrn Farlans, aufgenommen wurden. Die andere Niederlassung am jenseitigen Ufer des Flusses stand unter der Leitung des Herrn Dugald Cameron, eines Assoziierten der Nordwest-Kompanie, dem ich nebst meinem Begleiter bald nach unserer Ankunft einen Besuch abstattete.

Beide Niederlassungen sind klein, jedoch zum Pelzhandel wohlgelegen, da die zahlreichen Buchten in der Umgebung viele Biber, Otter und Bisamratten enthalten. Die Bewohner dieser Niederlassungen erhalten gewöhnlich eine Fülle von Lebensmitteln, hatten aber in diesem Jahr während der unter den Indianern herrschenden Krankheiten kaum den nötigen Bedarf erhalten. Der nahe Grüne See *(Green Lake)* ist achtzehn Meilen lang und nirgends über anderthalb Meilen breit. Das Wasser ist tief und enthält treffliche Forellen und Tittamegs.

Zwei Tage harrten wir hier der Rückkehr einiger Leute, die nach Lebensmitteln ausgesandt waren und uns begleiten sollten. Übrigens bedurften wir nicht dieser Ruhe, da wir das Wandern mit Schneeschuhen nun gewohnt waren. Herr Cameron übernahm es, da nach seiner Meinung die Lebensmittel im nächsten Frühling im Bezirk des Athabasca infolge der unter den Indianern herrschenden Krankheiten sehr selten sein würden, uns dergleichen nach der *Isle à la Crosse* nachzuschicken. – Nach unseren Beobachtungen lag das Hudson-Bay-Fort unter 54°16'10" nördlicher Breite und 107°29'52" westlicher Länge.

Wir verließen es, neu ausgerüstet von beiden Handelsposten mit Karriolen, Schlitten und Lebensmitteln. Unsere Richtung führte uns über das Ende des Sees und durch Wälder zum Biberfluss – die schlängelnden Ufer desselben entlang – über die Mündungen zweier sich in ihn ergießender Flüsse, deren einer den Indianern zur Fahrt in den Kleinen Sklavensee dient.

Ungeachtet der starken Kälte reisten wir bequemer, als es seit unserer Abfahrt von Cumberland der Fall gewesen war; denn da unsere jetzigen Karriolen leichter waren als die vorigen, konnten wir fast den ganzen Tag fahren. Hier stieß ein Assoziierter der Nordwest-Kompanie, Herr McLeod, mit einigen Esswaren vom grünen See zu uns, die unsere Schlitten nicht zu fassen vermochten. Nun ging es den Fluss entlang, vorbei am Ende des Großen Wasserfalls *(Grand Rapid)*: Dann verließen wir den Fluss und wandten uns nordöstlich und hierauf nordwestlich zum Langen See *(Long Lake)*, der sich über vierzehn Meilen erstreckt.

Stromschnellen beim Long Lake

Am folgenden Tag schickte uns Herr Clark, Assoziierter der Hudson-Bay-Kompanie, der unsere Annäherung vernommen hatte, von Hudson Bay House einige Schlitten mit Fischen entgegen. Da gegen Abend ein schneidend kalter Wind einsetzte, waren wir sehr froh, jene Niederlassungen noch vor der Nacht (am 23. Februar) zu erreichen. Wir wurden sowohl hier wie am folgenden Tag im Fort der Nordwest-Kompanie mit der größten Aufmerksamkeit empfangen. Beide Niederlassungen liegen nahe beieinander an der Südseite des Sees von *Isle à la Crosse.* Beide sind von großer Wichtigkeit, da sie auf einem Kommunikationspunkt mit dem »Englischen Fluss«, dem Athabasca und Columbia-Distrikt liegen. Die Umgebung ist niedrig, von Wasser durchschnitten und enthielt früher sehr viele Biber und Ottern, die jedoch durch die Indianer sehr vermindert sind. Die Indianer, welche die beiden Forts gewöhnlich besuchen, sind Crees und mitunter Chipewyans; doch kommen sie fast nur im Frühling und Herbst hierher, um das im Winter gesammelte Pelzwerk zu überbringen und in der letzteren Jahreszeit die Vorräte, die sie verlangen, dagegen abzuholen.

Der See von *Isle à la Crosse* hat seinen Namen von einer Insel dieses Namens, in der Nähe der beiden Forts, wo sich die Indianer sonst jährlich zum Kolbenspiel *(à la Crosse* oder engl. *at cross)* zu versammeln pflegten, und ist wegen seines großen Überflusses an schönen Tittamegs, welche fünf bis fünfzehn Pfund wiegen und den Bewohnern der Forts zum Hauptnahrungsmittel dienen, weit umher berühmt. Diesen köstlichen Fisch kann man sehr oft genießen, ohne dass es Widerwillen erregt; auch kann er neun bis zehn Monate im Jahr ununterbrochen gefangen werden.

Am 5. März verließen wir dies Fort, welches nach unseren Beobachtungen unter 55°25'35" nördlicher Breite und 107°51' westlicher Länge liegt, und traten, von beiden Kompanien in gleichen Verhältnissen mit Transportmitteln versehen, unsere weitere Reise an. Herr Clark begleitete uns bis an die Grenze seines Geschäftsbereichs; er ist in Winterreisen sehr erfahren und gab uns manchen nützlichen Rat; unter anderem lehrte er unsere Leute, ihr Lager auf eine bequemere und geschütztere Weise als bisher aufzuschlagen. Als wir den »Klaren See« *(Clear Lake)* und den »Büffelsee« *(Buffalo Lake)* passiert hatten, erreichten wir eine kleine Niederlassung am Biberfluss, die erst im letzten Oktober zur Bequemlichkeit der in dieser Gegend jagenden Indianer aus Baumstämmen erbaut wurde. Von hier aus folgten wir der Einladung des Herrn MacMurray, Assoziierten der Nordwest-Kompanie, ihn auf seinem nahen Handelsposten zu besuchen, mit dem nur wenige Crees und Chipewyans Verkehr treiben. Da die Umgebung nicht so viel Tiere enthält, um die angesiedelten Familien mit den nötigen Lebensmitteln zu versehen, so müssen sie fast allein von Fischen leben. – Während unseres hiesigen kurzen Aufenthalts sahen wir zwei Nächte hintereinander ein äußerst glänzendes Nordlicht, dessen Strahlen mitunter selbst Sterne erster Größe verdunkelten; Getöse war dabei nicht zu vernehmen. – Herr MacMurray gab uns, seinen Handelsbedienten und den Halbindianerinnen zu Ehren einen Tanz und beschenkte uns mit dem trefflichen Fell eines vor wenigen Tagen von ihm gefangenen schwarzen Fuchses, das wir nebst anderem auserlesenen Pelzwerk nach England absandten. Diese Niederlassung der Nordwest-Kompanie liegt unter 55°53' nördlicher Breite und 108°51'10" westlicher Länge. – Jenseits derselben hatten wir einen ausgetretenen Weg, der uns auf den Loche River, dann über einen Fall auf den Methye Lake zu den bloß aus Hütten bestehenden Handelsposten am westlichen Ufer desselben führten. Der See, welcher den Namen von einem nicht sehr geachteten Fisch führt, von dem die Anwohner nur die Leber essen, ist zehn Meilen lang und sechs Meilen breit. Jenseits des Postens passierten wir mit großer Leichtigkeit den Fall von Methye, danach noch einen kleineren See, und dann ging es allmählich bergan, bis wir eine hohe Bergkette erreichten, die uns die malerischsten Aussichten gewährte, die wir bis dahin in diesen Gegenden gesehen hatten. Auf einem Punkt, der Cockscomb genannt wird, steht der Wanderer isoliert auf einer schmalen Klippe, wo ein falscher Tritt ihn in den Abgrund stürzen kann. Von hier aus nahm mein Reisegefährte die Gegend auf. – Der Fall von Methye ist etwa zwölf Meilen lang, und über diesen Raum müssen bei den Fahrten zum und vom Athabasca die Kanus und deren Ladungen getragen werden. Er ist ein Teil der Bergkette, welche die aus Süden strömenden Gewässer von der nördlichen trennt. – Am 14. begannen wir die nordwärts des Flusses führende Bergkette, nicht ohne Gefahr für unsere Schlitten, den steilen Abhang hinabzufahren. Die Hunde wurden ausgespannt und die Schlitten von unseren Leuten gezogen. Wir passierten den »Klaren Bergfluss« *(Clear Water River)*, der am Fuß der Berge entlangströmt. Wir folgten einer indianischen Spur an seinem nördlichen Ufer und vermieden dadurch zwei Fälle, bis wir endlich den letzten auf dem Weg zum See Athabasca passierten und einige indianische Zelte erreichten, worin fünf Familien vom Stamm der Chipewyans lebten. Wir rauchten eine Pfeife im Zelt des Häuptlings und verteilten Tabak, nebst einer schwachen Mischung von Rum und Branntwein, unter seine Leute, welche jedoch diese Höflichkeit nicht so dankbar aufnahmen wie die Crees. Übrigens war es in ihren Zelten sehr unreinlich und unordentlich und die Bewohner waren sehr ärmlich bekleidet. Ein uns begleitender Handelsagent erklärte uns diesen jämmerlichen Zustand dadurch, dass diese Familien kürzlich ihre ganze Habe absichtlich vernichtet hätten, als ein Zeichen ihrer großen Trauer über den in der herrschenden Krankheit erlittenen Verlust ihrer Angehörigen. In einem solchen Fall verschonen sie nichts; sie zerschneiden ihre Kleider und Zelte und zerbrechen ihre Flinten und anderen Waffen, wenn nicht jemand diese Gegenstände ihrem Anblick entzieht. – Herr Back zeichnete eins von den Kindern, was dem Vater so sehr gefiel, dass er dem Knaben einschärfte, künftig recht gut zu sein, da sein Bildnis von einem großen Häuptling gezeichnet worden sei; sie schätzen nämlich Bildnisse sehr hoch und schreiben selbst den schlechtesten Zauberkräfte zu. Ihre Einladung zum Nachtlager lehnten wir aus Furcht vor ihren Diebereien ab.

Am 15. setzten wir den Fluss entlang unseren Weg fort, und der folgende Tag führte uns zum Fluss Pembina, der aus Süden kommt, wo wir frische Spuren von Indianern fanden, auch in unserer Nähe einen Elch sahen, dergleichen in der Umgebung sehr häufig sind. – Am folgenden Morgen trafen wir wieder auf einige Indianer-Hütten, die einem alten Häuptling vom Stamm der Chipewyans und seiner Familie gehörten, bestehend aus fünf Jägern nebst Weibern und Kindern. Sie freuten sich, uns zu sehen und zeigten große Teilnahme für den ihnen erklärten Zweck unserer Unternehmung. Auch mit ihnen rauchten wir eine Pfeife und beschenkten sie mit verdünntem Rum und Tabak. Auch sie hatten früher im Wohlstand gelebt und sich aus der gleichen Ursache, wie ihre vorhin erwähnten Stammesgenossen, absichtlich in den armseligen Zustand versetzt, worin wir sie fanden. Wir tauschten von ihnen gegen Schießpulver sechs Fuß lange und drei Fuß breite Schneeschuhe ein. Die Chipewyans haben den Ruhm, dass ihre Jäger mit diesen ungeheuren Fußbekleidungen im Frühling, wenn der Schnee eine Kruste hat, einen Elch oder ein Stück Rotwild im Laufen überholen.

Wir verfolgten den Fluss bis zu seiner Vereinigung mit dem Athabasca oder Elk River, welche unter 111°8'42" westlicher Länge stattfindet. – Jetzt ging es ziemlich rasch den Athabasca entlang, der etwa zwei Meilen breit ist und mehrere Inseln enthält, die besser bewaldet sind als seine Ufer. – Wir schickten zwei Leute voraus in die Niederlassung der Nordwest-Kompanie, *Pierre au Calumet*, um den Vorsteher, Herrn Stuart, von unserer Ankunft zu benachrichtigen. Obwohl er früher von unserer Annäherung nicht die mindeste Kunde gehabt hatte, fanden wir doch alles zu unserer freundschaftlichen Aufnahme bereit. Herr Stuart hat dies Festland zweimal durchzogen und auf dem Columbia River den Stillen Ozean erreicht; er war daher mit den verschiedenen Reisemethoden und den zu erwartenden Schwierigkeiten vollkommen bekannt. Zu unserem großen Leidwesen bezweifelte er, dass wir erfahrene Kanadier würden bewegen können, uns bis ans Meer zu begleiten, weil sie die Eskimos zu sehr fürchteten, welche die Mannschaft eines Kanus – abgesandt unter den Befehlen des Herrn Livingstone, um mit den Anwohnern des Flusses Mackenzie Handelsverbindungen zu eröffnen – getötet und in der Folge die unter Herrn Clarks Leitung in gleicher Absicht zu ihnen geschickten Kanus zurückgetrieben hätten.

Dies waren unerfreuliche Nachrichten; doch tröstete uns Herrn Stuarts Versicherung, dass er und seine Handelsgenossen sich alle Mühe geben wollten, die Furcht der Kanadier zu besiegen; auch übernahm er es, als eine notwendigen Teil unserer Ausrüstung im Frühling, die Materialien zur Erbauung von zwei Kanus vorzubereiten.

Der Handelsposten *Pierre au Calumet* führt seinen Namen von dem Ort, wo der kalkartige Pfeifenton, dessen sich die Kanadier und Indianer zur Verfertigung ihrer Tabakspfeifen bedienen, gegraben wird. Das Haus liegt auf dem Gipfel einer steilen, fast senkrechten, hun-

Stürmische See

dertachtzig Fuß hohen Uferbank und gewährt eine weite Aussicht über den schönen Fluss und die ihn umgebende ausgedehnte Fläche, welche von den wohlbewaldeten Hügeln begrenzt wird. Die Hudson-Bay-Kompanie hat eine Niederlassung am jenseitigen Flussufer, die aber im letzten Dezember verlassen worden ist: Es fehlte dort an Lebensmitteln, weil die durch die herrschende Krankheit um zwei Drittel verminderten indianischen Jäger nicht mehr hinreichten, die nötigen Bedürfnisse herbeizuschaffen.

Es gibt auf mehreren Inseln des Flusses in der Höhe beider Häuser schwefelhaltige Quellen; auch gibt es hier einen Ort, wo Salz gewonnen werden könnte. Beide besuchten wir in der Folge, und es werden in Dr. Richardsons mineralogischen Notizen genaue Beschreibungen derselben erscheinen.

Das hiesige Gebäude der Nordwest-Kompanie liegt unter 57°24'6" nördlicher Breite. Wir verließen es am

22., erreichten am 25. den Embarras River, den gewöhnlichen Kommunikationskanal der Kanus mit dem Lake Athabasca, wohin wir zwei Leute an den Vorsteher des dortigen Handelspostens mit einem Schreiben vorausschickten. Wir folgten dem erwähnten Fluss, der sehr schmal ist und einen schlängelnden Lauf hat. Noch nicht lange waren wir auf dem Fluss, als wir unsere beiden vorausgeschickten Boten einholten, die durch ein heftiges, von Sturm begleitetes Schneegestöber zum Rasten gezwungen waren. Bald mussten wir ihrem Beispiel folgen – das erste Mal auf unserer langen Reise, wo das Wetter unsere Schritte hemmte.

Erst am anderen Morgen war es möglich, zwei Kanadier mit den Briefen an den Vorsteher der Niederlassung im Fort Chipewyan am Athabasca-See wieder abzusenden. Aber noch einmal erhob sich, als wir den See Mammawee erreichten, ein furchtbares Schneegestöber mit Frost und Sturm, und wir mussten zwischen einer Gruppe von Inseln Schutz suchen, sodass wir erst um vier Uhr nachmittags (26. März) im Fort Chipewyan eintrafen, wo uns die Herren Keith und Black, Agenten und Teilhaber der Nordwest-Kompanie, aufs Gastfreieste aufnahmen.

So endeten wir eine Winterreise von achthundertfünfundsiebzig Meilen, deren Beschwerlichkeiten sich niemand ausmalen kann, der nicht aus Erfahrung die Unbequemlichkeit eines Marsches mit einer Last von zwei bis drei Pfund – die dauernd an jedem, noch dazu wundem Fuß und an den geschwollenen Knöcheln befestigt ist – kennt. Es gibt aber noch andere Unzuträglichkeiten, die auf der Reise nicht minder herbe gefühlt, auf der Lagerstätte und am lodernden Feuer aber bald vergessen werden.

4. Kapitel

Aufenthalt in Fort Chipewyan –
Vorbereitung zur nördlicheren Reise

Am Tag nach unserer Ankunft im Fort Chipewyan besuchten wir Herrn Mac Donald, den Vorsteher der Niederlassung der Hudson-Bay-Kompanie, genannt Fort Wedderburne, und lieferten ihm das wegen der Förderung unserer Reise vom Gouverneur der York Factory erlassene Rundschreiben ab. – Der erste Gegenstand unserer Unterhaltung war die Erlangung genauer Nachrichten über unsere künftige Reiseroute, die wir jedoch zunächst von einem Dolmetscher der Nordwest-Kompanie namens Beaulieu erhielten – einem Halbindianer, der unter den Dogrib- und Kupferindianern aufgezogen worden war. Was er uns über die Mittel, den Kupferminenfluss zu erreichen, und über den Lauf desselben bis zu seiner Mündung sagte, fanden wir in der Folge ziemlich richtig. Doch versicherte er, die Kupferindianer seien imstande, uns über den Lauf des Flusses, den sie mitunter bis ans Meer verfolgen, genauere Auskunft zu geben. Er zeichnete auf den Boden den Lauf des Stromes und die Küstenlinie, nach seinen Vorstellungen von derselben. Kaum hatte er seine Skizze vollendet, als ein alter Chipewyan-Indianer namens Black Meat unerwartet hereintrat und den Plan augenblicklich erkannte. Dann nahm er dem Beaulieu die Kohle ab, und trug die Skizze eines Landstrichs in denselben ein, den er auf der Rückkehr von einem Kriegszug bereist hatte. Er teilte uns mehrere Einzelheiten über die Küste und das Meer mit, welches nach seiner Beschreibung in der Nähe der Küste im Juni-Monat von bewaldeten Inseln bedeckt und frei vom Eis sei. Er beschrieb zwei andere Flüsse im Osten des Kupferminenflusses, die sich ebenfalls in den nördlichen Ozean ergießen – den Anatessy, der im Contway- oder Rumsee entspringt, und den Thloueeatessy oder Fischfluss, der nahe der östlichen Grenze des Großen Sklavensees seinen Ursprung nimmt; doch versicherte er, beide wären so seicht und so häufig durch Klippen unterbrochen, dass nur kleine indianische Kanus sie befahren könnten.

Diese Kunde teilte ich sogleich den Vorstehern der Posten der Nordwest- und Hudson-Bay-Kompanie am Großen Sklavensee mit, um solche durch etwaige nähere Nachrichten zu ergänzen oder zu berichtigen; zwei Kanadier wurden mit diesem Schreiben abgesandt. – Der April begann mit schöner, heller, aber äußerst kalter Witterung. Das Nordlicht war fast jeden Abend der ersten Woche äußerst glänzend und bot durchgängig die mannigfaltigsten Farben dar. Insbesondere war es am 3. im höchsten Grade wechselnd. Gleich bei der Erscheinung stellte es drei hell leuchtende Strahlen dar, die aus den nördlichen, östlichen und westlichen Punkten des Horizonts hervorschossen und gerade zum Zenit ihre Richtung nahmen. Nach einigen Sekunden verschwanden sie, und es gestaltete sich ein vollständiger Kreis, der den Horizont in einer Höhe von fünf Graden begrenzte. Es zeigte sich eine schnelle Seitenbewegung in den verdünnten Strahlen, woraus diese Szene zusammengesetzt war.

Am 8. April sahen die Indianer einige wilde Gänse. Aber vor dem 15. erschienen keine anderen Zugvögel in der Nähe der Niederlassung. Am letztgedachten Tag flogen einige Schwäne über den See. Dies sind gewöhnlich die Ersten, welche ankommen; das Wetter war an den vier vorhergehenden Tagen sehr stürmisch gewesen und wahrscheinlich hielt dies die Vögel ab, sich weiter nordwärts zu halten, als wo die Inseln sie zuerst gesehen hatten.

In der Mitte des Monats begann der Schnee täglich mehr zu schwinden. Am 17. und 19. zeigte sich das Nordlicht sehr glänzend und bildete im Nordwesten einzelne Lichtgruppen. – Da ein alter Cree-Indianer einen Biberbau in der Nähe des Forts gefunden hatte, so begleiteten wir ihn, um die Art und Weise kennenzulernen, wie diese fleißigen und nutzbaren Tiere von den Indianern gefangen werden. Der Bau oder die Burg war an der Seite eines Felsens in einem kleinen See erbaut und hatte seinen Eingang unterhalb des Eises. Das Gerüst bestand aus verschiedenen Lagen von Stäben, deren Zwischenräume mit Lehm gefüllt waren; von außen war es mit Erde und Steinen belegt, die der Frost so kompakt gemacht hatte, dass es viel Arbeit kostete, sie zu durchbrechen; zu diesem Zweck führen die Biberjäger die nötigen eisernen Werkzeuge bei sich. Doch misslang die Jagd, da der Biber seine Wohnung geräumt hatte. – Am 25. sahen wir Fliegen in der Sonne spielen, und am 26. brach das Eis auf dem Athabasca River.

Zu Beginn des Maimonats wehte der Wind aus Nordwesten bei wolkigem Himmel, welchen am 2. ein schwaches Nordlicht durchschimmerte; durchweg gab es am Tag Tauwetter, während es in der Nacht fror. – Ein alter Chipewyan-Indianer, ein Stiefsohn des verstorbenen Häuptlings Madonnabee, der Herrn Hearne auf seiner Reise zum Sklavensee begleitet und ihn als Knaben mitgenommen hatte, bestätigte die hauptsächlichsten, von Hearne mitgeteilten Tatsachen und erzählte unaufgefordert die in seinem Volksstamm herrschende Sage von der Entdeckung des Kupferminenflusses, wovon Folgendes der wesentliche Inhalt ist:

»Die Chipewyans glauben, dass die Eskimos ursprünglich irgendein nördliches Land bewohnten, welches durch die See von ihrem eigenen Land getrennt ist, und dass im frühsten Weltalter ein Trupp dieser Leute zu ihnen herüberkam und eine ihrer Stammesgenossinnen entführte, die sie mit in ihre ferne Heimat nahmen und in der Sklaverei hielten, aus welcher sie jedoch nach vielen Jahren entfloh und den Weg zum Ozean fand. Als sie weinend am Ufer desselben saß, näherte sich ihr ein Wolf, liebkoste sie, leckte die Tränen aus ihren Augen und ging ins Wasser. Mit Freuden bemerkte sie, dass es nicht höher war als der Körper des Tieres. Kühn folgte sie ihm, versehen mit zwei Stäben zu ihrer Stütze. Zwei Tage und Nächte wanderte sie fort, ohne zu gewahren, dass das Wasser an Tiefe zunahm. Am dritten Morgen fand sie das Wasser tiefer, doch ließ sie sich nicht abschrecken und erreichte am fünften Tag die heimische Küste, wo sie auf einen Rentierpfad geriet und mit selbst verfertigten Waffen mehrere dieser Tiere erlegte, sodass sie den Winter über sich nährte, auch nach der von den Eskimos erlernten Weise sich eine Hütte baute. Als der Frühling kam und sie aus ihrer unterirdischen Wohnung hervorkam, gewahrte sie auf einem fernen Hügel einen hellen Glanz, der nicht durch den Abglanz der Sonne hervorgebracht wurde. Um die Ursache desselben zu entdecken, ging sie dem Schein nach und fand, dass der Hügel ganz aus Metall bestand. Sie brach mehrere Stücke davon ab, die sie als Kupfer erkannte, welches, wie sie wusste, ihren Landsleuten, wenn sie solche wieder auffinden könnte, sehr nützlich sein würde. Sie behängte ihre Kleidung mit so vielen Stücken dieses Kupfers, wie nur immer möglich war, und wanderte ins Innere, um Einwohner aufzusuchen, die, wie sie vermutete, sie wegen des mitgebrachten Schatzes günstig aufnehmen würden. Zufällig fand sie zwei ihrer Verwandten, auf deren Verlangen sie sogleich zum Kupferberg mit ihnen zurückkehren musste, den sie auch glücklich erreichten; aber die Geschichte nahm ein trauriges Ende. Diese ihre jungen Verwandten schmähten und misshandelten die Wohltäterin, sodass diese sich genötigt sah, auf die Spitze des Kupferberges vor ihnen zu fliehen. Kaum hatte sie den Gipfel erreicht, öffnete sich die Erde und sie versank nebst dem Berge, zur größten Verzweiflung ihrer gottlosen Angehörigen. Seit diesem Ereignis hat man dort nur einzelne, auf der Oberfläche der Erde zerstreute Stücke Kupfer gefunden.«

Am 10. Mai traten zu unserer Freude alle äußeren Anzeichen des Frühlings ein, obgleich das Eis auf dem See noch fest war. Die Anemone *(Pulsatilla)* stand an jenem Tag in voller Blüte, die Bäume begannen, Blätter zu treiben, und die Moskitos zeigten sich in warmen Zimmern. Am 17. und 18. Mai fielen häufig Regenschauer, auch donnerte und blitzte es stark. In diesem feuchten Wetter schmolz das Eis so schnell, dass es am 24. vom See gänzlich verschwunden war. Die Angestellten in den Niederlassungen der beiden Handelskompanien trafen von den verschiedenen Handelsposten in diesem Bezirk ungesäumt ein und überbrachten die im Winter eingesammelten Vorräte an Pelzwerk, die von dort aus in die größeren Niederlassungen versandt werden.

Ich bemerkte, dass wir zur Förderung unseres Unternehmens des gemeinschaftlichen Rats der Agenten beider Kompanien bedurften, der durch die wechselseitig feindseligen Gesinnungen dieser beiden Handelsgesellschaften sehr schwer zu erlangen war. Also bediente ich mich des Hilfsmittels, in ungefähr gleicher Entfernung von den beiderseitigen Niederlassungen ein Zelt aufschlagen zu lassen, und ersuchte die Agenten beider Kompanien, mit Herrn Back und mir dort zusammenzukommen, um uns ihres vereinten Beistands zu versichern. Es erschienen von jeder Gesellschaft am 25. Mai zwei Agenten, die uns auf eine zu Papier gebrachte Folgereihe von Fragen sehr befriedigende Antworten erteilten und uns allen in ihren Kräften stehenden Beistand versprachen. – Demzufolge beschäftigten wir uns mit dem Zusammenbringen der nötigen Mannschaft und der Mittel zu ihrer Ausrüstung sowie auch der erforderlichen Geschenke für die Indianer. Von jeder Kompanie requirierten wir acht Mann und die erforderlichen Vorräte, insofern sie solche liefern konnten. Die Letzteren beliefen sich auf eine geringe Quantität; auch war die Mannschaft eben nicht bereitwillig, ihre Dienste anzubieten; insbesondere forderte die, welche der Hudson-Bay-Kompanie angehörte, einen weit höheren Lohn, als ich ihnen zu bewilligen für angemessen hielt.

Inzwischen erhielt ich am 3. Juni durch einen Assoziierten der Nordwest-Kompanie, der vom Großen Sklavensee eintraf, die erfreuliche Nachricht, dass der Häuptling der Kupferindianer die Kunde von unserer bevorstehenden Ankunft freudig aufgenommen und alle ihm zu Gebote stehenden Notizen über die Fahrt auf dem Kupferminenfluss bis zur Seeküste willig mitgeteilt habe; auch hätten er selbst und ein Trupp seiner Leute sich erboten, die Unternehmung als Pfadfinder und Jäger zu begleiten. Sie wollten unsere Ankunft im Fort Providence an der Nordseite des Sklavensees erwarten. Ihre Nachrichten stimmten mit denen, die der oben erwähnte Beaulieu gegeben hatte, überein. Sie zweifelten nicht, dass wir imstande sein würden, uns auf der Reise an die Küste alles Lebensnotwendige zu verschaffen. Diese angenehme Nachricht hatte auf die Kanadier eine günstige Wirkung, da hierdurch ihren Besorgnissen größtenteils abgeholfen wurde, sodass sie sich geneigt zeigten, uns zu begleiten, und zwei von den Leuten der Nordwest-Kompanie sich wirklich dazu verpflichteten und angenommen wurden. Doch forderten die erfahrensten Reisenden immer noch einen übermäßigen Lohn, bis endlich sechs unter ihnen mit uns abschlossen, und zwar die Steuerleute und Bogenschützen für jährlich tausendsechshundert Pfund (Währung von Halifax) und diejenigen, welche geringere Kunstfertigkeiten besaßen, für tausendzweihundert Pfund, außer der nötigen Ausrüstung; auch stellten sie die Bedingung, dass ihr Lohn fortdauern sollte, bis sie entweder in Montreal angekommen oder in den Dienst ihrer jetzigen Brotherrn zurückgekehrt wären. In der Folge wurden noch fünf Mann für den gleichen Lohn von der Nordwest-Kompanie für uns in Dienst genommen, und außerdem ein Dolmetscher für den Verkehr mit den Kupferindianern, der jedoch dreitausend Pfund Halifax Währung verlangte, die wir ihm zu bewilligen genötigt waren. Die spärlichen Lebensmittel auf den beiden Handelsposten unseres dermaligen Aufenthalts zwangen uns, unsere gemietete Mannschaft an den See Mammawee zu schicken, wo sie ihren Unterhalt durch Fischen gewinnen konnte. – Am 21. Juni benutzte ich eine Gelegenheit, Herrn Wenzel, einen Agenten der Nordwest-Kompanie, schriftlich zu ersuchen, auf unserer Unternehmung – zufolge des geäußerten Wunsches der zu unseren Begleitern bestimmten Kupferindianer – uns Gesellschaft zu leisten und im Fall der Annahme meines Antrags mit den Indianern uns im Fort Providence zu erwarten.

Die Forts Chipewyan und Wedderburne, die Hauptposten beider Kompanien in diesem Bezirk, liegen sehr bequem zur Vereinigung des Sklaven- und Friedensflusses, von woher die Kanus sich im Frühling und Herbst versammeln. Das Fort Wedderburne ist ein kleines Haus, welches vor ungefähr fünf Jahren auf der Kohleninsel erbaut wurde, als die Hudson-Bay-Kompanie wieder anfing, in dieser Gegend zu handeln. Das Fort Chipewyan ist vor vielen Jahren erbaut und eine Niederlassung von bedeutendem Umfang, in einer ausgezeichneten Lage auf einem Felsengipfel am nördlichen Ufer; es hat einen Turm, den man in weiter Ferne sehen kann und der den Zweck hat, die Bewegungen der Indianer zu beobachten.

Der Teil dieses ausgedehnten Sees, welcher den Niederlassungen nahe liegt, heißt der Hügelsee *(The Lake of the Hills)* und führt diesen Namen daher, weil die nördlichen Ufer und die demselben nahen Inseln hoch und felsig sind, wogegen die südlichen eine Fläche darbieten, welche, da sie zwischen den verschiedenen Mündungen des Elk Rivers liegen, von mehreren Gewässern durchschnitten sind. – Nichts gleicht dem Vergnügen, welches im Frühling der rasche, in wenig Tagen erfolgende Wechsel der Jahreszeiten in dieser Weltgegend gewährt; kaum verschwindet der Schnee von der Oberfläche der Erde, so sind schon die Bäume mit dichtem Laub bedeckt, das Gesträuch öffnet seine Blätter, treibt seine mannigfaltigen Blüten und die ganze Natur belebt sich. Einige Hügel der Umgebung sind fünf- bis sechshundert Fuß hoch und gewähren von ihrem Gipfel herab äußerst malerische Aussichten auf den See und die ganze Landschaft. Der Landstrich oberhalb der Großen Spitze *(Great Point)* am Zusammenfluss der Hauptströme des Elk Rivers ist sechs- bis siebenhundert Fuß hoch, und erstreckt sich in südlicher Richtung vom *Pierre au Calumet.* Dieser Niederlassung gegenüber, an der Westseite des Flusses, in einiger Ferne, erhebt sich im Inneren der Baumrindenberg *(Bark Mountain)*, der sich nach Nordwesten bis an den Klaren See *(Clear Lake)*, etwa dreißig Meilen vom Fort erstreckt und sich dann südwestwärts wendet. Auf dieser Bergkette verschaffen sich die Cree-Indianer großenteils ihren Lebensunterhalt und die Baumrinde zur Verfertigung ihrer Kanus. – Die Bewohner dieser beiden Niederlassungen leben fast ganz von den Fischen, die der See im Winter im Überfluss darbietet, namentlich Tittamegs, Forellen, Karpfen, Methyes und Hechte. Doch werden sie von den Jägern auch mit dem Fleisch von Büffeln und Elchen, die man nur in einiger Entfernung von den Forts antrifft, versehen, welches aber meist getrocknet hier ankommt. – Wenn im Frühling das Wasser aufgeht, finden sich die Indianer in den Niederlassungen ein, um ihre Rechnungen mit den Kaufleuten aufzumachen und sich ihre Sommerbedürfnisse zu verschaffen. Diese Zusammenkunft ist gewöhnlich eine lärmende, verwirrte Szene, denn die Jäger erhalten eine solche Menge geistiger Getränke, dass sie mehrere Tage lang in einem fortwährenden Zustand der Trunkenheit sind. Da es aber in jenem Frühling an diesen

Flüssigkeiten sehr mangelte, hatten wir das Vergnügen, sie nüchtern zu sehen. Sie gehören zu der großen Familie der Chipewyan- oder Nordindianer, und ihre Mundart wird am Friedens- und dem Mackenzie River sowie auch von den volkreichen Stämmen in Neu-Kaledonien gesprochen. Sie nennen sich *Dinnehs* oder Indianer; doch führt jeder Stamm oder jede Horde einen besonderen Beinamen von dem Fluss oder dem See, an welchem sie jagen, oder von dem Bezirk, von wo aus sie zuletzt auswanderten. Diejenigen, welche mit dem Fort Chipewyan in Verbindung stehen, nennen sich *Saw-cesaw-dinneh* oder Indianer von der aufgehenden Sonne, da sie ursprünglich ihr Jagdrevier zwischen dem Athabasca, dem Großen Sklavensee und dem Fluss Churchill hatten.

Die Chipewyans sind in ihrem Äußeren alles andere als einnehmend; sie haben breite Gesichter, hervorstehende Backenknochen und weite Nasenlöcher, dagegen aber gute Zähne und schöne Augen. Wenn sie ins Fort kommen, ahmen sie die Kleidung der Kanadier nach, ausgenommen, dass sie anstatt weiter Beinkleider indianische Strümpfe vorziehen, die nur vom Schenkel bis auf die Fußknöchel reichen, und anstatt des Gürtels ein Stück Tuch um die Hüften, welches vorn und hinten locker herabhängt. Ihr Jagdanzug besteht aus einem ledernen Hemd und Strümpfen; über diesen Anzug werfen sie eine Decke, und auf dem Kopf tragen sie eine Pelzmütze oder eine Kopfbinde. Sie haben ein zurückhaltendes, selbstsüchtiges Wesen und suchen mit beharrlicher Unbescheidenheit alles, was sie sehen, zu erbetteln. Übrigens sind unter ihnen selbst Diebstähle sehr selten. Für ihre Kinder zeigen sie große Zärtlichkeit und einige Achtung für ihre Verwandten, die oft sehr zahlreich sind, da sie die Bande der Verwandtschaft weit ausdehnen. – Ein seltenes Beispiel ehelicher und väterlicher Zärtlichkeit eines Chipewyan-Indianers wurde uns glaubhaft erzählt. Jung verheiratet, trennte er sich von seinem Stamm, um auf die Biberjagd auszuziehen, und sein junges Weib, welches er mit der größten Zärtlichkeit liebte, war seine einzige Gefährtin. Auf der Wanderung gebar sie ihr erstes Kind, dessen Geburt sie das Leben kostete; der Mann schwor, nie ein anderes Weib zu nehmen, und, um in der Wildnis das Leben des Neugeborenen zu fristen, brachte er es durch häufiges Anlegen an seine Brust so weit, dass sich bei ihm der selten, aber bekanntlich nicht unerhörte Fall ereignete, die Amme seines Kindes werden zu können, so viel Milch sammelte sich in seiner Brust, die, wie uns ein Agent der Nordwest-Kompanie versicherte, der diesen Indianer in späteren Jahren oft gesehen hatte, noch immer die Gestalt eines weiblichen Busens zeigte. Wirklich heiratete er niemals wieder, zog seinen Knaben groß, gab ihm ein Weib und fand sein einziges Vergnügen in der Auferziehung seiner Enkel. Auch von ihrer Anhänglichkeit an Verwandte hatten wir einen Beweis; denn sie weigerten sich, ihre Zelte an dem Ort aufzuschlagen, wo sie es seit vielen Jahren in Gemeinschaft mit kürzlich verstorbenen Angehörigen zu tun gewohnt waren, und zwar, wie sie sagten, aus dem Grund, weil sie fürchteten, dadurch an die glücklichen Stunden, die sie mit den Abgeschiedenen dort verlebt hätten, schmerzlich erinnert zu werden.

Die Oberhäupter der Chipewyans sind jetzt ganz ohne Macht über Stammesgenossen; obgleich ihnen die europäischen Handelsleute noch immer wie sonst eine Fahne und einen buntfarbigen Anzug verehren, so verleiht ihnen dies doch weder Ehrfurcht noch Gehorsam, ausgenommen bei den jungen Leuten ihrer eigenen Familien. Dies ist hauptsächlich dem Umstand zuzuschreiben, dass sie jetzt mit ihren Nachbarn in Frieden leben und dass die jungen Männer sich mit Leichtigkeit ihre Bedürfnisse verschaffen können, ohne, wie zuvor, von der Empfehlung der Häuptlinge abhängig zu sein. Die Handelsleute sind jedoch bestrebt, ihr Ansehen dadurch aufrechtzuerhalten, dass sie ihnen die gewohnten Ehrfurchtsbeweise zuteilwerden lassen und, wenn sie die Forts betreten, die Flagge aufziehen und sie durch eine Flintensalve begrüßen. Vorher macht der Häuptling in einiger Entfernung vom Fort halt, lässt seine Annäherung durch einige seiner jungen Leute ankündigen und seine Flagge oder Fahne, die ihm vorgetragen wird, hineinsenden. Der Abgesandte kehrt dann zurück mit etwas roter Farbe, damit der Häuptling nebst seinem Gefolge sich das Gesicht bemalen könne, welches rund um die Augen vor der Stirn und an den Backenknochen geschieht. Auch bringt er ein Fernglas, einen Kamm, etwas Tabak und so viel Schießpulver, dass sie die Ehrensalve erwidern können.

Die Nordindianer zeigen eine nicht geringe Eitelkeit, indem sie sich vorzugsweise *das Volk* nennen und dagegen alle anderen Nationen und Stämme durch ihre örtlichen Namen bezeichnen. Da sie voraussetzen, dass ihre Vorfahren ursprünglich aus dem Osten gekommen sind, gestehen sie den Bewohnern des östlichen Teils ihres Landes eine vorzüglich gute Herkunft zu. Alle Indianer, die mit den verschiedenen Handelsposten in den nordwestlichen Teilen von Amerika Verkehr treiben, glauben, dass ihre Voreltern aus dem Osten kommen, ausgenommen die *Dogribs* (Hundsrippenindianer), die zwischen dem Land der Kupferindianer und dem Fluss Mackenzie wohnen und ihren Ursprung aus Westen herschreiben, welches umso bemerkenswerter ist, da sie eine Abart von der Sprache der Chipewyans reden. Von ihren religiösen Meinungen konnten wir weiter nichts in Erfahrung bringen, als dass unter ihnen die Sage von einer in der Vorzeit stattgefundenen allgemeinen Sintflut herrscht. – Die Chipewyans gelten für mindererfahrene Jäger als die Crees, doch werden gute Jäger unter ihnen sehr hoch geachtet. – Da die Nordindianer den Glauben haben, dass ihr gemeinschaftlicher Stammvater ein Hund war, stellte ihnen vor etwa fünf Jahren ein abergläubischer Schwärmer so dringend vor, wie unschicklich es sei, diese Tiere, als ihre Stammverwandten, zur Arbeit zu gebrauchen, dass sie einstimmig beschlossen, diese Gewohnheit abzuschaffen, und, so seltsam es auch scheinen mag, sie töteten. Jetzt müssen sie ihre befrachteten Schlitten selbst ziehen, eine Beschwerde, die meist die Weiber trifft, die überhaupt auf eine unmenschliche Weise herabgewürdigt werden. Ein glücklicher Jäger hat gewöhnlich zwei oder drei Weiber, von denen das begünstigte sich die Gewalt über die anderen anmaßt und im Zelt das Regiment führt. So hart aber auch die Männer ihre Weiber zu behandeln pflegen, so nachsichtig sind sie gegen sie zur Zeit der Annäherung ihrer Niederkunft. –

Die von Hearne in seine Reisebeschreibung aufgenommene Beschuldigung, dass die Chipewyans ihre alten und kranken Stammesgenossen im Stand der Hilflosigkeit verließen, fanden wir, nach unseren Erfahrungen und eingezogenen Erkundigungen, sehr übertrieben.

Dieser Stamm hat seit seiner jetzigen engen Verbindung mit europäischen Handelsleuten seine Kriegszüge gegen die Eskimos eingestellt; doch sprechen die Chipewyans immer noch von ihnen in solchen Ausdrücken, dass ihr eingewurzelter Nationalhass gegen jenes Volk unverkennbar ist. – Beide Handelskompanien haben ihren Unterbedienten geflissentlich verboten, sich mit Frauenzimmern von reiner indianischer Abkunft zu verheiraten, woraus in früheren Zeiten viele Streitigkeiten mit den indianischen Stämmen entstanden.

Im Juni war das Wetter sehr wandelbar, sodass wir fast nie zwei heitere Tage hintereinander hatten und häufige Regenschauer eintraten; auch wehte der Wind sehr heftig und meist aus Nordosten. Abends am 16. war das Nordlicht sichtbar; doch seitdem wurden die Nächte zu hell, als dass wir es hätten wahrnehmen können. – Unzählige Moskitos umschwärmten das Haus, sodass wir genötigt waren, unsere Zimmer unaufhörlich mit Rauch zu füllen – das einzige Mittel, sie zu vertreiben. – Am 25. Juni war es so warm, dass gegen Mittag das Thermometer auf 63° stand.

Am 2. Juli war das für uns gebaute Kanu fertig. Seine Länge betrug zweiunddreißig Fuß sechs Zoll, seine größte Breite vier Fuß zehn Zoll und seine Tiefe einen Fuß elfeinviertel Zoll. Das Gerippe des Fahrzeugs bestand aus dreiundsiebzig Bändern von dünnem Zedernholz und einer Grundlage von dünnen Latten des gleichen Holzes. Diese schwachen Fahrzeuge, von außen bedeckt mit Baumrinden, können mit fünfundzwanzig Ballen, jeder von neunzig Pfund, außer den nötigen Lebensmitteln für fünf oder sechs Schiffsleute – in allem mit einer Last von etwa dreitausenddreihundert Pfund beladen werden; sie sind dennoch so leicht, dass, wenn Schiff und Ladung über einen Wassersturz getragen werden müssen und zu diesem Zweck das Fahrzeug ganz ausgeladen werden muss, zwei Mann das Letztere mit der größten Leichtigkeit über die Felsbänke tragen. Das Gewicht des Kanus beträgt nämlich, außer den Rudern und Stangen, ungefähr achthundert Pfund. – Als wir am 5. unser neues Reise-Vehikel auf dem See bei heftigem Wind versuchten, bewährte es sich als ein treffliches See-Boot. – Am 13. Juli trafen unsere zurückgelassenen Reisegefährten, die Herren Richardson und Hood, wohlbehalten mit zwei Kanus von Cumberland House bei uns ein und brachten alle Vorräte mit, die sie sich in den Niederlassungen zu Cumberland House und *Isle à la Crosse* hatten verschaffen können; worunter sich jedoch zehn Beutel mit dumpfigem, gänzlich unbrauchbarem Pemmikan befanden, die sie von der Nordwest-Kompanie erhalten hatten. Die Hudson-Bay-Kompanie konnte ihnen nichts liefern; so hatten wir die unerfreuliche Aussicht, unsere fernere Reise fast ganz ohne Vorräte anzutreten, da das Fort Chipewyan uns ebenso wenig damit versehen konnte. Da uns weiterer Verzug keinen Vorteil bringen konnte, eilten wir, uns zur baldigen Abreise zu rüsten. Aber alle nur irgend zu entbehrenden Vorräte wurden von beiden Niederlassungen requiriert, und wir freuten uns zu finden, dass das Ergebnis dieser Requisition, vereinigt mit demjenigen, was die Kanus uns zugeführt hatten, wenigstens hinreichende Vorräte zur Ausrüstung der von uns in Dienst genommenen Leute sowie zu Geschenken für die Indianer nebst einigen zum winterlichen Verbrauch erforderlichen Gegenständen lieferte; doch konnten wir uns weder Munition noch starke Getränke und nur wenig Tabak verschaffen.

Die Herren Richardson und Hood hatten noch zehn Kanadier von Cumberland House mitgebracht und mit ihnen für den Fall, dass ihre ferneren Dienste erforderlich sein würden, eine Vereinbarung getroffen. Sie trugen großes Verlangen, die weitere Reise mitzumachen, und da sie auf ihrer bisherigen Fahrt sich gut und tüchtig gezeigt hatten, nahmen wir sie an. Sobald die Zahl der nach dem Rat unserer Freunde zum Schutz gegen die Eskimos erforderlichen Begleiter – bestehend aus sechzehn Kanadiern und unserem wackeren englischen Seemann, John Hepburn – außer den uns am Sklavensee erwartenden drei Dolmetschern und einer Chipewyan-Indianierin vervollständigt war, wurden die nötigen Kleidungsstücke verteilt, der Rest zur Reise verpackt und der Tag des Aufbruchs angesetzt, nachdem wir uns zuvor durch unsere Beobachtungen vergewissert hatten, dass das Fort Chipewyan unter 111°18'20" westlicher Länge und 18°42'38" nördlicher Breite liegt.

5. Kapitel

Abreise vom Fort Chipewyan – Schwierigkeiten der Schifffahrt auf den Flüssen und Landseen – Der Sklavensee und das Fort Providence – Mangel an Lebensmitteln und Unzufriedenheit der kanadischen Reisegefährten – Der obere Teil des Kupferminenflusses – Winterquartier im Fort Enterprise

Frühmorgens am 18. Juli 1820 wurden die Vorräte in unsere Kanus verteilt. Unglücklicherweise reichten unsere Lebensmittel nur auf einen Tag hin. Wir besaßen zwei Tonnen Mehl, drei Kisten gedörrtes Fleisch, etwas Schokolade, Pfeilwurz *(Maranta L.)*, Suppenkuchen (mitgebracht aus England), siebzig Pfund Elchfleisch und etwas Gerste. Gegen Mittag fuhren wir ab, erreichten bald das westliche Ufer des Sees und um zwei Uhr nachmittags die Einfahrt des Stoney Rivers, einen der Kanäle, durch den der Lake Athabasca sich in den Sklavenfluss ergießt. Dieser enge Strom ist zwischen niedrigen, morastigen Ufern eingeengt, die mit Weiden, Zwergbirken und Erlen bewachsen sind. Um fünf Uhr nachmittags passierten wir seine Vereinigung mit dem Friedensfluss. Der durch diese Vereinigung gebildete Sklavenfluss ist etwa dreiviertel Meilen breit. Mit großer Schnelligkeit fuhren wir diesen herrlichen Strom hinab, und als wir mehrere enge, durch Inselgruppen geformte Kanäle zurückgelegt hatten, durchkreuzten wir eine Stelle, wo das Wasser eine heftige, wirbelnde Bewegung hatte, die bei niedrigem Wasser einen gefahrvollen Fall bildet, beim damaligen

Stand desselben jedoch wenig Unzuträglichkeiten für uns hatte. Abends um sieben Uhr lagerten wir am morastigen Flussufer, hatten aber kaum die Zelte aufgeschlagen, als wir von einem schrecklichen Ungewitter mit Sturm und Regen überfallen und die Ufer des Flusses überströmt wurden, sodass wir uns ganz im Wasser befanden. Dem Sturm folgten Schwärme von Moskitos, die uns durch ihre Stiche so arg peinigten, dass bei uns der Entschluss reifte, nach schnell eingenommenem Abendessen uns wieder einzuschiffen und die Nacht hindurchzufahren. – Am folgenden Tag passierten wir die *Rentierinseln* und erreichten die Einfahrt des Hundeflusses, wo wir einige Forellen fingen, die aber zu unserer Sättigung so unzureichend waren, dass wir zum Abendessen unsere eingemachten Fleischvorräte angreifen mussten. Wir fanden übrigens, dass die Mündung des Hundeflusses unter 59°52'16" liegt. Bevor wir den Sklavensee erreichten, legten wir *neun* Fälle zurück, an deren einem zwei unserer Kanus so heftig aneinanderstießen, dass ihre Ausbesserung einen zweistündigen Aufenthalt nötig machte. Im Übrigen verursachte uns selbst der letzte dieser Wasserfälle, obwohl er von einem vor vielen Jahren hier eingetretenen Unglücksfall den ominösen Namen Wasserfall der Ertrunkenen *(Fall of the Drowned)* führte, nichts Übles.

An der Mündung des Salzflusses *(Salt River)*, wo wir am 21. Juli unsere Zelte aufschlugen, um an diesem und dem folgenden Tag zu fischen, mussten wir bei unserer Ankunft uns zu einem zweiten Eingriff in unsere eingemachten Vorräte entschließen. Der bei der Mündung etwa hundert Yards breite Fluss hat sieben bis acht Meilen weiter stromaufwärts salziges Wasser, und mehrere salzige Quellen an seinen Ufern lassen im Sommer häufige kubische Kristallisationen zurück, mit denen wir einige Fässer zum winterlichen Gebrauch füllten. In dieser Gegend führte uns das Glück einen Büffel zu, der nahe vor uns sich ins Wasser tauchte und, von vierzehn Kugeln durchbohrt, endlich fiel. Wir zogen die erwünschte Beute ans Ufer und kehrten unter fröhlichen Gesängen unserer Kanadier an die Flussmündung zurück. Hier hatten unterdessen unsere ausgestellten Netze kaum so viel gefangen, wie zu einer Mahlzeit für die bei denselben zurückgelassenen Leute nötig war. Gleichwohl findet sich in dieser Gegend des Flusses der von Mackenzie unter dem Namen *Poisson inconnu* erwähnte Fisch. Er ist eine Spezies vom *Genus Salmo* und kommt, wie die Indianer behaupten, vom Arktischen Meer herauf, wird aber, weil er nicht imstande ist, die Wasserfälle des Sklavenflusses zu passieren, nicht weiter stromaufwärts gefunden.

Der erlegte Büffel gewährte uns jetzt hinreichende Nahrungsmittel, um ohne weiteren Aufenthalt den Sklavensee erreichen zu können. Gegen heftigen Wind und hohe Wellen ankämpfend, setzten wir unsere Fahrt weiter fort auf dem durch unzählige Windungen strömenden und eine sieben bis acht Meilen im Umkreis haltende Halbinsel bildenden Fluss, der gleich jenseits derselben durch eine lange Insel in zwei Kanäle geteilt wird. Wir passierten die Mündung eines breiten, nordostwärts führenden Kanals *La Grande Rivière de Jean* genannt, der einen der beiden großen Arme bildet, wodurch der Fluss seine Gewässer in den Großen Sklavensee ergießt; der den Überflutungen ausgesetzte Landstrich, welcher dadurch an der Mündung des Flusses in Form eines Deltas gebildet wird, ist von mehreren kleinen Kanälen durchschnitten; durch einen derselben richteten wir unsere Fahrt zu der Niederlassung der Nordwest-Kompanie auf *Moose Island* (der Elchinsel). Hier fanden wir ein Schreiben von unserem zukünftigen Reisegefährten, Herrn Wenzel, aus dem Fort Providence an der Nordseite des Sklavensees, mit der Nachricht, dass ein indianischer Führer uns dort erwarte, dass aber die gleichfalls zu unseren Begleitern bestimmten indianischen Jäger nebst ihrem Häuptling, ungeduldig über unser Außenbleiben, in der Umgebung auf die Jagd gegangen seien.

Bald nach unserer Ankunft besuchte ich auch den Handelsposten der Hudson-Bay-Kompanie auf der gleichen Insel und nahm einen Dolmetscher für den Verkehr der Kupferindianer, namens Pierre St. Germain, in Dienst. Hier erhielten wir vierhundert Pfund gedörrtes Fleisch von der Nordwest- und hundert Pfund von der Hudson-Bay-Kompanie – ein Vorrat, den wir hinreichend erachteten, das Fort Providence zu erreichen. Auch wurden uns drei Fischnetze, eine Flinte und ein paar Pistolen überlassen.

Moose Island hat einen Durchmesser von etwa einer Meile, und der Mittelpunkt der Insel erhebt sich ungefähr dreihundert Fuß über den See. Sie hat einen großenteils sandigen, an einigen Stellen aber sumpfigen Boden und bringt eine große Mannigfaltigkeit der in diesen nördlichen Gegenden einheimischen Beeren in großem Überfluss hervor. Das Fort der Nordwest-Kompanie liegt unter 61°11'8" nördlicher Breite und 113°51'37" westlicher Länge; es liegt zweihundertsechzig Meilen vom Fort Chipewyan (die Krümmungen des Flusses mitgerechnet); die Häuser der beiden Kompanien sind klein. Es treibt an die Ufer des Sees eine unermessliche Menge Holz, welches den Bewohnern reichlich Feuerung gewährt; sie leben hauptsächlich von Fischen, namentlich Weißfischen, Forellen und dem oben erwähnten *Poisson inconnu,* der für den besten gehalten wird. Auch erlegen ihre Jäger bisweilen Elche, Büffel und Rentiere, doch nur in der Entfernung mehrerer Tagesreisen von den Forts. Die hierher handelnden Indianer sind Chipewyans. Biber, Marder, Füchse und Moschusratten werden in der Nähe des Sees häufig gefangen. Die hier selteneren Moskitos werden durch eine kleine Fliege ersetzt, deren Stiche stark blutende Wunden und Geschwülste verursachen, übrigens aber bei Weitem nicht so schmerzhaft sind wie die der Moskitos.

Am 27. Juli schifften wir uns frühmorgens ein und setzten dem südlichen Ufer des Sees entlang unsere Fahrt durch einen engen Kanal fort, der durch einige Inseln gebildet wird. Auf der Stoney-Insel frühstückten wir; sie ist ein bloßer Gneisfels, der sich vierzig bis fünfzig Fuß hoch über den See erhebt und an der Nordseite einen steilen Abhang bildet. Von hier aus ruderten wir zu der dreizehn Meilen nordwärts liegenden Rentierinsel, die, so wie die meisten in diesem See, aus Granit besteht und großenteils unbewachsen ist; doch haben die größeren im Mittelpunkt liegenden Inseln etwas fruchtbaren Boden und einige Tannengehölze; auf einer der Letzteren nahmen wir unser Nachtlager und mussten auch am folgenden Tag gegen einen sich erhebenden heftigen Wind auf einer großen Insel unter 61°50'18" nördlicher Breite und 113°21'40" westlicher Länge in der Nähe der von Mackenzie erwähnten *Isle à la Cache* Schutz suchen. Von dort ging es zwischen *Big Island* (Mackenzie) und *Big Cape* hindurch in eine tiefe Bay, welche die Gewässer mehrerer aus Norden kommenden Ströme aufnimmt, weshalb wir auch sogleich in der Temperatur des Wassers eine Abnahme von 59°bis auf 48° beobachteten. Wir fuhren das östliche Ufer der Bay entlang, lagerten nachts auf einer Felseninsel und erreichten am 28. das Fort Providence, welches einundzwanzig Meilen von der Einfahrt der Bay entfernt ist. Auf diesem Handelsposten besitzt ausschließlich die Nordwest-Kompanie ein Fort, da die Hudson-Bay-Kompanie nordwärts des Großen Sklavensees keine Niederlassungen hat. Hier trafen wir unsere künftigen Begleiter, Herrn Wenzel, unseren Dolmetscher, Johann Baptist Adam, und einen unserer indianischen Führer; der Häuptling des Stammes lagerte jedoch mit seinen Jägern einige Meilen vom Fort an einer zum Fischen günstig gelegenen Stelle. Verabredungsgemäß wurde ihnen unsere Ankunft durch ein auf dem nahen Hügel angezündetes Feuer kundgetan, und bald erschien ein Bote, der ihr Erscheinen für den nächsten Morgen ankündigte und die gewöhnlichen Geschenke an Tabak und einigen anderen Artikeln mit zurücknahm.

Herr Wenzel belehrte mich über die Art und Weise meiner ersten Konferenz mit den Indianern. Da er einer von den wenigen europäischen Handelsleuten war, welche die Sprache der Chipewyans redeten, wurde er hierdurch unserer Unternehmung äußerst nützlich. Auch beauftragte ich ihn mit der Leitung des Verkehrs mit den Indianern, der Oberaufsicht über unsere Kanadier, der Anschaffung und Verteilung der Lebensmittel und der Verwendung unserer übrigen Vorräte – alles Geschäfte, die er während seines mehr als zwanzigjährigen Aufenthalts in dieser Gegend bereits früher besorgt hatte.

Auf den Ratschlag, dass das Äußere auf die Indianer einen dauerhaften Eindruck hinterlasse, legten wir unsere

Uniformen an und hängten jeder eine Medaille um den Hals. Unsere Zelte waren bereits aufgeschlagen, und von einem derselben wehte eine seidene Unionsflagge. Gleich nach Mittag am 30. Juli nahten mehrere indianische Kanus in einer regelmäßigen Linie; im vordersten, gerudert durch zwei Mann, befand sich der Häuptling, der, als sie am Fort landeten, eine sehr ernste Miene und Haltung annahm, mit abgemessenen, würdevollen Schritten sich Herrn Wenzel näherte, wobei er jedoch weder zur Rechten noch zur Linken auf die am Strand versammelten Personen blickte und die vorige Haltung unwandelbar beibehielt, bis er den Offizieren vorgestellt wurde. Als er seine Pfeife geraucht und eine Gläschen Rum mit Wasser genossen hatte, gab er jedem seiner Gefährten, die sich auf dem Fußboden niedergelassen hatten, gleichfalls ein Glas. Dann begann er seine Ansprache mit Erwähnung der Umstände, die ihn veranlassten, uns auf der jetzigen Unternehmung zu begleiten, und versicherte, dass er vollkommen vorbereitet sei, sein Versprechen einzuhalten. Er sei, fuhr er fort, sehr erfreut, so große Oberhäupter in seinem Land zu sehen; seine Stammesgenossen seien arm, doch liebten sie die Weißen, die ihre Wohltäter gewesen seien; auch hoffe er, dass unser Besuch wohltätige Folgen für sie hervorbringen werde. Die Gerüchte, die unserer Ankunft vorangegangen seien, hätten ihm viel Kummer gemacht. Man habe nämlich anfangs gesagt, es begleite uns ein großer ärztlicher Häuptling, der die Kunst verstehe, Tote wieder lebendig zu machen, worüber er sich sehr gefreut habe, da die Aussicht, seine verstorbenen Angehörigen wieder zu sehen, seinen Geist neu belebt habe; als aber von Herrn Wenzel in seiner ersten Unterredung diese Hoffnung für ungegründet erklärt worden sei, sei ihm zumute gewesen, als würden seine Freunde ihn zum zweiten Mal entrissen. Nun wünsche er von der Beschaffenheit unserer Unternehmung genau unterrichtet zu werden.

In der Antwort auf diese Rede, die, wie ich vernahm, schon seit mehreren Tagen vorbereitet worden war, suchte ich die Zwecke unserer Sendung auf solche Weise auseinanderzusetzen, dass sie so viel wie möglich seinen Eifer für unseren Dienst zu erwecken geeignet sein möchten. Ich sagte ihm: Wir seien ausgesandt von dem größten Häuptling in der Welt, der auch der Häuptling der Handelskompanien in diesem Land, ein Freund des Friedens und ein Beförderer der Wohlfahrt aller Nationen sei. Da er erfahren habe, dass seine Kinder im Norden, wegen der ungemeinen Länge und Schwierigkeit des jetzigen Weges, an vielen Waren Mangel litten, habe er uns ausgesandt, einen Weg zur See aufzusuchen, der, wenn er gefunden würde, große Schiffe in den Stand setzen könnte, beachtliche Warenvorräte leichter in ihr Land zu bringen. Wir seien – fuhr ich fort – nicht gekommen, um selbst Handel zu treiben, sondern einzig um zu ihrem und aller anderen Völker Wohl Entdeckungen zu machen und uns nach der Beschaffenheit aller Erzeugnisse der von uns zu bereisenden Länder, insbesondere aber nach ihren Bewohnern zu erkundigen. Wir wünschten, dass sie, die Indianer, uns als Pfadfinder dienen und uns mit Lebensmitteln versehen möchten; vor allen Dingen aber sei uns von dem Großen Häuptling eingeschärft, in diesem ganzen Land die Einstellung aller Feindseligkeiten zu empfehlen, insbesondere zwischen den Indianern und Eskimos, die er, sowie alle anderen Eingeborenen, als seine Kinder betrachte. Um diesen letzten Punkt eindringlicher zu machen, versicherte ich ihm, dass alle von der Unternehmung zu hoffenden Vorteile unausbleiblich vereitelt werden würden, wenn zwischen seinen Begleitern und den Eskimos Streitigkeiten entständen. Zugleich eröffnete ich ihm, dass wir wegen der großen Strecke, die wir bereits zurückgelegt hätten, gegenwärtig mit wenig mehr Vorräten versehen seien, als unsere eigenen Begleiter bedürften; doch solle ein Teil derselben ihm von nun an geschenkt werden; und wenn er mit seinen Begleitern von der Unternehmungsreise zurückkehre, sollten sie zum Lohn Munition, Tabak und einige nützliche Werkzeuge erhalten, und überdies solle alles, was sie der Nordwest-Kompanie schuldig geblieben seien, für sie bezahlt werden.

Der Häuptling, der sich Akaitcho oder Dickfuß nannte, beantwortete diese Rede durch die wiederholte Versicherung, er und seine Gefährten wollten uns bis ans Ende unserer Reise begleiten und ihr Äußerstes tun, uns mit den nötigen Lebensmitteln zu versehen. Er gab zu, dass seine Stammesgenossen gegen die Eskimos Krieg geführt hätten, versicherte aber, sie verlangten jetzt Frieden und seien der einstimmigen Meinung, dass alle, die uns begleiteten, sich jeder Feindseligkeit gegen jenes Volk enthalten müssten. Doch fügte er hinzu, die Eskimos seien sehr verräterisch, und empfahl uns daher, uns ihnen mit Vorsicht zu nahen.

Die Nachrichten, welche uns der Häuptling und die Pfadfinder hierauf über den Weg zum Kupferminenfluss und dessen Lauf ins Meer mitteilten, stimmten in allen wesentlichen Punkten mit denen überein, die wir im Fort Chipewyan von Boileau und dem alten Indianer, Black Meat, erfahren hatten; nur wichen sie in ihrer

Beschreibung der Küste voneinander ab. Überhaupt war die aus beiden Quellen uns zuteilgewordene Kunde sehr oberflächlich und keineswegs befriedigend. Auch hatte kein Stammesgenosse des Häuptlings ostwärts der Flussmündung die Seeküste entlang eine weitere Strecke zurückgelegt als drei Tagesmärsche.

Da in dieser Jahreszeit das Wasser ungewöhnlich hoch war, so rieten uns die indianischen Pfadfinder, zum Kupferminenfluss einen kürzeren Weg zu nehmen, als denjenigen, welchen sie anfangs Herrn Wenzel vorgeschlagen hatten, wozu sie als Hauptgrund angaben, dass auf diesem Weg leichter Rentiere zu finden wären. Dann zeichneten sie mit Kohlen auf den Fußboden einen Abriss der Gegend, enthaltend eine Kette von fünfundzwanzig kleinen Landseen, die sich gegen Norden erstreckten und von denen die Hälfte mittelst eines Flusses, der unweit des Forts Providence in den Sklavensee fällt, untereinander Zusammenhänge. Einer der Pfadfinder, namens Keskarrah, bezeichnete den Kupferminenfluss als in westlicher Richtung den Oberen See durchströmend und dann durch den Großen Bärensee nordwärts ins Meer fließend. Der andere Pfadfinder gab diesem Fluss eine gerade Linie bis zum Meer; doch gab er nach einigem Wortwechsel mit dem ersteren Pfadfinder die Richtigkeit der Zeichnung desselben zu. Der Letzterwähnte war ein älterer Bruder des Häuptlings Akaitcho und behauptete, Herrn Hearne auf seiner Reise begleitet zu haben; auch erinnerte er sich, obwohl er damals sehr jung gewesen war, noch vieler einzelnen Umstände, und namentlich der von den Indianern an den Eskimos verübten Metzelei.

Der Häuptling schlug vor, den nächsten Winter am Ufer eines anderen Sees zuzubringen, der nach seiner

Behauptung südwärts des Flusses etwa drei Tagereisen von demselben entfernt liege; denn dort pflegten sich die Rentiere im Herbst und Frühling aufzuhalten, auch sei der See fischreich und es gebe hinreichend Holz, sowohl zur Feuerung wie zum Bau der nötigen Hütten. Diese wichtigen Gründe bestimmten mich, den Vorschlag anzunehmen, umso mehr, da sie vermuteten, dass wir diesen Ort in etwa zwanzig Tagen erreichen könnten; in diesem Fall hoffte ich, wenn wir uns dort Lebensmittel verschafften, den Kupferminenfluss noch vor Wintereinbruch entweder bis ans Meer oder doch ziemlich weit hinabzufahren und vielleicht gar noch bis zu jenem Landsee wieder stromaufwärts zu fahren.

Es ist hier zu bemerken, dass ich anfangs den Plan gehabt hatte, den Fluss Mackenzie hinabzufahren und dann den Großen Bärensee zu überqueren, dessen östlicher Teil nach Boileaus Bericht mit dem Kupferminenfluss durch vier kleine Seen zusammenhängt. Doch in unserer damaligen Lage konnte dieser Lauf nicht befolgt werden, weil er uns zu weit vom Großen Sklavensee entfernt hätte, um Vorräte an Munition und anderen unentbehrlichen Dingen erhalten oder uns mit dem erwarteten Dolmetscher für unseren Verkehr mit den Eskimos vereinigen zu können.

Als Akaitcho und die Pfadfinder uns alle von ihnen verlangte Auskunft nach ihrem besten Wissen erteilt hatten, hängte ich meine Medaille dem Häuptling um den Hals, und die übrigen bei der Expedition Angestellten schenkten die ihrigen dem älteren Bruder des Häuptlings und den beiden Führern mit dem Hinweis, dass diese Auszeichnung ihnen als Beweise unserer Freundschaft und als Pfänder unserer Aufrichtigkeit verliehen würden.

Da dieser Akt in Gegenwart aller Jäger vor sich ging, so war er ihnen äußerst angenehm; doch vermieden sie absichtlich jeden Ausdruck lebhafter Freude, weil dies dem würdevollen Wesen, das die älteren Indianer während einer Konferenz anzunehmen suchen, unangemessen gewesen wäre. Sie versicherten uns jedoch, dass sie diese Beweise unserer Achtung mit gebührendem Dank annähmen und lebenslang solche mit der größten Sorgfalt aufbewahren würden. Der Häuptling zeigte während der ganzen Konferenz viel Einsicht und Scharfsinn; er erkundigte sich genau nach Kapitän Parrys Entdeckungsreise und fragte, warum wohl eine Durchfahrt, wenn sie existiere, nicht längst schon entdeckt wäre? Es versteht sich, dass wir ihm mit der größten Aufrichtigkeit hierauf antworteten, welches schon die Politik verlangt haben würde, hätte auch Wahrheitsliebe es nicht geboten; denn wenn diese nördlichen Völker entdecken, dass man ihnen eine Unwahrheit gesagt hat, so vergessen sie es nie, und man verliert unwiederbringlich ihr Vertrauen.

Wir schenkten dem Häuptling, den beiden Pfadfindern und unseren sieben Jägern einiges Tuch, Decken, Tabak, Messer, Dolche, etliche nützliche eiserne Werkzeuge und jedem eine Flinte; auch gaben wir ihnen ein Fass schwachen, mit Wasser gemischten Rum, welches sie bis zum Abend aufhoben, da sie vor der Dämmerung noch ihre Flinten probieren und sich bereit machen wollten, am anderen Tag die Reise anzutreten. Die Indianer hingegen verließen uns noch nicht am folgenden Tag, da der Häuptling Verlangen hatte, mit seiner Gesellschaft dem Tanz beizuwohnen, den wir unseren Kanadiern geben wollten. Sie belustigten sich sehr an der Lebhaftigkeit und Geschicklichkeit der Tänzer und Sänger und besonders an den lächerlichen Stellungen eines der Kanadier, die selbst den ernsten Häuptling so ergötzten, dass er aus vollem Halse lachte. Zur Vergeltung ließ er seine jungen Leute nach der Weise der Dogrib-Indianer tanzen. Zu dem Zweck bildeten sie einen Kreis, spreizten die Beine weit auseinander und begannen so zu gleicher Zeit seitwärts zu hüpfen, wobei sie ihren Körper vorüberbogen, die Hände in die Seite setzten und bei jedem Sprung den Ausruf: *tsa!* erschallen ließen. So anmutslos auch ihre Stellungen und so unharmonisch ihre Musik war, so unterhielt uns doch die Neuigkeit der Sache.

Doch wurde dieser Zeitvertreib auf eine Zeit lang durch einen unangenehmen Zwischenfall unterbrochen. Es geriet nämlich das Zelt, welches Dr. Richardson und ich bewohnten, durch einige Funken des Feuers, das wir zur Verscheuchung der Moskitos hatten anzünden lassen, in Flammen, von denen es gänzlich verzehrt wurde. Zum Glück erwachte Hepburn, der darin schlief, noch rechtzeitig, um einen kleinen Pulvervorrat, der in seiner Nähe lag, sowie unser Gepäck zu retten. Da wir den Eindruck fürchteten, den dieser Vorfall auf die einfältigen Gemüter der Indianer machen könnte, suchten wir ihnen diesen zu verhehlen. Doch bald erfuhr ihn der Häuptling durch einen seiner Leute, und er äußerte den Wunsch, dass man in Zukunft keinen Unfall vor ihm verbergen möge. Um aber keine Veranlassung zu geben, als ob wir diesen Vorfall für ein ungünstiges Vorzeichen unserer Reise betrachteten, ließen wir den Tanz fortsetzen.

Morgens am 1. August zogen die Indianer ab, um uns an der Mündung des Gelben-Messer-Flusses *(Yellow Knife River)* zu erwarten. Wir verpackten unsere Vorräte in Ballen, jeden von achtzig Pfund – ein Geschäft, das wir nicht in Gegenwart dieser Indianer vornehmen konnten, weil sie die Gewohnheit haben, alles, was sie sehen, zu erbetteln. Unsere Vorräte bestanden aus zwei Tonnen Schießpulver, hundertvierzig Pfund Kugeln und Schrot, einigen alten Flinten, acht Pistolen, vierundzwanzig indianischen Dolchen, einer Anzahl von Messern, Äxten, Nägeln und dergleichen, einigen Yards Tuch, mehreren Decken, einem Vorrat von Nadeln, Ferngläsern, unechten Perlen, endlich aus neun Fischnetzen nebst Zubehör. An Lebensmitteln hatten wir zwei Tonnen Mehl, zweihundert getrocknete Rentierzungen, etwas gedörrtes Elch-Fleisch, Suppenkuchen und Pfeilwurz – das Ganze reichte für eine zehntägige Verpflegung – ungerechnet zwei Kisten Schokolade und ebenso viel Tee. Wir mieteten vor unserer Abreise noch einen Kanadier, sodass die ganze Expedition aus achtundzwanzig Personen bestand, mit Einschluss der Offiziere und Frauen von drei unserer Kanadier, die mitgenommen wurden, um während des Winteraufenthalts für die Männer Schuhe und Kleider zu verfertigen; endlich wurden drei Kinder mitgenommen, die zweien dieser Frauen gehörten.

Nach unseren Beobachtungen liegt das Fort Providence unter 62°1'19" nördlicher Breite und 114°9'28" westlicher Länge. Es ist von Moose Island (der Elchinsel) sechsundsechzig geographische Meilen entfernt. Dies ist die letzte Handelsniederlassung in dieser Richtung; doch hat die Nordwest-Kompanie nordwärts derselben noch zwei am Mackenzie River. Sie ist angelegt, um den Handel mit den Kupfer- und Dogrib-Indianern zu fördern, die gewöhnlich eine solche Menge Rentierfleisch hierher bringen, dass die Bewohner jährlich noch einen Vorrat in das Fort auf Moose Island liefern können. Pelzwerk wird hier wenig gesammelt; dagegen gibt es eine Fülle von Fischen, namentlich *Poissons inconnus*, Forellen, Hechte, Karpfen und Weißfische. Die Umgebung besteht aus grobem, körnigen Granit, welcher große Massen Feldspat einschließt. Diese Felsen bilden Hügel, die zum Teil drei- bis vierhundert Fuß hoch und durchgängig kahl sind; in den Tälern hingegen wachsen mitunter Birken, Espen und mancherlei Gesträuche.

Nachmittags am 2. August begannen wir unsere Reise weiter nach Norden. Außer unseren drei Kanus hatten wir noch ein kleineres, worin die Frauen fuhren; wir alle waren frohen Mutes und herzlich erfreut, dass endlich der Zeitpunkt gekommen war, wo wir unsere Richtung unmittelbar zum Kupferminenfluss nahmen, und zwar durch einen Landstrich, den bis dahin noch kein Europäer bereist hatte. – Unser Weg ging nordwärts, längs der Ostseite einer tiefen, vom See gebildeten Bay, durch viele von einer Gruppe felsiger Inseln geformte Kanäle; bei Sonnenuntergang lagerten wir uns auf einer vorspringenden Landspitze am nördlichen Seeufer, acht Meilen vom Fort Providence. Im Westen dieser Bay befindet sich noch eine andere tiefe Bay, die ihr Wasser aus dem Fluss erhält, der mit dem Großen Mardersee *(Great Marten Lake)* in Verbindung steht, wo die Nordwest-Kompanie einst einen Handelsposten errichtet hatte. Die östlichen Ufer des Großen Sklavensees sind sehr unvollkommen bekannt; von den Handelsleuten hat niemand sie bereist, und die Berichte der Indianer sind so oberflächlich und unbefriedigend, dass sich der Umfang desselben in jener Richtung nicht genau veranschlagen lässt. Sie behaupten, sein östliches Ende sei durch eine Kette von Landseen mit einem seichten Fluss verbunden, der seine Gewässer ins Meer ergieße. Diesen Fluss nennen sie den Thlou-eetessy und versichern, er sei nur für indianische Kanus schiffbar. Das südliche und westliche Ufer ist durch Sir Alexander Mackenzies Forschungen genauer bekannt sowie auch dadurch, dass die Kanus, welche jährlich zwischen Moose Island und dem Mackenzie River hin- und herfahren, diese Ufer passieren müssen. Nach unseren Beobachtungen betrug die Breite des Sees zwischen der Stoney-Insel und dem nördlichen Kontinentalufer sechzig Meilen weniger als in Arrowsmiths Karte verzeichnet; auch findet in der Länge der Ostseite der Bay, in welche wir einfuhren, eine beträchtliche Differenz statt. – Dieser See ist wegen seiner großen Tiefe selten vor der letzten Woche des Novembers ganz überfroren, und das Eis, welches gewöhnlich sieben Fuß dick ist, bricht etwa um die Mitte des Juni, also drei Wochen später als das auf dem Sklavenfluss. Der einzige bis jetzt bekannte Abfluss dieser ungemeinen Wassermasse, in die sich an den nördlichen und südlichen Ufern des Sees so viele Ströme ergießen, ist der Fluss Mackenzie.

Am 3. August erreichten wir die Einfahrt des Gelben-Messer-Flusses *(Yellow Knife River)*, wie ihn die Handelsleute oder *Beg-ho-lo-tessy* (d.h. Fluss der zahnlosen Fische), wie ihn die Eingeborenen nennen. Hier fanden wir verabredungsgemäß den Häuptling Akaitcho und die Jäger mit ihren Familien gelagert. Auch waren mehrere andere Indianer des gleichen Stammes bei ihnen, die uns eine Strecke Weges ins Innere begleiten wollten. Gleich nach unserer Ankunft setzten sie sich rasch in Bewegung, und bald waren wir von einer Flotte, bestehend aus siebzehn indianischen Kanus, umgeben. So ruderten wir den hundertfünfzig Yards breiten Fluss stromaufwärts und

Überquerung des Lake Prosperous

kamen in einer Stunde an einen fünf Fuß hohen Wasserfall, über welchen wir unsere Boote und deren Ladungen hundertachtundfünfzig Yards weit tragen mussten. Dann passierten wir eine sechs Meilen lange Erweiterung des Flusses, welche wir den Glücklichen oder Heil bringenden See *(Lake Prosperous)* nannten, weil seine Ufer so malerisch waren, dass Herr Hood eine genaue Zeichnung davon anfertigte.

Akaitcho ließ sich durch seinen Sklaven rudern; wenn er sich aber von uns ungesehen glaubte, legte er seinen Prunk großenteils ab und half ihm rudern; als er nach wenigen Tagen näher mit uns bekannt geworden war, ruderte er unbedenklich in unserer Gegenwart und trug sogar sein Kanu über die Klippen. Mehrere Kanus wurden durch Weiber gerudert, die sehr unruhige Reisegefährtinnen waren und sich häufig zankten, sodass selbst einige Schläge mit dem Ruder vonseiten der Ehemänner sie nicht zur Ruhe bringen konnten. – Wir fanden, dass die Indianer beim Passieren der Wasserfälle und Klippen sehr große Vorteile über uns hatten; die Männer trugen die schmalen Kanus, die Weiber und Kinder die Kleidungsstücke und Vorräte, und am Ende der Untiefe oder des Wasserfalls waren sie sogleich zum Wiedereinschiffen bereit, wogegen unsere Leute viermal hin- und zurückgehen mussten, bevor sie die schwere Last, womit sie befrachtet waren, fortschaffen konnten. – Dreißig Meilen von Fort Providence lagerten wir auf einer kleinen Felseninsel, nicht größer, als nötig war, unsere Reisegesellschaft zu fassen. Sobald die Zelte aufgeschlagen waren, wurden Offiziere und Mannschaft in wechselnde Nachtwachen eingeteilt – eine Vorsichtsmaßregel, die wir auf der ganzen ferneren Reise fortzusetzen beabsichtigten, und zwar nicht bloß, um uns gegen fremde Überfälle zu sichern, sondern auch um unseren Gefährten zu zeigen, dass wir stets auf unserer Hut wären. Auch machte der Häuptling Akaitcho, dessen scharfer Beobachtungsgabe nichts entging, die Bemerkung, »dass er mitten unter den Eskimos unbesorgt schlafen würde, da er bemerke, dass kein Feind uns überfallen könne«.

Der folgende Tag war äußerst mühevoll; denn Fahrzeuge und Gepäck mussten über eine ganze Kette von Wasserfällen, deren einer mehr als tausendfünfhundert Schritte lang war, mit unendlicher Beschwerlichkeit getragen werden, worin die Indianer unseren Leuten mit der größten Freundlichkeit und Dienstwilligkeit behilflich waren. – Am folgenden Tag (5. August) ging es den *Yellow Knife River*, der an Breite und schneller Strömung häufig wechselte, über sechs Wasserfälle stromaufwärts.

– Unsere Lebensmittel waren erschöpft, bis auf die Suppenkuchen und einige Pfund gedörrtes Fleisch. Auf Akaitchos Rat gingen unsere Jäger auf die Rentierjagd; auch tröstete er uns, dass wir bald fischreiche Landseen erreichen würden. Mehrere Indianer entschlossen sich vorauszugehen, um Nahrungsmittel zu suchen, da sie weit schneller als wir vorwärts kommen konnten; den Häuptling ließen wir unsere Mahlzeiten mit uns teilen. – Auf einer Insel in der Mitte des Flusses, unter 114°27'3" westlicher Länge, lagerten wir und warfen unsere Netze aus, die uns jedoch nur ein spärliches Mahl lieferten und am nächsten Morgen ganz leer blieben; dadurch wurden unsere Begleiter sehr entmutigt, sodass sie sich unfähig erklärten, bei dieser spärlichen Kost die täglichen, durch die gegen Norden immer häufiger werdenden Wasserfälle stets wachsenden Beschwerlichkeiten länger ertragen zu können. Unser Führer riet uns, den Fluss zu verlassen und durch eine Kette von neun Landseen, die sich nach Nordosten erstreckten, unsere Reise fortzusetzen, was wir auch taten und uns bei einem Wasserfall, *Icy Portage* (Eisiger Wasserfall), lagerten, wo wir die Netze auswarfen. Der Grund des Tals, durch welches wir Boote und Gepäck tragen mussten, war mit vier bis fünf Fuß dickem Eis bedeckt – den Überbleibseln eines großen Eisberges, der sich hier jährlich durch den von den Höhen durch überströmende Bergquellen hinabgespülten und im Tal verdichteten Schnee bildet, woher dieser Punkt, der unter 63°22'15" nördlicher Breite und 114°15'30" westlicher Länge liegt, den obigen Namen erhalten hat. –

Hier wurden wir nachts durch ein Feuer aufgeschreckt, welches sich in dem uns umgebenden dürren Moos verbreitet hatte und, angefacht durch einen heftigen Wind, unsere Boote und unser Gepäck zu vernichten drohte. Die Wache weckte sogleich die ganze Mannschaft, der es durch rasche Anstrengungen gelang, das Feuer zu löschen.

Auch am folgenden Tag dauerten die Beschwerlichkeiten an. Wir gelangten auf sehr schlechten Wegen über fünf Tragplätze, und um fünf Uhr nachmittags waren die Leute so erschöpft, dass wir am Ufer des fünften Sees, in welchen die Netze gelegt wurden, rasten mussten. Wir sahen uns genötigt, zum Verbrauch unserer Suppentafeln und Pfeilwurz zu schreiten, und unsere Leute erquickten sich recht sehr daran; doch konnte dieses dünne Nahrungsmittel, wovon sie nicht einmal in hinreichender Menge erhielten, bei der täglichen Anstrengung ihre Kräfte nicht gehörig aufrechterhalten. Am folgenden Tag gingen wir, da es die ganze Nacht bis vier Uhr morgens geregnet hatte, in nassen Kleidern ans Werk und ließen den fünften grasigen See nebst vier anderen und den dazwischen liegenden Tragplätzen im Rücken; dann befanden wir uns wieder auf dem Fluss, der hier etwa hundert Yards breit und von mäßig hohen, nur dürftig bewachsenen Ufern eingeschlossen ist. Später mussten wir unser Gepäck an zwei Stellen längs des Ufers hintragen, um steinige Stromschnellen zu vermeiden, und alsdann den ersten Carp-(Karpfen-)Tragplatz unter 114°2'1" westlicher Länge überschreiten. Wir lagerten uns am Ufer des Unteren Karpfensees. Da, nach Akaitchos Angaben, dieser See sehr fischreich ist, beschlossen wir, an demselben einige Tage zu rasten, zumal drei von unseren Leuten lahm waren und mehrere andere geschwollene Beine hatten. Der Häuptling selbst ging voraus, um nach den Jägern zu sehen, und versprach, ein

Signalfeuer anzuzünden, wenn Rentiere erlegt worden seien. Außer dem Führer Keskarrah hatten uns gestern und heute nach und nach sämtliche Indianer verlassen, um jenes Wild aufzusuchen.

Da wir nur vier Karpfen gefangen hatten, fuhren wir am nächsten Tag eine Strecke weiter, um einen besseren Fischerplatz zu suchen, und lagerten uns dann am Ufer desselben Sees. Die Leute fassten neuen Mut, als wir hier frische Spuren von Rentieren bemerkten, und da die blauen Beeren in der Nähe häufig waren, konnten sie sich zu ihrem kärglichen Mahl einen wesentlichen Zuschuss verschaffen. Obgleich das Thermometer nicht über 45° stand, wurden wir doch diesen Abend von Sandfliegen gequält. Die Gegend, durch welche wir seit einigen Tagen gereist waren, besteht meist aus Granit, hier und da mit Glimmerschiefer vermischt und häufig in Tonschiefer übergehend. Allein die Ufer des unteren Karpfensees bestehen aus niedrigeren, weniger abschüssigen Hügeln mit mehr abgerundeten Gipfeln. Die Täler sind nicht so fruchtbar und enthalten kiesigen Boden, auf welchem weniger Bäume vegetieren, sodass die Gegend im Ganzen ein unfruchtbares Ansehen hat.

11. August. Da wir gestern und heute Morgen Forellen, Weißfische und Karpfen genug gefangen hatten, um zwei tüchtige Mahlzeiten zu bereiten, und die Leute sich erholt hatten, so setzten wir unsere Reise fort; nachdem wir über den oberen Karpfen-Tragplatz gegangen waren, schifften wir uns auf dem gleichnamigen See ein, wo wir zu unserer Freude zehn Meilen in einem Zug rudern konnten. Am Ende des Sees stellten wir, nach dem Rat unseres Führers, die Netze. Der Ort liegt, nach unseren Beobachtungen, unter 113°46'35" westlicher Länge.

Kaum hatten wir am nächsten Tag unser Lager verlassen, traf ein Indianer mit der angenehmen Nachricht ein, dass die Jäger mehrere Feuer angezündet und also sicher Rentiere erlegt hätten. Diese Botschaft gab unseren Leuten neue Kraft; schnell ließen wir den nächsten Tragplatz im Rücken und ruderten dann durch den Rentiersee, an dessen nördlicher Seite wir die Kanus unserer Jäger fanden. Unser Führer berichtete uns, dass die Indianer wegen der unvollständigen Wasserverbindung in jenem Jagdrevier ihre Kähne meist hier stehen lassen. Der Gelbe-Messer-Fluss ist hier zu einem unbedeutenden Flüsschen geworden, und über den nächsten See hinaus konnten wir dessen Fortsetzung nur in einem Bach finden. Seine Quelle liegt unter 64°1'30" nördlicher Breite und 113°36' westlicher Länge. Die Ausdehnung seines Laufs beträgt hundertfünfundfünfzig englische Normalmeilen. Obgleich derselbe hinlängliche Breite und Tiefe hat, dass er mit Kanus befahren werden kann, so dürfte er, meiner Meinung nach, wegen der vielen Fälle und Stromschnellen dennoch nie einen bequemen Weg zum Transport von Kaufmannsgütern abgeben. Während unsere Mannschaft die Lasten am Fuß des Prospect-(Aussichts-)Berges hintrug, bestiegen wir dessen Gipfel, welcher etwa fünfhundert Fuß über dem Wasserspiegel liegt und, als der höchste Punkt der Gegend, eine weite Aussicht bietet. Akaitcho, der sich hier mit seiner Familie befand, machte uns auf den fernen Rauch der von den Jägern angezündeten Feuer aufmerksam. Die Aussicht vom Berg erstreckt sich über eine angenehme wellenförmige Gegend und zwölf Seen, an deren Ufern man einige lichte Fichtenhaine bemerkt. Doch hat die Gegend, außer einigen Beerenpflanzen und Flechten, fast gar keine Vegetation aufzuweisen und überhaupt ein sehr unfruchtbares Aussehen. Die Hügel bestehen aus Gneis, doch sind ihre Abhänge mit grobem Kiessand bedeckt. – Wir antworteten unseren Jägern durch ein großes Feuer und fingen zwanzig kleine Fische, die unserer Mannschaft wenigstens ein kleines Frühstück gewährten. Allein unsere Kanadier, die schon seit einigen Tagen über ihre magere Kost gemurrt hatten, brachen nun in laute Unzufriedenheit aus; einige drohten sogar, nicht weitergehen zu wollen, bevor man ihnen Nahrungsmittel verschafft habe. Dies war umso unverzeihlicher, da sie sahen, dass wir uns den Feuersignalen unserer Jäger rasch näherten und Lebensmittel bald zu erwarten waren. Ich musste ihnen daher mit ernster Bestrafung im Wiederholungsfall ihrer Auflehnung drohen – eine Strenge, die durch die Ankunft einiger von unseren Jägern mit dem Fleisch von zwei Rentieren sehr glücklich unterstützt wurde. Obwohl dieser Vorrat nur zum Abendbrot des gegenwärtigen und zum Verbrauch des nächsten Tages reichte, wurden unsere Begleiter dadurch augenblicklich ermutigt, sodass sie alle Sorgen vergaßen und in der Folge uns niemals wieder, wie zuvor, Vorwürfe machten, als hätten wir sie in ein unwirtliches Land geführt.

Im Jägersee *(Hunters Lake)* unter 64°6'47" nördlicher Breite und 113°25' westlicher Länge fingen wir am Einfluss eines kleinen Stromes mehrere blaue Fische, ähnlich den Äschen *(thymallus)*, die wegen der Größe ihrer Flossfedern auf dem Rücken und ihrer schönen Farben bemerkenswert waren. – Zu unserer Freude fanden sich noch drei von unseren Jägern mit Rentierfleisch ein und trösteten uns über die Unergiebigkeit unserer Netze. – Am 11. August sahen wir abends um acht Uhr, bei kaltem Wetter und starkem Nordwestwind, ein schwaches

Nordlicht im Süden. Am See der Graubären *(Grizzly Bears Lake)* fanden wir einen von unseren Jägern verborgenen Vorrat von Rentierfleisch. Um ihn zu vermehren, ging Akaitcho mit allen seinen Indianern, begleitet vom Dolmetscher, auf die Jagd und kehrte am Abend nach glücklichem Erfolg zurück, sodass wir jetzt siebzehn Rentiere beieinander hatten. Da dieser Vorrat hinreichte, um bis zu unserer Ankunft am Wintersee *(Winter Lake)* auszureichen, schlug der Häuptling vor, mit seinen Jägern bis dahin vorauszugehen und einige Lebensmittel bis zu unserer Ankunft zu sammeln. Auch bat er uns um einen zehntägigen Urlaub, um seine Familie mit Kleidungsstücken zu versehen, da nach dem Monat September die Rentierfelle zu diesem Zweck nicht mehr brauchbar sind. Wir konnten ihm diese Bitte nicht abschlagen, ließen aber St. Germain mit ihm gehen, damit er nicht über die Zeit ausbleiben möchte. Vor der Abreise warnte uns der Häuptling wiederholt vor den grauen Bären, die, wie er sagte, in dieser Gegend sehr zahlreich und grausam seien, wovon auch dieser Landsee seinen Namen führt. Wirklich hatte auch einer von unseren Indianern bereits einen Bären erblickt. In der Folge erfuhren wir jedoch, dass diese Mitteilung zum Teil eine Folge des den Indianern eigenen Hanges zu Übertreibungen gewesen war und dass der grausame graue Bär, den man an den Quellen des Missouri findet, sich nicht in unfruchtbaren Gegenden aufhält, hingegen in diesem Teil des Landes nur die gewöhnlichen braunen Bären gefunden werden.

Die Ufer dieses Sees, welcher unter 64°15'17" nördlicher Breite und 113°2'39" westlicher Länge liegt, bestehen größtenteils aus Sand und Kiessand, bieten aber in ihrer Außenseite einige malerische Ansichten dar.

Auf unserer weiteren Fahrt erhielten wir noch einen Zuwachs an Lebensmitteln durch vier Rentiere und sahen viele dieser Tiere am Ufer umherstreifen, sodass durch die Aussicht auf reichliche Nahrungsmittel die Kehlen unserer Ruderer dem Gesang, der in den Zeiten des Mangels geschwiegen hatte, wieder geöffnet wurden. – Am 17. August, abends zehn Uhr zeigte sich das Nordlicht in einem äußerst glänzenden, von Nordwesten nach Südosten quer über den Zenit sich ausdehnenden Bogen, der späterhin einer prachtvollen *Corona borealis* wich.

Am 19. August führte uns ein kleiner, nach Nordwesten strömender Fluss an den Wintersee, wo wir nach Akaitchos Vorschlag den Winter zubringen sollten; er gewährte aber aus der Ferne betrachtet keinen sehr erfreulichen Anblick, da seine Ufer spärlich mit Holz bewachsen zu sein schienen, und zwar von einer Gattung, die zum Bauen nicht stark genug war. Als wir jedoch die Stelle am nördlichen Ufer erreichten, welche die Indianer uns zur winterlichen Niederlassung empfohlen hatten, fanden wir uns sehr angenehm durch die Bemerkung getäuscht, dass der von ihnen gewählte Platz alle Vorteile vereinigte, die wir uns nur immer gewünscht haben könnten. Die Bäume waren zahlreich und weit stärker, als sie aus der Feme geschienen hatten. Es gab dreißig bis vierzig Fuß hohe Fichten, die am Boden zwei Fuß im Durchmesser hielten. Wir beschlossen, unsere Wohnung auf dem Gipfel des hohen Flussufers, das eine schöne Aussicht auf die Umgebung gewährt, anzulegen, sodass unser Blick an der Vorderseite durch drei Meilen entfernte Hügel, in Osten und Westen durch zwei Landseen begrenzt wurde. – Nachmittags hielten wir Gottesdienst und dankten dem Himmel, der uns so weit auf unserer Reise gebracht hatte, die vom Fort Chipewyan bis an diesen unseren beabsichtigten Winteraufenthalt fünfhundertdreiundfünfzig Meilen betrug.

An der Südseite des Flusses zündeten wir ein Feuer an, um den Häuptling von unserer Ankunft zu benachrichtigen; da ein heftiger Wind es anfachte, so setzte es den Wald in Flammen, sodass wir drei Tage lang ganz in eine Rauchwolke gehüllt waren. – Am Morgen nach unserer Ankunft teilten wir unsere Begleiter in zwei Parteien; die eine wurde beauftragt, Holz zum Bau eines Vorratshauses zu fällen, und die andere, Lebensmittel herbeizubringen, sobald die Jäger etwas erlegt hatten. Ein Dolmetscher wurde mit dem Pfadfinder Keskarrah ausgesandt, um einige Indianer aufzusuchen, die, wie wir aus einem lodernden Feuer schlossen, welches wir einige Tage zuvor unfern unseres Weges wahrgenommen hatten, dort gelagert sein mussten und von denen wir einige Vorräte zu erlangen hofften. Auch wurde ein Indianer dem Häuptling entgegengeschickt, um ihn unmittelbar hierher zu entbieten, mit dem Auftrag, so viel Lebensmittel, wie er nur könne, mitzubringen; denn wir wünschten dringend, unverzüglich unseren Zug an den Kupferminenfluss anzutreten. Abends brachten unsere Leute uns sieben erlegte Rentiere, deren Fleisch die Weiber für diese Reise zu dörren begannen. Auch lieferten uns die Netze an jenem Tag eine bedeutende Menge Fische.

Am 24. August stand das Thermometer nie höher als auf 42° und fiel vor Mitternacht bis auf 31°. Am folgenden Morgen waren wir sehr betroffen über einige frühe Symptome des herannahenden Winters; wir fanden nämlich die kleinen zusammengelaufenen Wasserflächen übergefroren und sahen einen Flug wilder Gänse nach

Süden fliegen. Nachmittags verschwand jedoch das Eis sehr schnell bei einem sich erhebenden Nebel, der sich gleich nachher in Regen verwandelte. – Mit großer Besorgnis vermissten wir seit drei Tagen unseren wackeren Seemann, *John Hepburn*, und fürchteten nicht ohne Ursache, dass er sich bei dem starken, während seines Jagdzuges eingetretenen Nebel verirrt habe. Derweil traf Akaitcho mit seinen Begleitern bei uns ein, hatte aber nur das Fleisch von fünfzehn Rentieren für uns gesammelt; und zwar, wie der ihm mitgegebene St. Germain uns berichtete, weil sie mehrere Tage damit zugebracht hatten, den inzwischen erfolgten Tod eines Schwagers des Häuptlings zu betrauern, anstatt auf die Jagd zu gehen. Auch erfuhren wir, der Tod dieses Mannes habe einen Trupp seiner Stammesgenossen, die Herr Wenzel beordert hatte, an den Ufern des Kupferminenflusses Vorräte für uns in Bereitschaft zu halten, bewogen, stattdessen an den Großen Bärensee zu gehen, der von unserer beabsichtigten Reiseroute weit entfernt lag. Noch unangenehmer war uns die Weigerung Akaitchos, uns auf der Fahrt den Kupferminenfluss hinab zu begleiten und auch nur seinen Jägern die Reise zu erlauben. Denn, sagte er, es seien alle Vorzeichen eines frühen Winters vorhanden, das Leben sämtlicher Reisenden würde gefährdet werden, weil wir elf Tagesreisen lang wegen Holzmangels ohne Feuerung sein müssten, da das von den Indianern zu diesem Zweck gebrauchte Moos wegen kürzlich gefallener Regengüsse zu nass sei, um brennen zu können, und wir sechsundvierzig Tage gebrauchten, den Kupferminenfluss, den wir nur in sechs Tagen erreichen könnten, stromabwärts zu fahren; auch könne schon im nächsten Monat unsere Fahrt durch das Eis gehemmt werden. Hierzu komme, dass die Rentiere bereits das Ufer jenes Flusses verlassen hätten und wir dort Hunger leiden würden.

Vergebens erinnerten wir ihn, dass diese Gründe von seinen Äußerungen im Fort Providence sehr abwichen; er entgegnete, dass er damals unser langsames Reisen nicht gekannt, auch den ungewöhnlich frühen Einbruch des Winters nicht geahnt habe. Nachdem wir noch einmal alles versucht hatten, ihn zu seinem früheren Vorsatz zurückzubringen, erwiderte er mit einiger Wärme: »Nun wohl, ich habe alles gesagt, was ich kann, um Euch von dieser Dienstreise abzuhalten, welcher Ihr, wie es scheint, sowohl Euer eigenes Leben als das Eurer Begleiter aufopfern wollt; seid Ihr aber dennoch entschlossen, es zu tun, so will ich Euch einige von meinen jungen Männern mitgeben, damit man nicht sagen kann, wir hätten Euch allein sterben lassen, nachdem wir Euch bis hierher gebracht haben; doch von dem Augenblick an, da sie mit Euch die Boote besteigen, werde ich nebst meinen Verwandten sie als tot betrauern.«

Wir versicherten hierauf ihm und den ihn umgebenden Indianern, dass wir für das Wohl jedes Individuums die größte Sorge trügen und dass wir weit davon entfernt seien, ohne Erwägung aller Gründe für und wider die etwaige Gefahr, unsere Reise fortzusetzen. Auf jeden Fall sei es uns jedoch äußerst wünschenswert, den Fluss zu sehen, damit wir in unserem nächsten Schreiben an den Großen Häuptling über die Lage und Breite desselben einige bestimmte Nachrichten erteilen könnten; auch wünschten wir an den Ufern desselben eine, in wenigen Tagen eintretende Sonnenfinsternis zu beobachten. Dies hörte er gelassener an, als was ich vorhin sagte; doch versetzte er sogleich, die Indianer müssten jetzt für eine hinreichende Menge Hirschhäute für sich und die Kanadier sorgen und dergleichen Entschuldigungsgründe mehr. Da ich ihn von der weiteren Reise so abgeneigt fand, gleichwohl seine Anwesenheit nicht nur zu unserem künftigen Erfolg, sondern selbst zu unserer Existenz im Winter wesentlich erforderlich war, so brach ich hier das Gespräch ab, in der Absicht, ihm am folgenden Morgen einige Kürzungen unseres Plans vorzuschlagen. Kaum aber waren wir auseinander gegangen, als er gegen Herrn Wenzel, mit dem er vertraulicher zu sprechen pflegte, äußerte, weil doch sein Rat hintangesetzt würde, so sei seine Gegenwart nutzlos, und er wolle, sobald er noch einige Wintervorräte für uns zusammengebracht habe, mit seinen Jägern nach dem Fort Providence zurückkehren. Sobald Herr Wenzel mir dies wiedererzählt hatte, entschloss ich mich, wiewohl ungern, meine Absicht, noch in dieser Jahreszeit den Kupferminenfluss stromabwärts zu fahren, nunmehr aufzugeben – umso mehr, da meine Hoffnung, mehrere große, bereits oben erwähnte Zwecke noch in diesem Jahr zu erreichen, durch die neuerlichen Veränderungen der Witterung sehr gesunken war und wir auf unserem Vorsatz, noch in dieser Jahreszeit den Ozean zu erreichen, nicht beharren konnten, ohne einen völligen Bruch mit den Indianern zu wagen. Ich beschloss daher mit Zustimmung meiner Dienstgenossen, dass die Herren Back und Hood vorläufig, und zwar so bald wie möglich, in einem leichten Kanu abgehen sollten, um sich der Entfernung und Lage des Kupferminenflusses zu vergewissern. – Indessen hatten wir die Freude, unseren so lange vermissten Gefährten, Hepburn, den wir durch einige Jäger aufsuchen ließen, welche ihn glücklicherweise antrafen, wieder heimkehren zu sehen. Wirklich hatte er sich, wie wir vermuteten, im Nebel verirrt und sich während seiner Abwesenheit von Beeren und einem Rebhuhn, das er geschossen hatte, genährt; von einem Reh, das er erlegte, hatte er nur die Zunge gegessen und sich mit der Haut gegen Wind und Regen geschützt.

Akaitcho vernahm zu seiner Zufriedenheit die Veränderung unserer Beschlüsse und erklärte sich sogleich aus eigener Bewegung bereit, durch seine Jäger für die Sendung unserer beiden Gefährten Vorräte anschaffen zu lassen, seine Leute auch den beiden Reisenden als Pfadfinder mitzugeben. Auch erfuhren wir jetzt zum ersten Mal von ihm, dass vielleicht noch einige seiner Stammesgenossen am Kupferminenfluss weilten, von denen die Herren Back und Hood nebst ihren Begleitern Lebensmittel erhalten könnten. – Noch an demselben Abend kam Akaitcho zu uns ins Zelt und stellte mehrere sachgemäße Fragen über die neulich von uns gegen ihn erwähnte Sonnenfinsternis, die wir ihm, so gut wir es vermochten, zu erklären versuchten. Er ließ hierauf mehrere seiner Stammesgenossen hereinrufen und bat uns, das Gesagte in ihrer Gegenwart zu wiederholen. Alle waren im höchsten Grad erstaunt, zu vernehmen, dass wir den Zeitpunkt dieses Ereignisses angeben könnten, und äußerten: Dies sei ein klarer Beweis von der Überlegenheit der Weißen über die Indianer. Wir benutzten diese Gelegenheit, über das höchste Wesen und die Erfüllung ihrer Pflichten gegen dasselbe durch ein moralisch gutes Verhalten zu reden. Sie stimmten uns in allem, was wir sagten, bei, und Akaitcho versicherte uns, dass er und seine jungen Leute zum Dank für diese Mitteilungen sich aufs Äußerste anstrengen wollten, uns Lebensmittel zu verschaffen.

Mittlerweile hatten die von uns abgeschickten Männer die Indianer – deren Feuer wir, wie oben erwähnt ist, auf der Reise sahen – aufgefunden und einen Vorrat gedörrten Fleisches von ihnen erhalten; so waren wir jetzt imstande, die Herren Back und Hood mit dem Nötigsten auszustatten. Begleitet von St. Germain, acht Kanadiern und einem Indianer, schifften sie sich am 29. August, versehen mit Lebensmitteln auf acht Tage, wollenen Decken, zwei Zelten und einigen Instrumenten, in einem leichten Kanu ein. Herr Back, dem die Leitung des Ganzen übertragen war, wurde ermächtigt, falls das Wetter bei seiner Ankunft am Kupferminenfluss fortwährend gelinde und die Temperatur des Wassers nicht unter 40° sein sollte, den Fluss einige Tagesreisen weit stromabwärts zu fahren, im gegenteiligen Fall aber nach Einziehung der nötigen Nachrichten sogleich zu uns zurückzukehren.

Sobald das Kanu abgefahren war, machte sich Akaitcho mit seinen Indianern auf den Weg, uns die versprochenen Lebensmittel zu verschaffen; nur zwei Jäger ließ er zurück, um in unserer nahen Umgebung zu jagen, auch der Keskarrah und seine Familie blieben bei uns. – Unsere Fischer bauten sich eine Hütte am Wintersee, um ihrer Beschäftigung desto angelegentlicher nachzugehen. Der September begann mit sehr unangenehmem Wetter. Die Temperatur der Atmosphäre war in den ersten drei Tagen des Monats zwischen 39° und 31°, und die des Wassers im Fluss sank von 49° auf 44° herab. Mehrere Rentiere und ein großer Flug weißer Gänse zogen gegen Süden. Diese Umstände erregten bei uns Besorgnisse für unsere abwesenden Freunde. – Am 4. September begannen wir die Erbauung unseres Wohnhauses, verlegten aber am 6. unser Zelt einstweilen auf den Gipfel eines drei Meilen entfernten Hügels, um die am folgenden Morgen eintretende Sonnenfinsternis zu beobachten; doch hinderte uns ein heftiges Schneegestöber, irgendetwas anderes wahrzunehmen, als dass das Thermometer, sowohl eine Viertelstunde vor ihrem Anfang als auch während ihrer Dauer und eine halbe Stunde nach ihrem Ende, beständig auf 30° stehen blieb; der Wind erhob sich weit stärker, und der Schnee fiel in größeren Flocken, gerade nach dem berechneten Anfang der Finsternis. Dies raue Wetter dauerte bis um drei Uhr nachmittags; dann ließ der Wind nach, und der Schnee verwandelte sich in Regen.

Da ich jetzt keine Beschäftigung hatte, entschloss ich mich, am 9. September mit Dr. Richardson und John Hepburn, begleitet von dem alten Keskarrah und einem Mann, der unsere Decken, Kochgerätschaften, Beile und etwas gedörrtes Fleisch trug, eine Flussreise an den Kupferminenfluss zu machen. Unser Pfadfinder führte uns über Hügel und durch Täler den geradesten nördlichen Weg. Mittags erreichten wir eine merkwürdige Anhöhe mit steilen Abhängen, den die Kupferindianer den Dogrib-Felsen nennen, an dessen östlicher Seite die gewöhnliche Kanufahrt vorübergeht und der unter 64°34'52" nördlicher Breite liegt. Wir nahmen den geraderen Weg westwärts desselben. Seitdem wir die Ufer des Winterflusses verließen, sahen wir nur wenige einzelne Baumgruppen; jenseits des Dogrib-Felsens aber verschwanden auch diese, und wir durchreisten eine ganz nackte Gegend. Als Keskarrah nachmittags ein Rentier schoss, das ganz mitzunehmen zu lästig gewesen wäre, lud er uns ein, das rohe Mark der Hinterbeine des Tieres zu essen, welches für eine große Leckerei gehalten wird. Die ganze Reisegesellschaft fand es sehr wohlschmeckend, außer mir; doch stimmte ich ihnen in der Folge, als ich meinen anfänglichen Ekel überwunden hatte, vollkommen bei. Nachts lagerten wir uns am Ufer eines kleinen Sees, der den Fuß einer Kette von Sandhügeln bespülte, die etwa dreihundert Fuß hoch war. Hier sahen wir vier alte Tannen, höchstens sieben Fuß hoch, deren Äste sich etwa zwölf Fuß weit ausbreiteten und aus denen wir uns ein Lager auf dem noch mit Schnee bedeckten Boden bereiten wollten, als unser Führer uns inständig bat, die Äste eines Baumes zu schonen, der lange schon seinen Landsleuten nützlich gewesen sei, und uns mit einigen kleineren Zweigen zu begnügen. Doch auch diese ließen wir jetzt unberührt und behalfen uns mit den Zweigen einer Zwergbirke, auf denen wir nach einer Abendmahlzeit von Rentierfleisch ruhig schliefen. Das Thermometer stand bei Sonnenuntergang auf 29°.

Am folgenden Morgen ging die Reise nordwärts, jedoch auf einem Umweg um zwei Landseen. Auch mussten wir zwei Ströme durchwaten, welches uns, nachdem wir tüchtig durchnässt waren, die Lust nahm, haltzumachen. Doch waren wir dazu genötigt, weil unser Führer, ohne uns zu fragen, einem Trupp Rentiere nachjagte, wovon er eines schoss, die Haut an einem Felsen ausbreitete und das Fleisch unter einem Stein verbarg, um es bei der Rückkehr mitzunehmen. Nachdem wir fortwährend ein unfruchtbares, bloß mit einigen verkrüppelten Birken spärlich bewachsenes Land durchwandert hatten, zeigte uns Keskarrah am vierten Tag in der Ferne den Kupferminenfluss, dem wir mit möglichster Geschwindigkeit zueilten. Gegen Mittag erreichten wir wirklich einen

Arm des Point Lake, der eine Ausdehnung des Kupferminenflusses ist und unter 65°9'16" nördlicher Breite liegt. Das östliche Ufer desselben entlangwandernd, fanden wir sein Bett tief und das Ufer selbst hoch, felsig und mit Gruppen von Pechtannen bewachsen. Die Wahrnehmung dieses letzteren Umstands war uns sehr wichtig. Die Temperatur der Oberfläche des Wassers war 41°, die der Luft 43°. Zu sehr gelegener Zeit schossen wir einige Enten *(Anas hyperborea)*, die unserem fast erschöpften Mundvorrat einen erwünschten und wohlschmeckenden Zuwachs gewährten. – Die Hügel in dieser Gegend sind höher als die beim Fort Enterprise; doch sind sie, so wie jene, vereinzelt, und jedes Tal enthält einen kleinen See oder einen Sumpf. An den Ufern derjenigen von diesen kleinen Landseen, die mit dem Kupferminenfluss verbunden sind, wachsen einzelne Gruppen von Pechtannen.

Ein anhaltendes Schneegestöber hinderte uns (am 13. September), vor neun Uhr morgens unser Lager zu verlassen. Um jene Stunde traten wir den Rückweg nach unserem bestimmten Winteraufenthalt an, den ich von nun an *Fort Enterprise* nennen werde – der Name, den wir unserer bereits sehr weit im Bau vorgerückten befestigten Wohnung am Wintersee beigelegt hatten. Wir nahmen einen von dem Hinweg etwas verschiedenen Rückweg und hielten uns ostwärts der Kette von Landseen. Das Wetter wurde sehr unangenehm. Es wehte ein kalter Nordwind mit Schnee und Schloßen, und die Temperatur fiel bald von 43° bis zu 34°, sodass die Kleider uns auf dem Leib gefroren. Das Thermometer stand nachmittags auf 16°; wir fanden glücklich den Fleck wieder, wo Keskarrah sein Rentierfleisch versteckt hatte, und ließen

Die Gegend um Fort Enterprise

es uns wohlschmecken. – Als eben unsere Lebensmittel beinahe verzehrt waren, erreichten wir zu rechter Zeit das Fort Enterprise, wo wir unsere Gefährten, die Herren Back und Hood, bereits wieder vorfanden, die am Tag nach unserem Aufbruch zurückgekommen waren. Sie statteten von ihrer Fahrt einen Bericht ab, der folgenden wesentlichen Inhalts war.

Den Winterfluss stromaufwärts erreichten sie das nördliche Ende des Mardersees, wo sie auf den Rat ihres Pfadfinders das Kanu zurückließen. Sie erstiegen den höchsten Hügel in der Umgebung, um zu untersuchen, ob sie große Landseen oder Wasserverbindungen in der Richtung des Kupferminenflusses wahrnehmen könnten. Doch sahen sie nur ein kleines Flüsschen, selbst für Kanus zu seicht, und setzten daher zu Fuß ihre Reise fort. – Sie erreichten am 1. September die Ufer des Point Lakes, welchen der Kupferminenfluss durchströmt, und gingen längs derselben westwärts um ein Vorgebirge; auf dessen Gipfel nahmen sie wahr, dass der See sich nach Westnordwest erstreckte. Die Temperatur des Wassers im See war 35° und die der Luft 32°; doch war die der Letzteren in der Nacht vom 3. auf 20° gefallen. Da ihr Hauptzweck war, sich zu vergewissern, ob noch irgendein anderer Arm des Sees sich näher an das Fort Enterprise erstrecke, auf welchem wir im nächsten Frühling unser Gepäck transportieren könnten, so wandten sie sich am Ufer desselben entlang wieder nach Osten, da ihnen die Außenseite der Berge zwischen Süden und Westen die Überzeugung gab, dass in dieser Richtung keine weitere Untersuchung nötig sei. Sie setzten diese Wanderung bis zum Mittag des 6. September fort, ohne zu finden, dass irgendein Teil des Sees sich dem Fort weiter nähere. Da nun das heftige Schneegestöber, das unsere Beobachtung der Sonnenfinsternis gehindert hatte, auch *ihren* weiteren Forschungen nachteilig war, eilten sie zu ihrem Kanu und erreichten am 10. nach einer beschwerlichen Reise unsere Winterbehausung.

Die Breite des Point Lakes wechselte – soweit sie diese erforschten – zwischen einer und drei Meilen; seine Hauptströmung ging von Osten nach Westen; doch ergoss er sich in mehrere Arme nach verschiedenen Richtungen. Die Wegstrecke, welche die Reisenden auf ihrem Streifzug zum Point Lake zurückgelegt hatten, betrug, den Rückweg mitgerechnet, hundertzehn Meilen.

6. Kapitel

Aufenthalt in dem von den Reisenden neu erbauten Fort Enterprise am Wintersee – Herrn Backs Reise nach Chipewyan

Während unserer kleinen vorläufigen Expedition zum Kupferminenfluss hatte Herr Wenzel die Erbauung unseres Winterhauses so sehr gefördert, dass es schon großenteils unter Dach war; und schon wollten wir es am 30. September zu unserer Aufnahme bereit machen, als ein heftiger Regen den Lehm großenteils abspülte. Dieser Regen wurde von den Indianern in jener Jahreszeit als etwas Ungewöhnliches betrachtet. Die mittlere Temperatur des Septembers war 33 ¼°; allein das Thermometer war bis auf 16° gesunken und ein einziges Mal bis auf 53° gestiegen.

Unsere Leute waren größtenteils bei der Erbauung des Hauses, zwei andere beim Fischen und einige mit dem Abholen des von den Jägern erlegten Wildes beschäftigt. – Gegen Ende des Monats begannen die Rentiere, die unfruchtbaren Gegenden zu verlassen, und kamen auf dem Weg zu den Wäldern in die Nähe unseres Hauses; auch hatten die Jäger großen Erfolg auf ihren Jagdzügen. – Derweil wurde es in unseren Zelten äußerst kalt, obwohl wir vor diesen beständig Feuer unterhielten und uns gegen die scharfen Winde eine Schutzwehr von Tannenzweigen bereiteten. Sehr froh waren wir daher, als am 6. Oktober unser Haus so weit fertig war, dass wir unsere Zelt abbrechen und es beziehen konnten. Es war bloß aus übereinander gelegten Balken erbaut, fünfzig Fuß lang, vierundzwanzig Fuß breit, und enthielt einen Saal, ein Schlafzimmer und eine Küche. Dach und Mauern waren mit Ton bestrichen, die Fußböden mit roh bearbeiteten Dielen belegt, und die Fensterscheiben waren statt aus Glas von Pergament aus Hirschhäuten verfertigt. Der Ton, der wegen der kalten Witterung am Feuer mit heißem Wasser gemischt werden musste, fror während des Anstreichens und bekam in der Folge so viele Risse, dass der Wind allenthalben durchzog: Gleichwohl schien uns das neue Haus im Vergleich mit den Zelten sehr gemütlich, und nachdem wir unseren geräumigen, aus Ton erbauten Kamin mit Scheitholz gefüllt hatten, verbrachten wir einen fröhlichen Abend am wärmenden Feuer. Allmählich versahen unsere Arbeiter, die sich nicht nur als gute Zimmerleute, sondern auch als Tischler bewährten, unser Haus mit Stühlen, Bettstelle und einem Tisch.

Als am 7. die Mittagssonne die leichte Schneedecke in der Umgebung unseres Hauses schmolz, zog dies so große Herden von Rentieren herbei, dass ich morgens am 10. auf einem kurzen Spaziergang mehr als zweitausend dieser Tiere zählte, die in Gruppen von zehn bis hundert umherstreiften. Die weiblichen Rentiere, die in dieser Jahreszeit schlanker und gewandter sind als die männlichen, pflegen gewöhnlich den Trupp anzuführen. Die Hörner der Rentiere, die in der Mitte des Augusts noch sehr klein und zart sind, haben im Oktober ihre gehörige Größe erreicht und verlieren ihre haarige Umhüllung. Die Größe der Hörner ist nicht nur nach dem Geschlecht und Alter, sondern auch im Ganzen so verschieden, dass sie nie bei zwei Rentieren völlig gleich ist. Die alten männlichen Rentiere wechseln sie am Ende des Dezembers, die weiblichen behalten sie, bis das Verschwinden des Schnees sie in den Stand setzt, die unfruchtbaren Gründe zu besuchen; das pflegt ungefähr um die Mitte oder am Ende des Maimonats der Fall zu sein, dann ziehen sie sich an die Seeküste zurück und werfen ihre Jungen. Die männlichen und weiblichen Jungen verlieren ihre Hörner fast zu gleicher Zeit, einige schon im April. Die Haare des Rentiers fallen im Juli aus; beim Herannahen des Winters wird das neue Haar länger und dichter und beginnt im Mai, sich wieder zu lösen. Die Indianer verfertigen ihre Kleider aus den Rentierfellen, die sie sich im Herbst, wenn das Haar kurz ist, verschafft haben. Im Juli und August ziehen sich die Rentiere von der Seeküste zurück, weilen bis zum Oktober auf dürrem Boden und suchen während des Winters Schutz in den Wäldern. Oft statten sie, wenn einige schöne Wintertage eintreten, ihrem gewohnten Lager in unbelaubten Gegenden einen vorübergehenden Besuch ab; allein ihre Hauptbewegung gegen Norden beginnt am Ende des Aprils, wenn der Schnee an den Abhängen der Hügel zu schmelzen beginnt, und Anfang Mai, wenn große Landstrecken von Schnee entblößt sind, ziehen sie an die Ufer des Kupferminenflusses. Auch in dieser Frühlingswanderung sind die Weibchen die Anführerinnen und werfen ihre Jungen an der Seeküste Ende Mai oder Anfang Juni. Es gibt gewisse Pässe, welche die Rentiere auf ihren Hin- und Herwanderungen zu und von der Küste unwandelbar durchziehen und die den Indianern genau bekannt sind. Übrigens hat man bemerkt, dass sie allemal gegen den Wind anstreben. Ihre Hauptnahrung sind Moosarten, namentlich die *Cetraria nivalis* und *cucullate, Cenomyce rangiferina, Cornicularia ochrileuca;* auch fressen sie das Heu und dürre Gras, das sich im Herbst in sumpfigen Gegenden findet. Auch pflegen sie die ihnen abgefallenen Geweihe zu benagen und sollen sogar Mäuse verschlingen. – Ein ausgewachsenes, auf dürrem Boden gefallenes Rentier wiegt, ohne die Eingeweide, neunzig bis hundertdreißig Pfund. Doch gibt es eine weit größere Gattung von Rentieren in den waldigen Teilen des Landes, die zweihundert bis zweihundertundvierzig Pfund wiegt und niemals die Wälder verlässt. – Ganze Trupps von Wölfen verfolgen die Rentiere auf ihren Wanderungen und vernichten sehr viele von ihnen. Die Kupferindianer erlegen die Rentiere im Sommer mit Flinten oder schließen sie auf einer Landspitze ein, treiben sie auch wohl in einen Landsee, wo sie eine leichte Beute sind. In der Brunstzeit und im Frühling, wo sie sich an den Rändern der Wälder in großer Anzahl aufhalten, fangen sie sie mit Schlingen. – Die Kupferindianer haben bemerkt, dass ein weißer Anzug sie anlockt, und benutzen diese Entdeckung. Die Dogrib-Indianer bedienen sich noch einer anderen, sehr einfachen Methode. Die Jäger gehen nämlich paarweise; der Vorangehende trägt in einer Hand das Geweih und einen Teil der Haut eines Rentiers und in der anderen ein kleines Bündel von Zweigen, an welchen er von Zeit zu Zeit das Geweih reibt und so die dieser Tiergattung eigene Bewegung nachahmt. Sein Gefährte folgt ihm, die getäuschten Tiere lassen sie ruhig herannahen, sammeln sich in Haufen um sie her und werden in großer Anzahl ihre Beute.

Mitte Oktober wurde es so kalt, dass alle Landseen in der Umgebung unseres Hauses gänzlich und der Fluss zum Teil zugefroren waren und die Rentiere nach Süden zogen. Auch würde ihr längeres Verweilen in der Umgebung für uns von wenig Nutzen gewesen sein, da unsere Munition fast gänzlich erschöpft war, so spärlich wir auch damit umgingen. Doch hatten wir in unserem Vorratshaus bereits das Fleisch von hundert Rentieren gelagert und das Fleisch von achtzig anderen in verschiedenen Entfernungen vom Haus vergraben. Da nämlich unsere Leute sich notwendig damit beschäftigen mussten, vor dem Eintritt der heftigen Kälte auch für sich ein Haus zu bauen, fehlte es ihnen an Zeit, es zur Aufbewahrung im Magazin vorzubereiten. Vielmehr mussten wir uns die gewöhnliche Methode gefallen lassen, es mit schweren Steinen bedeckt in der Umgebung zu vergraben, um es vor den Wölfen zu schützen, die es jedoch trotzdem manchmal auffinden.

Um von den Niederlassungen am Sklavensee neue Vorräte an unentbehrlichen Gegenständen herbeizuholen, auch die Ankunft derjenigen, die wir von Cumberland House erwarteten, zu fördern, reisten am 18. Oktober die Herren Back und Wenzel, begleitet von zwei Dolmetschern und zwei Indianern nebst deren Weibern, nach dem Fort Providence ab. Auch hatte Herr Back es übernommen, nötigenfalls nach Chipewyan zu gehen. Munition, Tabak (hauptsächlich für die Kanadier), wollene Decken, Tuch und Eisengeräte waren die vornehmlich benötigten Gegenstände. Bei dieser Gelegenheit sandte ich überdies meine Berichte an die uns vorgesetzten Oberbehörden nach England ab.

Gegen Ende des Monats vollendeten und bezogen unsere Leute ihre Wohnung. Sie war dreizehn Fuß lang, achtzehn Fuß breit, in zwei Zimmer abgeteilt und bildete einen rechten Winkel mit der Wohnung der Beamten; und zwar so, dass es mit diesem Gebäude und dem Vorratshaus drei Seiten eines Vierecks darbot. – Zu unserer nicht geringen Unbequemlichkeit traf am 26. Oktober Akaitcho mit seinen Leuten bei uns ein, weil bei dem

Abzug der Rentiere für diese Jahreszeit die Jagd in der Umgebung ihres bisherigen Aufenthalts beendigt war und der Mangel an Munition uns außerstande setzte, sie zum Jagen in den Wäldern auszurüsten. Obwohl sie sonst gewohnt sind, einen großen Teil des Jahres sich ihren Unterhalt durch Fischen oder durch Fangen des Wildes in Schlingen ohne Hilfe des Feuergewehrs zu erwerben, so fühlten sie sich doch, wegen ihres natürlichen Hangs zur Bequemlichkeit, hierzu nicht geneigt, solange noch unser Vorratshaus gut versehen zu sein schien. – Das Thermometer stieg im Fort Enterprise während des Oktobers nie über 37° und fiel nie unter 5°; die mittlere Temperatur für diesen Monat war 23°.

Anfang Oktober waren einige Leute nach Westen abgesandt worden, um Birken aufzusuchen, woraus Gestelle für Schneeschuhe verfertigt werden konnten, und bei ihrer Rückkehr wurden unsere Indianerinnen darangesetzt, die Gestelle mit Netzwerk zu umflechten und Leder zur Winterbekleidung für die Männer zu bereiten. Auch verfertigten sie uns Röcke von Rentierfellen für diejenigen, die mit auf die Reise gehen sollten, da sie weit leichter und wärmer und überall besser zur Winterbekleidung in diesem Klima sind als wollene Decken; dagegen sind sie im Sommer unbrauchbar, weil die geringste Nässe die Häute verdirbt und das Abfallen des Haars veranlasst. Zu einem Rock sind die Felle von sieben Rentieren erforderlich; die besten Kleidungsstücke macht man aus den Fellen ganz junger Tiere.

Unsere Fischerei, die wir des eingetretenen Frostes wegen am 5. Oktober aufgeben mussten, hatte uns etwa tausendzweihundert Weißfische, jeden von zwei bis drei Pfund, verschafft. Auch gibt es noch eine Gattung von

Lachsen im Wintersee; ferner Äschen, Rundfische, Forellen, Hechte, Methyes und Rotkarpfen, die mitunter ebenfalls gefangen wurden. Es ist bemerkenswert, dass die Fische, sobald sie aus dem Netz genommen wurden, in kurzer Zeit zu einer festen Eismasse gefroren, sodass sie durch einen oder zwei Schläge mit der Axt aufgespalten und die Eingeweide in einem Stück herausgenommen werden konnten. Wenn sie im vollkommen gefrorenen Zustand am Feuer auftauten, kehrte die Lebenskraft zurück, insbesondere bei den Karpfen, die, nachdem sie sechsunddreißig Stunden gefroren waren, am Feuer wieder ganz munter wurden. – Vom 12. bis zum 16. Oktober hatten wir schönes, nach Verhältnis der Jahreszeit sehr warmes Wetter, sodass die Rentiere zur großen Verwunderung der Indianer in der Umgebung unseres Hauses wieder erschienen.

Am 23. erhielten wir von der Ankunft unserer Gefährten im Fort Providence durch die Rückkehr eines von den ihnen mitgegebenen Dolmetschern Nachricht, nebst Briefen aus England, die über Kanada eingetroffen und durch die Kanus der Nordwest-Kompanie an den Sklavensee befördert worden waren. – Weniger glücklich waren wir in Hinsicht unserer von der York Factory erwarteten Vorräte, wovon, wie der Bericht sagte, der wesentliche Teil von den Agenten der Nordwest-Kompanie unterwegs aus unzureichenden Gründen zurückgelassen worden war. Sehr angenehm war dagegen die Kunde von der Ankunft zweier Eskimos, die uns als Dolmetscher dienen sollten und am Sklavensee im Begriff waren, zu uns zu stoßen.

Die erhaltenen englischen Briefe setzten uns in Kenntnis von dem Ableben König Georgs III. und der Proklamation Georgs IV. Wir verheimlichten diese

Nachricht vor den Indianern, aus Furcht, der Tod ihres *Großen Vaters* möchte bei ihnen die Annahme erwecken, dass wir jetzt unfähig seien, die ihnen gemachten Versprechungen zu erfüllen. Allein die am folgenden Tag erfolgte Ankunft der mit dem Dolmetscher vom Fort Providence abgegangenen Indianer benachrichtigte ihren Häuptling nicht nur von den Dingen, die wir vor ihm geheim halten wollten, namentlich unsere schlechten Aussichten auf den Empfang der nötigen Vorräte. Vielmehr versicherten sie ihm auch, von dem Vorsteher des Forts Providence gehört zu haben, wir seien keineswegs Beamte eines großen Königs, sondern abhängige, elende Menschen, die keinen anderen Zweck hätten, als in dem fruchtbaren Land der Kupferindianer Lebensmittel zu erlangen. Zwar hätten die Handelskompanien uns aus Mitleid mit einigen Artikeln versehen; allein es sei nicht die geringste Wahrscheinlichkeit vorhanden, dass wir die Indianer, wenn ihre Dienstzeit verflossen sei, würden belohnen können. Akaitcho, den seine gesunde Vernunft augenblicklich die Fadenscheinigkeit dieser Nachrichten hatte erkennen lassen, teilte sie uns sofort mit. Ich machte ihm hierauf klar, dass Herr Wenzel, mit dem sie so lange schon in Verkehr standen, den Kredit seiner Kompanie für die Erfüllung der ihnen bewilligten Bedingungen verpfändet habe und dass solche zum Teil bereits bewerkstelligt worden seien, da die von Akaitcho und seinen Stammesgenossen bei der Nordwest-Kompanie kontrahierten Schulden versprochenermaßen getilgt seien. Auch erinnerte ich ihn daran, dass die auf unser Verlangen mit großen Kosten bewirkte Ankunft der beiden Eskimos unsere Pläne für die Zukunft bewiesen. Endlich versprach ich ihm, an den Vorsteher des Forts

Providence, Herrn Smith, zu schreiben und die nötigen Aufklärungen über jene Gerüchte von ihm zu verlangen. Zwar schien es, dass die Indianer durch diese Mitteilungen überzeugt wurden; gleichwohl brachte in der Folge die Verbreitung der erwähnten Gerüchte uns und dem Fortgang der Expedition großen Nachteil. Da mir überdies Herr Back in seinem Schreiben meldete, dass die Nordwest-Kompanie keine günstige Gesinnungen für uns hege und einer ihrer Agenten, Herr Weeks, geäußert habe, er sei beauftragt worden, uns von seinem Posten keine Vorräte zukommen zu lassen, so verursachte mir dies alles großen Unmut.

Am 28. zog unser Dolmetscher St. Germain mit acht Kanadiern und vier indianischen Jägern aus, um unsere Vorräte aus dem Fort Providence abzuholen; auch schickte ich eine Anzahl zerbrochener Äxte an den Sklavensee, damit sie ausgebessert wurden. – Die mittlere Temperatur der Luft war im November 7°. Die größte Wärme war 25° über und die geringste 31° unter null gewesen. – Nachdem ich hundert Kugeln vom Fort Providence erhalten hatte, verteilte ich sie unter die Indianer und benachrichtigte zu gleicher Zeit ihren Häuptling, dass der Aufenthalt einer so großen Menschenzahl wie die seiner Stammesgenossen, die sich mit Frauen und Kindern auf vierzig Seelen belief, unseren Vorrat an Lebensmitteln sehr angriffe. Er sah dies ein und versprach, sich zu entfernen, sobald seine Leute mit Schneeschuhen und Schlitten völlig versehen wären; doch blieb er noch bis zum 10. Dezember, als er uns nach Empfang eines Fischnetzes und aller unserer Munition verließ. Doch ließ er seine bejahrte Mutter und zwei Weibspersonen zurück, mit der Bitte, die Erstere, wenn sie stürbe, in einiger Entfernung vom Fort begraben zu lassen, damit er, wenn er uns besuche, nicht an ihren Verlust erinnert werde. Auch der Pfadfinder Keskarrah – zu alt, um zu jagen, und genötigt, sein Weib, die an einem alten Geschwür im Gesicht litt, zu verpflegen – blieb mit Weib und Tochter bei uns.

Die Letztere wurde von ihrem ganzen Stamm für eine Schönheit gehalten. Herr Hood zeichnete von ihr eine sehr ähnliche Abbildung, obgleich ihre Mutter es ungern sah, aus Furcht, ihr Bildnis möchte dem Großen Häuptling in England, wenn es ihm übersandt würde, Verlangen nach dem Original einflößen. Das junge Frauenzimmer ließ sich jedoch durch keine solche Furcht abschrecken. Obwohl sie noch nicht sechzehn Jahre alt war, hatte sie doch schon zwei Männer gehabt.[3]

In diesem Monat herrschte die größte Kälte, die wir in Amerika je erlebt hatten. Das Thermometer sank einmal bis auf 57° unter null und erhob sich niemals höher als 6° über null; die mittlere Temperatur war in diesem Monat 29,7°. Während dieser heftigen Kälte war jedoch die Atmosphäre durchgehend ruhig; daher konnten die Holzfäller und andere ihren gewöhnlichen Beschäftigungen nachgehen, ohne außerordentliche Vorsichtsmaßregeln

3 War es die Indignation eines Kavaliers über die einfallslose Bezeichnung einer schönen Frau oder der Pragmatismus eines Redakteurs bei der notwendigen Kürzung eines langen Textes? Jedenfalls wurde 1823 an dieser Stelle der Nebensatz ausgelassen: »[…], die wir im Hinblick auf ihre Bekleidung Grünstrumpf nannten, […]«. Erst spätere Wortkunst sollte der attraktiven Indianerin ihren Namen wiedergeben und ihr wie zur Wiedergutmachung eine Liebesgeschichte andichten: zunächst Eleanor Anne Porden mit der *Weise des treuen Eskimo-Mädchens* (1823), dann Sten Nadolny in *Die Entdeckung der Langsamkeit* (1983) und zuletzt Rudy Wiebe in *Land jenseits der Stimmen* (1994). [Anmerkung des Herausgebers]

Keskarrah und seine Tochter

zu treffen, und empfanden dennoch nicht die mindesten üblen Wirkungen davon. In anderer Hinsicht hatte jedoch die Kälte große Nachteile für uns. Die Bäume froren bis zum Mittelpunkt des Stammes und wurden steinhart, sodass man sie nur mit großer Schwierigkeit fällen konnte und täglich einige Äxte dabei zerbrochen wurden.

Das Thermometer, das in unserem Schlafzimmer nur sechzehn Fuß weit vom Feuer hing, stand selbst am Tage bisweilen auf 15° unter null, mehr als einmal aber vor dem Anzünden des Feuers am Morgen auf 40° unter null. Gleichwohl blieb der Wasserfall im Fluss, selbst in der strengsten Kälte, offen. Seine Temperatur hatte 32°. In diesem Monat zeigte sich die Sonne nur drei Stunden des Tages und gewährte uns wenig Wärme oder Licht. Erst um halb zwölf Uhr vormittags blickte sie über eine kleine Hügelkette, dem Haus gegenüber, hervor und ging schon um halb drei Uhr nachmittags am Horizont unter. – Das Nordlicht zeigte sich an achtundzwanzig Abenden in diesem Monat mit mehr oder minderem Glanz; auch entzückte uns der besonders schöne Schein des Mondes, der viele Tage lang seinen Kreislauf mit unvermindertem Glanz am Himmelsbogen vollendet, ohne während vierundzwanzig Stunden vom Horizont zu verschwinden. Viele Nächte bemerkten wir einen Ring um den Mond, obgleich die Sterne sehr hell schienen und die Atmosphäre sehr heiter war. Auch um die Lichter, selbst in unseren Schlafzimmern, nahmen wir einen Ring wahr, der sich zu vergrößern schien, sowie der Beobachter sich vom Licht zurückzog. Diese Ringe, sowohl um den Mond wie um die Lichter, zeigten mitunter einige, wiewohl nur schwache prismatische Farben.

Es wird hier nicht der unrechte Ort sein, dem Leser unsere gewöhnliche Lebensweise in dieser Jahreszeit zu beschreiben. Einen großen Teil des Tages verwandten wir auf die Niederschreibung unserer Tagebücher. Einige Zeitungen und andere Journale, die wir mit unseren Briefen aus England erhalten hatten, wurden gelesen, wieder gelesen und bei unseren Mahlzeiten kommentiert. Bisweilen besuchten wir unsere Arbeiter im Wald oder machten einen Spaziergang am Fluss. Die Abende brachten wir mit unseren Leuten in der Halle zu und nahmen an ihren Spielen teil; kurz, nie wurde uns die Zeit lang; überdies hatte jeder von uns seine eigentümlichen Beschäftigungen. Ich berechnete aufs Neue die auf unserer Reise gemachten Beobachtungen; Herr Hood überarbeitete seine Karten und Zeichnungen. Jeder von uns brachte besonders seine Beobachtungen über das Nordlicht und Dr. Richardson seine naturhistorischen

Bemerkungen zu Papier. Der Sonntag war allemal ein Ruhetag; jeder zog sein bestes Kleid an, und es wurde Gottesdienst gehalten, dem die Kanadier mit großer Andacht beiwohnten, obwohl sie sämtlich Katholiken und mit der Sprache, in welcher die Gebete vorgelesen wurden, nur wenig bekannt waren; doch wurde das Vaterunser nebst den Glaubensartikeln ihnen in ihrer gewöhnlichen (der französischen) Sprache besonders vorgelesen.

Unsere Nahrungsmittel bestanden fast einzig aus Rentierfleisch, das zweimal in der Woche mit Fischen und bisweilen mit einer Mehlspeise abwechselte. Sonntags morgens tranken wir eine Tasse Schokolade; unsere größte Leckerei aber war Tee (ohne Zucker), den wir regelmäßig zweimal am Tag genossen. Aus Rentierfett und Streifen baumwollener Hemden verfertigten wir Lichter; und Hepburn erlangte große Geschicklichkeit in der Kunst, aus Holzasche, Fett und Salz Seife zu bereiten.

Unsere Leute bestrichen die Mauern unseres Hauses von außen mit einer dünnen Mischung von Ton und Wasser, die zu einer Eisrinde wurde, die auf einige Tage den Durchzug der Luft verhinderte; allein die Atmosphäre war in so hohem Grad trocken, dass das Eis in kurzer Zeit verdunstete, sodass der Wind nach wie vor durchziehen konnte. Es ist übrigens allgemeine Sitte in den Forts unter diesem Himmelsstrich, um Weihnachten die Häuser auf diese Weise zu bestreichen. Als der Anstrich vergangen war, versuchten wir, ihn durch angehäuften Schnee zu ersetzen.

Am 1. Januar 1821 versammelten sich morgens unsere Leute und wünschten uns Glück zum neuen Jahr. Um ihnen einen frohen Tag machen zu können, erwarteten wir noch heute die Ankunft unserer zur Abholung der nötigen Vorräte ausgesandten Reisegefährten, weil wir wussten, dass jeder Reisende in diesen Gegenden aufs Äußerste bestrebt ist, an diesem Tag irgendeinen Posten zu erreichen, um an den alsdann gewöhnlichen Festlichkeiten teilnehmen zu können. Doch wurden unsere Erwartungen nicht erfüllt, und ich sah mich daher genötigt, unsere Leute bloß durch eine Zugabe an etwas Mehl und Fett zu bewirten; freilich fehlte der Rum, sodass ich sie auf die Ankunft unserer Abgeordneten vertrösten musste.

Anfang Januar war das Wetter milde, das Thermometer stieg auf 20° über null, und es befremdete uns, einen Nebeldunst aufsteigen zu sehen, der sich sehr dem Regen nahte. Einige Indianer behaupteten sogar, dass es in dem waldigen Teil der Gegend wirklich geregnet habe. Auch sie waren über diese Erscheinung sehr erstaunt und erklärten, dies sei einer der wärmsten Winter, den sie je erlebt hätten. Gegen Ende des Monats fiel jedoch das Thermometer wieder auf 49° herab, und die mittlere Temperatur war 15,6°. Wegen der den Himmel verdunkelnden Nebel war das Nordlicht in diesem Monat nur in achtzehn Nächten sichtbar.

Endlich kamen am 15. Januar sieben unserer Leute vom Fort Providence zurück und brachten uns zwei Fässer Rum, eine Tonne Pulver, sechzig Pfund Kugeln, zwei Rollen Tabak und einige Kleidungsstücke. Sie waren einundzwanzig Tage vom Sklavensee unterwegs gewesen, und jeder hatte, außer seinem Bettgewand und Vorräten, sechzig bis neunzig Pfund tragen müssen. Zuallererst verteilten wir unter unseren Leuten die ihnen versprochene Quantität Rum, der jedoch gefroren war, und erst, nachdem er einige Zeit am Feuer gestanden hatte, den Grad der Flüssigkeit des Honigs erhielt. Nachdem die

Leute sich zurückgezogen hatten, zeigte mir einer von den sie begleitenden Indianern an, sie hätten unterwegs die Rumfässer aufgebrochen und zwei Tage mit Trinken verbracht. Da sie jedoch, überzeugt, dass die Sache nicht verheimlicht werden könnte, solche selbst gegen mich eingestanden und sich damit entschuldigten, dass ich ohnehin versprochen hätte, ihnen am Neujahrstag ein Quantum Rum zu spenden, so entließ ich sie mit ernstlicher Warnung für die Zukunft. – Die Munition nebst einem Geschenk an Rum wurde dem Häuptling Akaitcho übersandt.

Am 27. Januar traf Herr Wenzel mit St. Germain und den beiden Eskimo-Dolmetschern namens Tattannoeuck und Hoeootoerock bei uns ein. Statt dieser beider Namen, wovon der Erstere *Leib* und der Letztere *Ohr* bedeutet, hatte man sie im Fort Churchill *Augustus* und *Junius* genannt. Der Erstere sprach Englisch. – Wir vernahmen jetzt, dass Herr Back am 24. September nach dem Fort Chipewyan abgegangen war, um uns auch von dorther, wenn möglich, Vorräte zu beschaffen. – Vier Hunde, welche die Heimkehrenden uns mitbrachten, gewährten uns für den Rest des Winters eine große Hilfe.

Am 5. Februar schickte uns Akaitcho zwei Kanadier, um mehr Munition zu holen. Von ihnen vernahmen wir zu unserem großen Verdruss, dass Akaitcho neue, unangenehme Nachrichten über uns vom Fort Providence erhalten habe und seine Zuversicht auf unsere guten Absichten dadurch etwas gemindert sei. Er äußerte Unzufriedenheit über den ihm zugesandten Munitionsvorrat und beschuldigte uns der Absicht, ihn in den Augen seiner Stammesgenossen herabzuwürdigen; auch benachrichtigte er uns, dass Herr Weeks im Fort

Providence sich geweigert habe, einige Rechnungen für eine unbedeutende Menge Waren und Munition, welche die unsere Leute bis an den Sklavensee begleitenden Jäger erhalten hätten, zu bezahlen. Etwas Pulver und eine Anzahl Kugeln nebst einem Fass verdünnten Rum wurden ihm als Erwiderung seiner Sendung zurückgeschickt.

Am 12. Februar schickten wir noch sechs Mann nach dem Fort Providence ab, um die zurückgebliebenen Vorräte abzuholen; und St. Germain ging zu Akaitcho, mit dem Ersuchen, ihnen zwei von seinen Jägern mitzugeben.

Bei der Vergleichung der Sprache unserer beiden Eskimos mit einem Exemplar des Evangeliums St. Johannis, gedruckt zum Gebrauch der mährischen Missionsniederlassungen an der Küste Labradors, ergab es sich, dass die Eskimos, welche mit dem Fort Churchill Verkehr haben, im Wesentlichen mit denen an der Küste Labradors die gleiche Sprache reden. Auch die Red Knives (Rotmesser) bedienen sich des Wortes Teyma, welches in der Eskimo-Sprache eine freundschaftliche Anrede an Fremde bedeutet, deren auch Augustus und diejenigen seiner Stammesgenossen, welche die Mündung des Kupferminenflusses besuchen, sich bedienen. Der Stamm, dem Augustus angehörte, wohnt etwas nordwärts von Churchill. Im Frühling, bevor das Eis sich von den Küsten ablöst, erlegen sie Seehunde; im Winter aber besuchen sie die Ufer der großen Landseen in der Nähe der Meeresküste, wo sie fischen sowie Rentiere und Moschusochsen erlegen.

Dieser Stamm enthält vierundachtzig erwachsene Männer, von denen nur sieben bejahrt sind. Gewöhnlich haben die sechs Vornehmsten zwei Weiber, die Übrigen aber nur eins. Zwei Häuptlingen steht die Befugnis zu, über die

Tattannoeuck alias Augustus

Bewegungen des Stamms und die Verteilung der Lebensmittel zu verfügen. Die Unterhäuptlinge werden nur als Älteste betrachtet. Selten leiden sie Mangel an Lebensmitteln, wenn der Häuptling zur gewöhnlichen Jahreszeit den Aufenthaltswechsel anordnet. Die Eskimos scheinen bezüglich der Heiraten die orientalische Sitte zu befolgen. Sobald ein Mädchen geboren ist, geht der junge Mensch, der es zur Ehe zu haben wünscht, ins Zelt dessen Vaters und stellt sich ihm vor. Wird er angenommen, so erhält er ein Versprechen, das für bindend gehalten wird; und sobald das Mädchen mannbar ist, wird es ihm übergeben.

Die Eskimos glauben, dass ihre Voreltern vom Mond herabgekommen sind. Von einer Gottheit hatte unser Augustus bloß einige verwirrte im Fort Churchill erlangte Begriffe.

Wenn ein Stammesgenosse gefährlich krank ist, lässt man einen Beschwörer holen, dem sogleich bei seiner Ankunft ein Geschenk übersandt wird. Er schließt sich in dem Zelt mit dem Kranken ein, singt tagelang über ihn Gesänge, ohne Nahrung zu sich zu nehmen; doch wussten weder Augustus noch die übrigen Uneingeweihten irgendetwas von dem Sinn dieser Gesänge oder von dem Wesen, an welches sie gerichtet werden. Diese Beschwörer treiben allerlei Taschenspielerkünste, verschlucken Messer, schießen sich Kugeln durch den Leib und dergleichen, halten sich aber meistens von dem Anblick der Übrigen entfernt. Augustus versicherte uns, dass es in seinem Stamm sechzehn Männer und drei Weiber gebe, die in die Geheimnisse dieser Kunst eingeweiht seien.

Als unserem Augustus die Landkarte vorgelegt wurde, wusste er sogleich die Hauptpunkte seines Geburtslandes und dessen Umgebungen aufzufinden. – Die Winterwohnungen der mit dem Fort Churchill in Verbindung stehenden Eskimos sind aus Schnee erbaut, und nach derjenigen zu urteilen, welche Augustus im Fort Enterprise aufführte, müssen sie sehr bequem sein.

Um diese Zeit wurden verschiedene Rentiere neben unserem Haus erlegt, auch erhielten wir einige Vorräte von Akaitcho. Mehrere unserer Leute waren beschäftigt, das zu Beginn des Winters an verschiedenen Stellen

Der weiße Wolf

vergrabene Rentierfleisch aufzusuchen; allein mehr als die Hälfte war von den Wölfen verzehrt, was uns bei unseren ohnehin spärlichen Vorräten fürchten ließ, dass wir Mangel leiden würden, bevor die Rentiere in einer bedeutenden Anzahl in unsere Nähe kämen. Denn schon hatten wir unsere täglichen Rationen an Rentierfleisch von acht auf fünf Pfund herabsetzen müssen.

Nachts schlichen viele Wölfe um unser Haus und wagten sich sogar auf das Dach unseres niedrigen Küchengebäudes. Keskarrah schoss einen großen weißen Wolf, von dem Herr Hood eine sehr genaue Abbildung entwarf.

Im Februar war die Temperatur weit niedriger als im vorhergehenden Monat; die höchste war 1° unter null und die niedrigste 51° unter null.

Am 5. März kehrten unsere an den Sklavensee abgegangenen Leute mit dem Rest unserer Vorräte zurück, die aus einer Tonne Mehl, sechsunddreißig Pfund Zucker, einer Rolle Tabak und außerdem noch vierzig Pfund von dem gleichen Artikel bestanden. Auch erhielt ich ein Schreiben von dem Vorsteher des Forts Providence, Herrn Weeks, worin er leugnete, jemals nachteilige Gerüchte über uns verbreitet zu haben; er fügte hinzu, er habe alles, was in seinen Kräften gewesen sei, getan, uns beizustehen; selbst dem Häuptling Akaitcho habe er abgeraten, uns zu verlassen, als dieser ihn wissen ließ, dass er es zu tun wünsche, falls er sich darauf verlassen könne, im Fort Providence gut aufgenommen zu werden. Wir teilten den Inhalt dieses Schreibens den Indianern mit; doch blieb derjenige, welcher jene Gerüchte von Herrn Weeks gehört haben wollte, bei seiner Behauptung. Übrigens schien es, als ob Akaitcho jetzt keinen Verdacht gegen uns hegte.

Am 12. März schickten wir abermals vier Mann nach dem Fort Providence ab, und am 17. kehrte Herr Back von seiner mehr als tausend Meilen betragenden Fußreise nach dem Fort Chipewyan zurück. Er hatte über Providence, Moose Island (Elchinsel), den See Athabasca und den Sklavenfluss nach zehntägiger, äußerst beschwerlicher Reise das Fort Chipewyan erreicht, dort fünf Wochen geweilt, die Sendung neuer Vorräte möglichst gefördert, und – begleitet von vier Schlitten, beladen mit Bedürfnissen für die Expedition, wovon die Nordwest-Kompanie vier Fünftel, die Hudson-Bay-Kompanie hingegen nur ein Fünftel geliefert hatte – den Rückweg angetreten, in allem aber elfhundertvier Meilen auf Schneeschuhen zurückgelegt und in einer Kälte von 40° bis zu 57° die Nächte im Freien, bloß bedeckt mit einer wollenen Decke und einem Rentierfell, zugebracht, dabei auch manchmal zwei bis drei Tage Hunger gelitten.

7. Kapitel

Schilderung der Kupferindianer – Vorbereitungen zur weiteren nördlichen Reise

Die Kupferindianer, von den Chipewyans *Tantsawhot-dinneh* oder Birkenrindenindianer genannt, sind, ihrer eigenen Angabe nach, mit den Letzteren dem gleichen Volksstamm entsprossen und bewohnten früher das südliche Ufer des Großen Sklavensees. Ihre Sprache, ihre mündlichen Überlieferungen und Gewohnheiten sind denen der Chipewyans vollkommen gleich; doch ihr Volkscharakter ist dem der Letzteren weit vorzuziehen – eine Tatsache, die wahrscheinlich örtlichen Ursachen und vielleicht dem Umstand zuzuschreiben ist, dass sie sich ihre Lebensmittel leichter und in größerer Fülle verschaffen können. Zwar haben sie für das weibliche Geschlecht ebenso wenig Achtung wie die Chipewyans und betrachten es als eine Art von Eigentum, das der Stärkere dem Schwächeren wegnehmen kann, wenn ein gerechter Grund zum Streit vorhanden ist und die Streitenden von gleichem Volksstamm sind, oder das, sind sie verschiedenen Stammes, die Beute des Stärkeren ist, wo die Parteien auch immer sich treffen mögen. Allein die Kupferindianer beweisen doch im Ganzen den Weibern größere Zuneigung und leben glücklich mit ihren Gattinnen, sodass diese mit ihrem Los zufrieden sind. Von ihrem Wohlwollen gegen Fremde können wir aus Erfahrung sprechen. Ihre Liebe zum Eigentum, ihr Bedacht auf ihren Vorteil und ihre Besorgnisse für die Zukunft machen sie freilich bisweilen ungestüm und unzuverlässig; allein die uns in großen Nöten mit vielem Zartgefühl bewiesene Aufmerksamkeit ist unserem Gedächtnis untilgbar eingeprägt. – Über ihre Begriffe von einer Gottheit oder einem künftigen Zustand der Dinge konnten wir nie befriedigende Nachrichten erlangen – vielleicht weil sie fürchteten, durch Mitteilung ihrer Meinungen in unseren Augen lächerlich zu werden. Auch Akaitcho wich unseren Fragen über diesen Gegenstand gewöhnlich aus, äußerte aber großes Verlangen, von uns etwas darüber zu lernen, und wohnte unserem Gottesdienst im Fort Enterprise regelmäßig und mit äußerst anständigem Benehmen bei. Einzig der alte Keskarrah erklärte unverhohlen, dass er an keine Gottheit glaube, da er nun schon so alt geworden sei, ohne sie zu sehen.

Wenige Kupferindianer haben mehr als ein Weib, und niemand außer den Häuptlingen hat mehr als zwei. Akaitcho hatte drei Weiber, von denen die Mutter seines einzigen Sohnes die Favoritin ist. Sie heiraten häufig zwei Schwestern zugleich. Auch dürfen Geschwisterkinder sich heiraten; nicht aber der Oheim die Nichte. – Der letzte Kriegszug der Kupferindianer gegen die Eskimos fand vor etwa zehn Jahren statt. Damals töteten sie dreißig von den Letzteren an der Mündung des *Money Point Rivers*, nicht weit von der Mündung des Kupferminenflusses, doch wünschten sie jetzt mit jener Nation in Frieden zu leben und hofften, durch unsere Vermittlung einen gewinnbringenden Handel mit ihr anzuknüpfen.

Als Herr Hearne ihren Aufenthalt besuchte, waren die Kupferindianer nicht mit Waffen versehen und von den Chipewyans unterdrückt; gleichwohl hatte jener Reisende Gelegenheit, ihre Gutherzigkeit zu rühmen. Seitdem sie von den europäischen Handelsleuten Waffen

Indianer mit Birkenrinden-Booten

erhalten haben, wagen es die Chipewyans nicht mehr, ihr Gebiet zu betreten, und alle diese Nationen, welche die Ufer des Großen Sklavensees besuchen, haben die größte Achtung für Akaitchos Namen. Auch haben die Chipewyans keinen Häuptling von so großem Ansehen. – Die Anzahl der Kupferindianer mag sich ungefähr auf einhundertundneunzig Seelen belaufen, nämlich auf achtzig Männer und Jünglinge und einhundertundzehn Weiber und Kinder. Unter den Männern gibt es fünfundvierzig Jäger. Die Anhänger Akaitchos bestehen aus vierzig Männern und Jünglingen; die Übrigen schließen sich den Unterhäuptlingen an.

Die Dogribs (Hundsrippenindianer) oder, wie sie in der Ursprache heißen, *Thlincha-dinneh* bewohnen das Land im Westen der Kupferindianer bis an den Fluss Mackenzie. Sie sind mild, gastfrei, aber etwas faul und bringen einen großen Teil ihrer Zeit mit Belustigungen, vor allem mit Gesang und Tanz zu, worin sie sich sehr von den meisten anderen nordamerikanischen Urbewohnern unterscheiden. Dies ist auch der Fall bezüglich eines anderen Punktes, nämlich der freundlichen Behandlung der Weiber. Die Männer verrichten alle anstrengenden Arbeiten, während die Weiber sich auf eine ihrem Geschlecht angemessene Weise, insbesondere auch mit der Verfertigung ihres Putzwerks beschäftigen, wovon sie manchmal Proben ihrer Arbeit mit großem Stolz in den Forts vorzeigen. Da eine liebevolle Behandlung des anderen Geschlechts als ein Beweis der Fortschritte in der Ausbildung betrachtet wird, so möchte es der Mühe wert sein, zu untersuchen, wodurch dieser Volksstamm in jener Hinsicht einen so bedeutenden Vorsprung vor seinen Nachbarn gewonnen hat. Man darf hierbei nicht vergessen, dass, wie wir oben bemerkt haben, die Dogribs nach ihrer eigenen Angabe aus Westen, die Chipewyans aber aus Osten gekommen sind. – Die Dogrib-Indianer sind die Tanzmeister des ganzen Landstrichs; denn von ihnen entlehnen ihre Nachbarn alle Tänze, Lieder und Melodien.

Der Hauptstamm der Dogribs, Horn Mountains genannt, bewohnt die Gegend zwischen dem Großen Bärensee und dem westlichen Ende des Großen Sklavensees. Er kann etwa zweihundert jagdfähige Männer und Jünglinge aufstellen. Einzelne Trupps der Nation besuchen den Mardersee und jagen im Sommer in der Umgebung des Forts Enterprise. Dieser Teil des Landes war früher ihr ausschließliches Eigentum, und die meisten Landseen und bemerkenswertesten Hügel führen die Namen, welche sie ihnen beilegten. Da die Kupferindianer, wenn sie ihnen begegnen, ihnen gewöhnlich ihre

Tanz im Indianerlager

Weiber und Pelze rauben, so suchen sie ihnen aus dem Weg zu gehen und besuchen nur verstohlenerweise ihre alte Heimat.

Nordwärts der Dogribs, an der nördlichen Seite des Bärenseeflusses, leben die Hasenindianer *(Kazvcho-dinneh)*, die ebenfalls eine Abart von der Sprache der Chipewyans reden, ansonsten aber in ihren Sitten den Dogribs gleichen und von ihren Nachbarn für große Beschwörer gehalten werden. Nach ihren Äußerungen stoßen sie auf ihren Jagdzügen nordwärts des Großes Bärensees auf einzelne Trupps Eskimos.

Nördlich der Hasenindianer leben an beiden Ufern des Mackenzie Rivers die Schieläugigen Indianer *(Ty-kothee-dinneh)*. Ihre Sprache weicht bedeutend von der Mundart der Chipewyans ab. Sie haben öfter Fehden mit den Eskimos an der Mündung des Mackenzie, doch stehen sie mitunter in friedlichem Verkehr mit ihnen;

auch können beide Nationen sich einander verständlich machen, da ihre Sprachen sich sehr gleichen. Auch ihre Kleidung hat mit der der Eskimos viel Ähnlichkeit und weicht von der der übrigen Anwohner des Mackenzie ab. Sie treiben Handel nach dem Fort der guten Hoffnung, welches weit unterhalb des Zusammenflusses des Mackenzie mit dem Bärenseefluss, und, wie die Handelsleute glauben, kaum drei Tagesmärsche vom Arktischen Meer liegt. Dieses Fort ist die nördlichste Niederlassung der Nordwest-Kompanie. Einige kleine russische Kupfermünzen fanden einst hierher ihren Weg oder aus Westen über das Festland. Blaue oder weiße unechte Perlen sind fast die einzigen europäischen Manufakturwaren, worauf die schieläugigen Indianer versessen sind. Sie durchbohren den Nasenknorpel und befestigen in demselben drei kleine Muschelschalen, die sie sich um einen hohen Preis von den Eskimos verschaffen.

Am westlichen Ufer des Mackenzie Rivers gibt es noch verschiedene, bis jetzt von niemandem erwähnte Stämme, die Abarten von der Chipewyan-Sprache reden. Der erste, welchen wir den Fluss entlang südwärts vom Fort der guten Hoffnung erreichten, waren die Schafindianer *(Ambawtawhoot-dinneh)*. Sie bewohnen die felsigen Gebirge nahe an den Quellen des *Da-whoot-dinneh*-Flusses, welcher in den Mackenzie fließt. Einige von ihnen haben das Fort der guten Hoffnung besucht. Doch sind sie im Ganzen den Handelsleuten nur wenig bekannt. Hierin mag auch wohl das Gerücht seinen Grund haben, sie seien Menschenfresser.

In einiger Entfernung, südwärts dieses Volks, leben die Felsbergindianer – ein kleiner Stamm, der nur vierzig jagdfähige Männer und Jünglinge zählt. Er unterscheidet sich nur wenig von den Strongbow-, Biber- oder Dickit-Indianern *(Edchawtawhoot-dinneh)*, welche den südlichen Arm des Mackenzie Rivers *(Rivière aux Liards)* besuchen. Die Strongbows haben in ihrem Volkscharakter Ähnlichkeit mit den Dogribs, doch geben sie sich das Ansehen, den Letzteren überlegen zu sein. Im Jahre 1813 zerstörte ein kleiner Trupp dieses Stammes, der unglücklicherweise gereizt war, das Fort Nelson an der *Rivière aux Liards.* – Die Strong-bows und Felsbergindianer haben gemeinschaftlich mit den Dogribs die oben erwähnte mündliche Überlieferung, dass ihre Voreltern aus einem westlichen flachen Land gekommen sind, wo es keinen Winter gab und wo Bäume und große Früchte wuchsen, die ihnen ganz unbekannt sind. Dies Land war auch von vielen seltsamen Tieren bewohnt, worunter es ein kleines gab, welches mit dem Menschen eine auffallende Ähnlichkeit hatte. Unter ihren Voreltern erschien, während sie jenes Land bewohnten, ein Mann, der die Kranken heilte, die Toten auferweckte und viele andere Wunder tat, mit der Ermahnung, ein gutes Leben zu führen. Niemand wusste, woher dieser gute Mann kam oder wohin er ging. Sie wurden aus jenem Land durch eine Überschwemmung, verursacht durch das Austreten der Gewässer, vertrieben, und den Spuren der Tiere bis an die Meeresküste folgend, richteten sie ihren Lauf nach Norden. Endlich kamen sie an eine Meerenge, die sie auf einem Floß passierten; allein die See ist seitdem gefroren, und nie sind sie imstande gewesen zurückzukehren. Diese Traditionen sind den Chipewyans unbekannt. Die Strongbows können siebzig jagdfähige Männer und Jünglinge aufstellen.

Es gibt noch mehrere andere Stämme, die ebenfalls Abarten der Chipewyan-Sprache reden, an dem oberen

Arm der *Rivière aux Liards*, unter anderen die Nohannies- und Trillahawtoo-Indianer, von denen die Letzteren bisweilen die Niederlassung am Friedensfluss besuchen, im Übrigen aber wenig bekannt sind. Ich komme daher wieder auf meine Geschichtserzählung der Vorgänge im Fort Enterprise zurück.

Im März war das Wetter sehr schön. Das Thermometer stieg eines Tages bis auf 24° über null und fiel an einem Tag bis auf 49° unter null. – Am 23. März endete unser Wintervorrat an Rentierfleisch, und wir mussten eine kleine Menge Fleisch angreifen, die wir aufbewahrt hatten, um zum Gebrauch für den Sommer Pemmikan daraus zu verfertigen. Unsere Netze, die wir am 15. unter dem Eis ausgespannt hatten, brachten uns täglich nur zwei bis drei kleine Fische, unter denen sich der Rundfisch befand, eine Lachsart, die wir bisher noch nicht gesehen hatten.

Am 16. erschienen zwei Indianer von dem Hook oder demjenigen Unterhäuptling der Kupferindianer, welcher an Macht dem Häuptling Akaitcho zunächst folgte und dessen Untergebene zwischen dem Westlichen Marder- und dem Großen Bärensee lebten. Er erbot sich, an den Ufern des Kupferminenflusses zu Beginn des bevorstehenden Sommers eine angemessene Menge getrocknetes Fleisch für uns in Bereitschaft zu halten, wenn wir ihm einige bestimmte Artikel und Munition schicken wollten. Da Letzteres nicht tunlich war, ließ ich ihn wissen, dass ich, wenn wir uns träfen, ihre Vorräte gern annehmen und durch Anweisungen auf den nächsten Posten der Nordwest-Kompanie bezahlten wolle. Zugleich versicherten sie mir, der Unterhäuptling werde sehr aufmerksam darauf achten, dass er uns auf unserer

Reise treffe, da er unwohl sei und unseren Arzt zurate zu ziehen wünsche.

Schon seit einiger Zeit ließen mehrere mir zu Ohren gekommene Tatsachen mich die Treue unserer Dolmetscher beargwöhnen; ich ließ sie daher ins Verhör nehmen. Wirklich ergab es sich, dass sie in ihrem Verkehr mit den Indianern furchtbare Begriffe über die Gefahren unserer Unternehmung angenommen hatten, welche, sobald die Zeit unserer Abreise herannahte, mehr und mehr gesteigert wurden, und dass sie kein Bedenken getragen hatten, ihre Abneigung gegen die weitere Reise den Kanadiern, welche in die Meinungen eines Dolmetschers sehr großes Vertrauen setzen, mitzuteilen. Insbesondere hatte St. Germain seit seiner Reise an den Sklavensee sich sehr zweideutig benommen. Zwar leugnete er die ihm angelasteten Hauptpunkte, gestand aber, gegen den Häuptling geäußert zu haben, dass wir ihm nicht die gebührende Achtung bewiesen und ihn hauptsächlich durch die Übersendung einer so geringen Menge Rum beleidigt hätten. Obgleich ich nun von seiner schlechten Denkungsart hinreichend überzeugt war, konnte ich dennoch seine Dienste nicht entbehren. Daher entließ ich ihn mit ernster Ermahnung und der Drohung, ihn, falls die Expedition durch seine Schuld gehemmt würde, unfehlbar nach England schicken und dort vor Gericht stellen zu lassen. »Es ist mir einerlei«, sprach er, »wo ich mein Leben verliere – ob in England oder als Euer Begleiter auf der Reise an die Seeküste; denn die ganze Reisegesellschaft wird umkommen.« Nach dieser Verhandlung war er jedoch vorsichtiger in seinem Benehmen.

Als am 29. März Akaitcho auf unsere Einladung hin zu uns kam, hatte ich eine Konferenz mit ihm, die ich damit begann, die Karten und Zeichnungen vorzulegen, die wir nach England abzusenden im Begriff waren, und erklärte ihm unsere Pläne für die Zukunft. Dieser Beweis unserer Aufmerksamkeit schien ihm sehr zu gefallen. Als seine Neugier befriedigt war, äußerte er, obgleich viele müßige Gerüchte im Laufe des Winters verbreitet worden seien, so sei er doch von der Richtigkeit der ihm im Fort Providence geschehenen Eröffnungen über den Zweck der Expedition vollkommen überzeugt. Ich machte ihm hierauf klar, wie notwendig es sei, dass wir uns so bald wie möglich auf den Weg machten, um den kurzen, für unsere Operationen geeigneten Zeitraum des Jahres zu benutzen, und dass es unumgänglich erforderlich sei, bei der Abreise beträchtliche Vorräte mitzunehmen. Er gab dies alles zu und versprach, dass er und seine jungen Leute ihr Möglichstes tun würden, unsere Wünsche zu erfüllen, und dass er die Expedition bis an die Mündung des Kupferminenflusses begleiten wolle. Im Übrigen fügte er hinzu, dass er dringend wünsche, mit den Eskimos eine freundschaftliche Zusammenkunft zu haben, und dass wir, wenn wir auf die Dogribs am Kupferminenfluss stießen, unseren Einfluss geltend machen sollten, um sie zu bewegen, mit seinem Stamm in freundschaftlichen Verhältnissen zu leben. Wir waren sehr erfreut, seine Gesinnungen so übereinstimmend mit unseren Absichten zu finden, und schienen gegenseitig miteinander zufrieden.

Am 4. April trafen unsere Leute mit den letzten Vorräten aus dem Fort Providence – den Ergebnissen von Herrn Backs beschwerlicher Reise – bei uns ein, und am 17. April schickten wir unsere bereits fertig liegenden amtlichen Berichte nach London über Fort Providence ab. – Zugleich schrieb ich an den Gouverneur der York

Factory, Herrn Williams, wenn möglich einen Schoner mit Lebensmitteln und Kleidungsstücken nach der Wagner Bay abzusenden, um dort den Bedürfnissen der Expedition, falls sie diesen Teil der Küste erreichen würde, abzuhelfen.

Anfang April war es schönes Wetter, sodass im Sonnenschein an den Abhängen Schnee und Eis zu schmelzen begannen, verschiedene Moosarten entblößt und die Rentiere nach Norden gelockt wurden. Doch kehrte in der Mitte des Monats starke Kälte zurück, wodurch unsere Lebensmittelvorräte beträchtlich vermindert wurden. – Um die Aufmerksamkeit unserer Leute vom Mangel abzulenken, förderten wir ihren Zeitvertreib, die steilen Ufer des Flusses auf Schlitten möglichst schnell hinabzugleiten, und mischten uns selbst mit in dieses Spiel.

Am 18. April morgens um acht Uhr zeigte sich ein prachtvoller Ring um die Sonne, als sie etwa 8° hoch stand. Seine Farben waren prismatisch und sehr glänzend; die rote Farbe war der Sonne am nächsten. – Am 21. fanden wir das Eis im Fluss sieben Fuß, im See 672 Fuß dick. Die Mägen einiger unter dem Eis gefangener Fische fand Dr. Richardson mit Insekten gefüllt, die im Winter unter dem Eis in großer Menge vorhanden sind.

Am 27. kam es so weit, dass wir einen Tag gänzlich ohne Nahrung zubringen mussten, als der alte Keskarrah mit der unerwarteten Nachricht hereintrat, dass er ein Rentier erlegt habe. Überdies traf am gleichen Abend ein sehr gelungener Vorrat von Akaitcho ein. – Die höchste Temperatur im April war 40°, die niedrigste 32° und die mittlere 4,6°.

Zu Anfang des Maimonats war das Wetter schön und warm, am 7. begannen die Abhänge der Hügel, sich von Eis und Schnee zu entledigen, und am 8. zeigte sich eine große Hausfliege. – Mehrere Gattungen von Beerensträuchern, die während des Winters mit Schnee bedeckt und geschützt gewesen waren, boten jetzt ihre Früchte in ziemlicher Zahl dar und waren für uns ein nicht unerhebliches Hilfsmittel. Wenngleich der Boden fortwährend gefroren war, so hatte doch die Sonnenwärme eine sichtliche Wirkung auf die Vegetation.

Es lag im Plan zu unserer Sommerreise, bei unserer Ankunft an der Meeresküste die Anzahl unserer Gefährten so weit zu verringern, dass nur die Mannschaft für zwei Kanus übrig bliebe, um den Verbrauch an Lebensmitteln auf unserer Küstenfahrt zu beschränken.

Am 14. zeigte sich ein Rotkehlchen – ein Vogel, der von den Indianern als ein untrüglicher Vorläufer warmer Witterung angesehen wird. Gänse und Enten zeigten sich in großer Anzahl, und die Rentiere zogen in Scharen nach Norden.

Am 16. Mai traf ein Unterhäuptling der Kupferindianer, begleitet von seinem Sohn, bei uns ein, um Dr. Richardson zurate zu ziehen. Er war von der Schneeblindheit befallen – ein Übel, das in der Folge die meisten unserer Leute traf, von Dr. Richardson aber jedes Mal in zwanzig bis dreißig Stunden dadurch geheilt wurde, dass er zweimal am Tag etwas Laudanum in die angegriffenen Augen träufelte.

Am 21. machte Akaitcho mit seinem ganzen Gefolge uns einen feierlichen Besuch und wurde auf die früher beschriebene Weise begrüßt, empfangen und beschenkt. Seiner beabsichtigten Rede schickte er die Frage voran, ob wir, wenn die zu erforschende Durchfahrt zur See entdeckt werde, in jedem etwa abgesandten Schiff sein

Gebiet wieder erreichen könnten? Als wir ihm erwiderten, dass dies wahrscheinlich, aber nicht ganz gewiss sei, äußerte er die Hoffnung, dass in solchem Falle für ihn und seine Nation angemessene Geschenke übersandt werden würden – »denn«, setzte er hinzu, »der Große Häuptling, der dort herrscht, woher all diese Waren kommen, muss aus den Karten und Zeichnungen, die Ihr ihm schickt, erkennen, dass wir ein armseliges Volk sind.« Ich erwiderte hierauf, dass man ihn zuverlässig nicht vergessen werde, wenn er die gegen uns übernommenen Verbindlichkeiten erfülle. Dann beklagte er sich, dass meine Anweisungen auf Herrn Weeks nicht ausgezahlt worden seien und daher zu befürchten stehe, dass auch sein Lohn ihm vorenthalten werde. »Wenn«, fuhr er fort, »solche unbedeutenden Summen auf Eure Anweisung, solange Ihr noch in der Nähe und in Verbindung mit dem Fort seid, unbezahlt bleiben, ist es denn wahrscheinlich, dass der hohe Lohn, den Ihr mir und meinen Leuten versprochen habt, uns ausgezahlt werden wird, wenn Ihr weit entfernt und auf der Rückreise nach Eurem Vaterland seid?« –

Hierauf nannte er viele andere Gründe der Unzufriedenheit; hauptsächlich unseren Mangel an Achtung gegen ihn als Häuptling, die Schwäche des ihm gesandten Rums und die Geringfügigkeit der ihm dargebotenen Geschenke, die er anzunehmen sich weigerte.

Man stellte ihm hierauf die Grundlosigkeit seiner Beschwerden vor und machte dagegen die unsrigen geltend. Doch kam es in dieser Konferenz zu keinem bestimmten Schluss über seine Mitreise, den er sich bis zu der erwarteten Ankunft seines älteren Bruders, namens Humpy, vorbehielt. Am 25. wurden den Kanadiern Kleidungsstücke und andere zur bevorstehenden Reise notwendigen Artikel ausgeteilt. Einige Gegenstände wurden zurückbehalten, um sie unter die Eskimos an der Seeküste zu verteilen. Unseren beiden Eskimo-Dolmetschern, Augustus und Junius, schenkten wir Anzüge, mit goldenen Tressen besetzt, worüber sie unglaubliche Freude äußerten.

Als nicht nur Akaitchos älterer Bruder, sondern auch ein jüngerer, namens Annoethaiyazzeh, nebst einem Bruder des Unterhäuptlings, Hook, eintrafen, hatten wir eine zweite lange Konferenz mit den Indianern, in welcher, obwohl sie bis Mitternacht währte, nichts Bestimmtes ausgemacht wurde. Doch gefiel es mir sehr, dass Akaitchos Benehmen von seinen Brüdern, die ihn des Geizes beschuldigten, getadelt wurde.

Die Indianer setzten ihre Beratschlagungen untereinander in den Zelten bis an den hellen Morgen fort und erschienen nachmittags, um uns neue Streitgegenstände vorzulegen. Die Annahme der tags zuvor angebotenen Geschenke wurde nochmals verweigert, und vorzüglich wurde es sehr übel ausgelegt, dass die Kanadier im Vergleich zu den Indianern so gut ausgerüstet seien. Kurz, endlich gelang es uns, sie durch eine geringe Vermehrung der ihnen zugedachten Geschenke und der Zusage, dass ihnen das Versprochene pünktlich übergeben werden solle, etwas zu besänftigen. Nach einer eingenommenen Mahlzeit begannen jedoch neue Erörterungen, welche die unersättliche Habgier des Häuptlings nur zu sehr an den Tag legten. Endlich sagte er, voll Unwissen aufstehend und sich an seine jungen Leute wendend: »Hier gibt's zu wenige Artikel, als dass ich irgendetwas unter euch verteilen könnte; wer Lust hat, den Weißen bis ans Meer zu folgen, mag sie sich selbst nehmen.«

Diese unvorsichtigen Worte nötigten seine Leute, ihre Gesinnungen offen zu erklären. Die Pfadfinder und die meisten Jäger äußerten ihre Bereitwilligkeit, uns zu begleiten, und empfingen einen nicht unbedeutenden Teil von den ihnen zugedachten Geschenken. Dies entlastete mich großenteils meiner Verlegenheit, und es kümmerte mich wenig, dass der Häuptling sich unzufrieden zurückzog. Wir gaben den Jägern auf ihr Verlangen Munition, womit sie sich frohen Mutes auf den Weg machten.

Als Akaitcho sich überzeugt hatte, dass nicht nur seine jungen Leute, sondern auch sein Bruder das Benehmen, welches er gegen uns bewiesen hatte, missbilligten, suchte er sich am folgenden Tag deshalb zu entschuldigen, nahm das vorher ausgeschlagene Geschenk an Kleidungsstücken an und erklärte mir, dass er – sobald der Zustand der Wege es gestatte und überall das Reisen möglich sei – an den Fluss abgehen werde. Der Schnee, bemerkte er, sei noch zu tief, um mit Schlitten nordwärts zu reisen, und das Moos zu feucht, um Feuer zu machen. Zugleich verkündigte er uns die Ankunft zweier alter Indianer, die einen kleinen Vorrat eingelegtes Rentierfleisch zum Verkauf bei sich hätten, welches wir auch gegen Assignationen auf die Nordwest-Kompanie von ihnen erhandelten.

Im Maimonat war die mittlere Temperatur im Durchschnitt ungefähr 32°, die größte Wärme 68°, die mindeste 8°. – Am Ende des Monats hatten wir stetes Tageslicht; Gänse und Enten waren in solchem Überfluss da, dass unsere Jäger zu sehr versucht wurden, die Munition, die ihnen zur Erlegung des Wildbrets gegeben wurde, an dieses wilde Geflügel zu verschwenden; denn bei der Ungewissheit, wie lange unser Munitionsvorrat noch vorhalten müsse, hielten wir jenes Geflügel des Pulvers und Bleis nicht wert, das es kostete.

Auf den 4. Juni setzte ich die Abreise der ersten Abteilung unserer Reisegesellschaft an; ich wünschte dringend, die Indianer vorauszuschicken; doch zögerten sie, und Akaitcho ersuchte mich, ihm und seinen Leuten Dr. Richardson mitzugeben, den sie den ärztlichen Häuptling zu nennen pflegten. Die Indianer legen überhaupt großen Wert auf die Arzneikunde, und sie betrachten es als einen großen Beweis unserer guten Gesinnungen gegen sie, dass wir sie jederzeit so bereitwillig mit Arzneimittel versähen, und erwähnten oft, dass, während sie unter uns weilten, niemand in ihrem Lager gestorben sei. Im vorliegenden Fall konnte jedoch des Häuptlings Bitte nicht gewährt werden, weil wir Dr. Richardson selbst bei uns behalten mussten.

Am 2. Juni packten wir unsere Vorräte in Ballen ein, die zur Reise geeignet waren, und vollendeten die Instandsetzung unserer Fahrzeuge.

Am 4. trat unter Dr. Richardsons Führung die erste Abteilung unserer Leute die Reise an; sie bestand aus fünfzehn Kanadiern, von denen drei die mit Hunden bespannten Schlitten führten, zwei indianischen Jägern mit ihren Weibern, einem kranken Indianer mit seinem Weib und noch zwei Indianerinnen, zusammen dreiundzwanzig Personen, die Kinder ungerechnet. – Jeder von den Männern hatte für uns etwa achtzig Pfund zu tragen, außer seinem ihm selbst gehörenden Gepäck, das fast ebenso schwer war; die meisten zogen es vor, ihre Ladung auf Schlitten zu ziehen; doch einige trugen sie auf dem Rücken. Einige Stunden später brach Akaitcho mit den Seinigen auf. Er erhielt dreißig Kugeln und jeder Pfadfinder und Jäger zwanzig, nebst einer entsprechenden Menge Pulver. Sie erhielten die Anweisung, auf ihrem Weg zum Point Lake einen so großen Vorrat an Wildbret wie nur irgend möglich zusammenzubringen und auf diesem Punkt gegen den nächsten September eine Niederlassung von Lebensmitteln anzulegen, die uns, wenn wir auf unserer Rückreise dieses Weges kämen, als Hilfsmittel dienen würden – welches sie versprachen.

Am 7. wurde der Wind südlich und vertrieb die Wolken, die seit einigen Tagen den Himmel verdunkelt hatten, sodass die Temperatur sich plötzlich änderte, das Thermometer auf 73° stieg, der Schnee reißend schnell verschwand, Fliegen und Moskitos sich zeigten und auch eine Schwalbe sich sehen ließ – sämtlich Erscheinungen, die, nach der Behauptung des bei uns zurückgebliebenen indianischen Jägers, in diesem Jahr früher eintraten als gewöhnlich.

Am 12. war der Winterfluss fast ganz vom Eis befreit; doch meldete mir Dr. Richardson schriftlich von den Ufern des Point Lakes, dass der Schnee an manchen Stellen noch tiefer liege als selbst im letzten Winter, nahe beim Fort Enterprise, und dass das Eis auf dem Point Lake kaum aufzutauen begonnen hätte. Gleichwohl setzten wir auf den 14. unsere Abreise an.

8. Kapitel

Abreise vom Fort Enterprise – Schifffahrt auf dem Kupferminenfluss – Der Kupferberg – Zusammenkunft mit den Eskimos

Am 14. machten wir uns mit der Hauptabteilung der Reisegesellschaft auf den Weg; jedes Kanu wurde von vier Männern und zwei Hunden gezogen; sie nahm ihre Richtung zum Wintersee, in der Absicht, dem Lauf der Gewässer so weit wie möglich zu folgen, weil wir uns lieber diesen Umweg gefallen lassen, als die Kanus der Beschädigung durch zu langes Ziehen über Land aussetzen wollten. Nachdem wir sie vorausgeschickt hatten, wurden unsere noch übrigen Vorräte, namentlich achtzig Pfund gedörrtes Fleisch, und unsere Instrumente zu gleichen Teilen unter Hepburn, drei Kanadiern und unseren beiden Eskimo-Dolmetschern verteilt. Mit ihnen und zwei indianischen Jägern verließen wir das Fort Enterprise, voll Freude, dass der lang ersehnte Tag herangekommen war, wo wir dem eigentlichen Zweck unseres Unternehmens entgegengingen.

In einem von unseren Zimmern ließen wir eine Kiste zurück mit einem Tagebuch der Vorgänge bis zum Tag unserer Abreise sowie den Karten und einigen Zeichnungen, die Herr Wenzel bei seiner Rückkehr mitnehmen und nach England senden sollte. Das Zimmer wurde verbarrikadiert, und an der Tür wurde auf Herrn Wenzels Rat eine Zeichnung mit dem Bild eines Mannes in drohender Stellung mit einem Dolch in der Hand befestigt, um die Indianer vom Aufbrechen des Zimmers abzuschrecken. Unser erstes Nachtlager schlugen wir nahe einer Tannengruppe auf, etwa zwei Meilen vom Dogrib-Felsen. Die Kanus hatten wir seit ihrem Abzug nicht zu Gesicht bekommen. – Abends um neun Uhr war die Temperatur der Luft 63°.

Am folgenden Tag passierten wir mehrere, auf unserer Reiseroute liegende Landseen, wo das Eis unsere Leute in den Stand setzte, ihre Ladungen auf Schlitten zu ziehen, die sie aus Stäben und Hirschgeweihen bildeten, welches ihnen leichter war, als sie auf den Schultern zu tragen. Wir wurden bei dieser Verrichtung unaufhörlich nass, da das Eis nahe an den Ufern der Landseen gebrochen war; allein diese Unzuträglichkeit wurde nicht beachtet, da der Tag ungewöhnlich warm und die Temperatur nachmittags 82½° betrug. Am Mardersee stießen wir zu den Kanus. Leider empfingen uns jedoch unsere Jäger mit der Nachricht, dass das Rentierfleisch, das sie hier vergraben hätten, von den Wölfen verzehrt sei, sodass wir unser Abendessen aus unserem spärlichen Vorrat gedörrten Fleisches nehmen mussten. Hinzu kam, dass der Wind sich von Südosten nach Nordosten wandte und das Thermometer um neun Uhr abends auf 43° stand, sodass es sehr kalt war, und wir, da die wenigen Zwergbirken in unserer Lage nicht genug Feuerung darboten, um uns zu wärmen, die Nacht nicht schlafen konnten. Die Kälte, begleitet von Sturm, dauerte am folgenden Tag fort, und nachdem Herr Back und ich an diesem Tag durch das Eis geschossen waren, ohne jedoch Schaden zu nehmen, machten wir jenseits des Sees unter einer Tannengruppe halt, wo unsere an diesem Tag glücklich gewesenen Jäger uns mit frischem Fleisch versahen. – Am 18. stand das Thermometer um drei Uhr nachmittags auf 46°; abends neun Uhr auf 34°.

Am 20. Juni passierten wir, nicht ohne große Gefahr, einen kleineren See, dessen Eisfläche mehr als zwei Fuß hoch mit Wasser bedeckt war und überdies mehrere Öffnungen hatte, in die wir – ungeachtet unserer Anstrengungen, sie zu vermeiden – oft versanken. Am Fuß einer sandigen Hügelkette, welche die in den Wintersee mündenden Ströme von den nordwärts fließenden trennt, passierten wir einen kleinen, aber reißenden Strom, der einen bemerkenswerten, etwa fünfzig Fuß hohen Wasserfall bildet. Hier stießen auch einige Indianer zu uns, die uns von der Lage des Zeltes des Dr. Richardson Nachricht gaben, welches wir am anderen Vormittag erreichten. Es lag an der westlichen Seite eines Arms des Point Lakes und nahe dem Teil desselben, durch den der Kupferminenfluss strömt. Bald nach uns trafen auch unsere Leute mit den in sehr gutem Zustand befindlichen Kanus unter Leitung von Herrn Wenzel hier ein. Das Eis auf dem See war immer noch sechs bis sieben Fuß dick, und es sah nicht so aus, dass es, ausgenommen am Rand des Ufers, bald schmelzen würde, sodass wir, wenn wir diesen Zeitpunkt hätten abwarten wollen, alle Aussicht auf den Erfolg unserer Unternehmung hätten aufgeben müssen. Ich beschloss daher, unsere Vorräte das Ufer des Landsees entlangziehen zu lassen, bis wir einen Teil des Flusses fänden, wo wir uns einschiffen könnten.

Auch Akaitcho und die Jäger waren hier gelagert; allein ihre Familien und der Rest des Stammes waren vor zwei Tagen an den weiter nach Norden liegenden großen Landsee, *Beth-see-too*, gegangen, wo sie die Absicht hatten, den Sommer zuzubringen. Mit großem Missvergnügen vernahmen sie, dass Akaitcho und sein Begleiter alle im Fort Enterprise von uns erhaltene Muni-

Great Marten Lake

tion verbraucht hatten, ohne doch unsere Vorräte durch den mindesten Beitrag zu vermehren. Dr. Richardson selbst hatte jedoch mithilfe zweier bei sich behaltener Jäger zweihundert Pfund Fleisch gedörrt, die nun unser einziges Hilfsmittel auf der Reise waren.

Akaitcho, über dies Benehmen zur Rede gestellt, gestand, dass der größte Teil der von uns erhaltenen Munition seinen an den See Beth-see-too abgereisten Stammesgenossen und Stammesgenossinnen mitgegeben sei; er bat um Verzeihung, und versprach, sich künftig besser zu benehmen, worauf ich ihm erklärte, dass ich ihm künftig Munition nur im Verhältnis zum gelieferten Wildbret zustellen würde. – Die Zahl unserer Jäger war jetzt bis auf fünf vermindert, da zwei von den Tätigsten durch die Krankheit ihres Vaters veranlasst wurden, zurückzubleiben. Die fünf übrigen schickten wir, mit Munition versehen, an das südliche Ufer des Sees, mit dem

Auftrag, die Ergebnisse ihrer Jagd am Strand des Sees zu vergraben und die Stellen durch Merkzeichen erkennbar zu machen. Akaitcho, sein Bruder, der Pfadfinder und drei andere Männer blieben bei uns zur Begleitung. Wir waren äußerst befremdet, eine so außerordentliche Veränderung im Klima auf einer kurzen Strecke von fünfzig (engl.) Meilen nordwärts wahrzunehmen. Der Schnee lag noch in großen Haufen auf den Hügeln; die Zwergbirken und Weiden, die schon viele Tage vor unserer Abreise beim Fort Enterprise Blätter hatten, begannen hier erst zu knospen – kurz, die ganze Vegetation schien drei bis vier Wochen gegen unseren letzten Aufenthaltsort zurückzubleiben.

Am 23. machten wir unsere Vorbereitungen zur Fortsetzung der Reise; und unsere Leute waren eifrig beschäftigt, Pemmikan zu bereiten. Am 25. verließen wir unseren Lagerplatz, der unter 65°12'40" nördlicher Breite und 113°8'25" westlicher Länge lag. Die drei Kanus wurden auf Schlitten gelegt, jeder gezogen von drei Mann und zwei Hunden. Die Vorräte wurden zu gleichen Teilen unter unsere übrigen Leute verteilt, ausgenommen einige wenige Artikel, die von Indianern getragen wurden. Unser Proviant bestand lediglich aus zwei Beuteln mit Pemmikan, zwei Beuteln mit eingelegtem Fleisch, fünf Schläuchen mit Schmalz und zwei kleinen Bündeln gedörrter Vorräte, nebst so viel frischem Fleisch, wie zu unserem Abendessen hinreichte. Unsere Richtung ging den Hauptkanal des Sees hinab, dessen Breite von einer Meile bis drei Meilen variierte. Viele breite Arme dehnten sich an der Nordseite dieses Kanals aus, der in Süden von einer Kette hoch gelegener Inseln begrenzt war. Die Hügel an beiden Seiten waren zum

Teil sechs- bis siebenhundert Fuß hoch und bildeten viele hohe, steile Klippen. In den Tälern sah man hin und wieder Tannengruppen. Um acht Uhr abends lagerten wir uns an einem Ort, der uns nur wenige Zweige zur Feuerung darbot. Unsere Leute waren äußerst ermüdet, und mehrere litten an Entzündungen und Geschwülsten an der Innenseite der Schenkel – ein Übel, das an dem folgenden sehr heißen Tag sehr zunahm. Auch die Hunde zeigten Symptome großer Schwäche – alles Umstände, die im Anfang unserer Reise sehr entmutigend für unsere Leute waren. Ich entschloss mich daher, das dritte Kanu zurückzulassen, das hauptsächlich deswegen mitgenommen worden war, um uns bei irgendeinem Zufall, der uns mit den beiden anderen zustoßen könnte, auszuhelfen. Hierdurch gewannen wir drei Mann, um die Ladungen derjenigen Leute, die am meisten gelähmt waren, zu erleichtern; auch konnten die drei Hunde, die das zurückgelassene Kanu ziehen halfen, auf die beiden anderen verteilt werden. Das dritte Kanu wurde in der Nähe unseres Lagerplatzes so gut wie möglich gesichert. – Als wir den an beiden Seiten von hohen Inseln begrenzten See und eine tiefe Bay an der Südseite, in die sich, wie man uns sagte, ein Fluss ergießt, zurückgelegt hatten, lagerten wir uns an dem nördlichen Ufer unter einer Gruppe Pechtannen, wo wir einige Fische fingen und eine schwache westliche Strömung wahrnahmen. Am folgenden Tag fanden wir die Oberfläche des Eises durch die kürzlich gefallenen Regengüsse zellenförmig ausgehöhlt, wodurch die Oberfläche so scharf geworden war, dass unsere Schuhe zerrissen und die Füße bei jedem Schritt verwundet wurden. Auch die armen Hunde bezeichneten den Pfad mit ihrem Blut. – Abends um fünf Uhr erreichten wir den Wasserfall, durch den der Point Lake mit dem *Red Rock Lake* (Roten Felsensee) zusammenhängt. Dieser Wasserfall ist nur dreihundert Fuß breit, und wir fanden uns sehr getäuscht zu finden, dass der Kupferminenfluss ein so unbeträchtlicher Strom sei. Die Kanus fuhren den Wasserfall hinab; die Ladungen aber wurden quer über die Halbinsel getragen und wieder auf Schlitten gelegt, da der nächste See noch gefroren war. Wir passierten einen breiten, nach Osten sich ausdehnenden Arm desselben, dessen Ufer mit Steinen bedeckt waren, die hauptsächlich aus rotem Tonschiefer bestanden, weshalb die Indianer dem See den obigen Namen beigelegt haben. – Jetzt wurde unsere Aufmerksamkeit auf einige auf dem Eis zerstreute Tannenzweige gerichtet, welche, wie sich in der Folge zeigte, von unseren Jägern dorthin gelegt worden waren, um uns an eine Stelle zu geleiten, wo sie zwei kleine, von ihnen geschossene Rentiere abgelegt hatten – ein sehr willkommener Zuschuss zu unseren Lebensmitteln. Akaitcho urteilte nach der Beschaffenheit des Fleisches, dass es dort drei Tage gelegen haben müsse, folglich unsere Jäger ziemlich weit voraus sein müssten. Wir fanden den Kanal offen, wodurch dieser See mit einem anderen – Felsennestsee *(Rocknest Lake)* genannt – zusammenhängt. Hier zeigte sich ein südwärts von unserem Lager fließender Strom, der, wie man uns sagte, in der Nähe des Großen Mardersees entspringt. Der Rote Felsensee ist durchgängig schmal, und seine Ufer mit ihren vier- bis fünfhundert Fuß hohen Hügeln sind bis auf die Hälfte ihrer Höhe mit verkrüppelten Tannen bedeckt.

Am 30. Juni schifften sich unsere Leute mit den Ladungen ein, um den Fluss hinabzufahren; wir aber gingen, begleitet von den Indianern, etwa fünf Meilen weit, quer über eine Landzunge, wo wir uns gleichfalls einschifften. Der Fluss war etwa zweihundert Yards (sechshundert Fuß) breit, und da sein Lauf durch nichts gehemmt war, hofften wir, jetzt schneller unseren Weg fortzusetzen; doch bald gewahrten wir, dass der Felsennestsee immer noch mit Eis überzogen sei und wir aufs Neue unsere Zuflucht zu den Schlitten nehmen müssten. –

Das Eis hatte schon sehr abgenommen, und wir waren in großer Gefahr, dass es brechen würde. An einigen offenen Stellen mussten wir unsere Kanus besteigen, an anderen ans Ufer gehen. – Jetzt erklärte unser Führer, dass er des Weges ungewiss sei. Als wir das Ende des Sees beinah erreicht hatten, entdeckte er gegen Nordosten einen bemerkenswerten Felsen, den die Indianer das Felsennest *(Rocknest)* nennen, und erinnerte sich nun, dass der Kupferminenfluss an dessen Fuß hinströme. Dahin richteten wir jetzt unseren Weg; der jedoch noch gefahrvoller als der vorige war. Das Eis krachte unter uns bei jedem Schritt, und die Reisegesellschaft musste sich, um die Last nicht zu sehr auf einen Punkt zu vereinigen, so weit wie möglich rundumher zerstreuen. Wir landeten an dem ersten Punkt, den wir erreichen konnten. – Der Abend war sehr warm, und Scharen von Moskitos umschwärmten uns. Wir machten ein großes Feuer, das als Signal für unsere Jäger dienen sollte. – Die Landschaft um den Felsennestsee *(Rocknest Lake)* ist malerisch, obwohl seine Ufer außer dem Felsennest und zwei bis drei Anhöhen an der Ostseite ziemlich niedrig sind. Die einzige Holzart besteht aus Tannen, die zwanzig bis dreißig Fuß hoch sind und etwa einen Fuß im Durchmesser haben.

Am 1. Juli führte uns unser Pfadfinder zu einer tiefen Bay an der Nordseite des Landsees, wo wir, wie er glaubte, den Fluss finden würden. Als wir sie erreicht hatten, fanden wir jedoch nur einen Strom, der aus Nordosten sich in dieselbe ergoss, sahen uns aber vergebens nach dem Kupferminenfluss um. Dieser Umstand brachte den Pfadfinder in Verlegenheit, und er gestand, dass er nicht wisse, welches der rechte Weg sei. Wir machten daher halt und schickten ihn mit zwei Begleitern aus, um sich von der Spitze der hohen Hügel in der Nähe des Felsennestes herab nach dem Fluss umzusehen. Während ihrer Abwesenheit ergötzten wir uns an dem sehenswerten Schauspiel eines Wolfes, der zwei Rentiere auf dem Eis verfolgte. Da der Verfolger durch den Anblick unserer Leute beunruhigt war, gab er, als er das hinterste Rentier fast erreicht hatte, die Jagd auf.

Glücklicherweise kehrte unser Pfadfinder mit der erwünschten Nachricht zurück, dass er den Kupferminenfluss am Fuß des Felsennestes habe strömen sehen. Sogleich wurden unsere Kanus und Vorräte auf dem Eis dorthin gezogen, und wir schifften uns ein. Bald aber wurde unsere Fahrt durch Treibeis gehemmt. Dann passierten wir zwei reißende Wasserfälle und lagerten am Ausfluss eines kleinen von dem anstoßenden See herabströmenden Flusses. Der Kupferminenfluss ist an diesem Punkt etwa zweihundert Yards (sechshundert Fuß) breit, zehn Fuß tief und strömt mit reißender Schnelligkeit über einen felsigen Boden hin. Die Landschaft an seinen Ufern ist malerisch, die Hügel sind gut bewaldet und die Oberfläche der Felsen ist mit mancherlei Moosart bedeckt. Nach der Behauptung der Indianer ist die Landschaft bis zum Mackenzie River ebenso beschaffen, ostwärts hingegen

Lagerplatz mit Feuerstelle

öde und unfruchtbar. Zwei von unseren Jägern, die, wie wir glaubten, uns weit voraus waren, kehrten zu unserem großen Missfallen mit der Nachricht zu uns zurück, dass ihre Gefährten weit hinter uns seien, welches uns umso unangenehmer war, da sie drei erlegte Rentiere an verabredungsgemäß bezeichneten Orten versteckt hatten.

Am 2. Juli fuhren wir den Fluss drei Meilen lang über eine Reihe steiler Wasserfälle hinab – hingleitend über große Steine, von denen ein einziger, wenn wir auf ihn gestoßen wären, unsere Kanus hätte vernichten können. Doch nachdem wir uns einmal in die Strömung begeben hatten, war es nicht möglich, wieder herauszukommen, und unsere Sicherheit hing von der Geschicklichkeit unserer Schiffsleute ab. Hier wurden die Ufer des Flusses felsig, und die Landschaft wechselte angenehm mit Höhen und Tälern, die bis an den Rand des Stromes mit Holz bewachsen, in der Entfernung von drei bis vier Meilen aber von etwa sechshundert Fuß hohen Hügeln begrenzt waren. Am Fuß der Wasserfälle wichen die Hochlande weiter zurück, und der Fluss strömte sanfter und in einem breiteren Bett durch eine ebene, unbewaldete, aus angeschwemmtem Sand bestehende Gegend. An einer Stelle wurde unsere Fahrt durch schneebedecktes Treibeis gehemmt, durch das wir uns anfangs mit Beilen einen Weg öffneten; doch fanden wir es weiterhin so dick, dass wir Boote und Ladungen mit großer Gefahr über dasselbe hinwegtragen mussten. In der Nacht vom 2. auf den 3. Juli kehrten endlich unsere noch zurückgebliebenen Jäger zu uns zurück; und am anderen Morgen ging Akaitcho mit ihnen voraus, nachdem er uns zuvor gewarnt hatte, gegen die Bären auf der Hut zu sein, da die Jäger an dem gleichen Morgen auf eines dieser Tiere geschossen hätten. –

Mit Vergnügen beobachteten wir die Fortschritte der Vegetation während der letzten warmen Tage. Die meisten Bäume belaubten sich, und mehrere Blumengattungen schmückten den mit Moos bedeckten Boden; in den Wäldern zeigten sich viele Sommervögel der kleineren Gattung, und an den Flussufern sah man viele Gänse, Kiebitze und Möwen. Der Fluss ist in dieser Gegend etwa dreihundert Yards (etwa neunhundert Fuß) breit, sehr tief und fließt über ein Bett von angeschwemmtem Sand. Wir fingen einige Forellen von beträchtlicher Größe nebst Weißfischen, die uns zusammen mit einer kleinen Quantität Pemmikan hinreichend nährten. Am 3. Juli lagerten wir uns unter 65°43'28" nördlicher Breite und 114°26'45" westlicher Länge, fuhren am folgenden Tag eine Reihe reißender Wasserfälle hinab und erreichten endlich eine Stelle, wo der Fluss beträchtlich breiter wurde. – Hier erhielten wir die angenehme Nachricht, dass unsere Jäger acht Moschuskühe erlegt hätten, von denen vier ausgewachsen waren. Die ganze Reisegesellschaft machte sich sogleich auf den Weg, diesen äußerst gelegenen Zuwachs an Lebensmitteln herbeizuholen. Die Moschusochsen grasen, so wie die Büffel, in Herden und halten sich häufig in den Sommermonaten auf unfruchtbarem Boden auf, entfernen sich jedoch nicht weit von den Ufern der Flüsse, ziehen sich aber im Winter in die Wälder zurück. Sie scheinen nicht so scheu zu sein wie die meisten anderen wilden Tiere, und wenn nur die Jäger gegen den Wind angehen, können sie den weidenden Moschusochsen sehr nahe kommen.

Wenn zwei oder drei Jäger sich einer Herde so weit nähern, dass sie aus verschiedenen Punkten auf sie steuern können, drängen sie sich immer dichter zusammen, anstatt sich zu zerstreuen und wegzulaufen. Sind aber die Wunden nicht tödlich, so werden sie wütend und stürzen auf die Jäger los, die sehr gewandt sein müssen, um ihnen zu entkommen. Gegen Wölfe und Bären können sie sich durch ihre mächtigen Hörner verteidigen; und wie die Indianer versichern, töten sie diese nicht selten. Die Moschusochsen nähren sich von den gleichen Substanzen, welche die Rentiere genießen, und die Fußspuren dieser beiden Tiergattungen sind sich so ähnlich, dass nur ein erfahrener Jäger sie zu unterschieden vermag. Das größte dieser Tiere, das wir je erlegten, wog nicht mehr als dreihundert Pfund. Ihr Fleisch hat einen unangenehmen Moschusgeruch, insbesondere, wenn das Tier mager ist, welches unglücklicherweise bei sämtlichen oben erwähnten acht Kühen der Fall war.

Auf der an dem erwähnten Tag zurückgelegten Strecke wechselte die Breite des Flusses von hundert bis zu zweihundert Fuß, und zwei offene breitere Stellen ausgenommen, bezeichnete der ganze Lauf einen starken Abhang des Flussbettes, welches, so wie die Ufer, aus Kiessand besteht. In der Nähe unseres damaligen Lagerplatzes wird es durch hundert bis zweihundert Fuß hohe Sandklippen begrenzt. Sandige Ebenen, die in der Entfernung von sechs bis sieben Meilen durch etwa tausend Fuß hohe Hügel begrenzt werden, füllen den Raum rundumher aus. Das Gras dieser Ebenen gewährt den Moschusochsen eine treffliche Weide, weshalb sie sich auch in so großer Menge hier aufhalten. – Nachdem unsere Jäger noch zwei Stück erlegt hatten, besaßen wir einen größeren Fleischvorrat, als unsere Leute frisch verzehren konnten; wir machten daher einen Rasttag, um eine gewisse Menge davon zu dörren und die Jäger mit neuer Munition auszuschicken, während Akaitcho, sein Bruder und noch ein anderer Indianer bei uns blieben.

Es muss hier bemerkt werden, dass wir den Häuptling seit seinem letzten Missbenehmen etwas kälter behandelt hatten, dass aber der Fleiß und die Tätigkeit, die er an diesem Ort auf der Jagd bewiesen hatte, uns bewogen, ihn vertraulicher zu empfangen, als er an jenem Abend zu uns ins Zelt kam. Gesprächsweise suchte er gegen seinen Unterhäuptling Hook Argwohn bei uns zu erwecken. »Ich weiß«, sprach er, »dass Ihr mich für den schlechtesten Mann meiner Nation haltet, aber ich kann Euch versichern, dass der Hook ein größerer Schurke ist, was Ihr, glaube ich, bald bemerken werdet.«

Morgens am 6. schifften wir uns wieder ein, passierten viele Wasserfälle und die Mündung des *Fairy Lake Rivers* (Gnomenseefluss), der von der Sage der Indianer, als seien seine Ufer von einem drei Zoll hohen – denen, die es antreffen, Heil bringenden – Gnomenvölkchen bewohnt, seinen Namen erhalten hat. Der Kupferminenfluss war hier etwa dreihundert Yards breit und durchgängig tief, wenngleich an einer Stelle der Kanal durch mehrere Sandbänke und niedrige, aus angeschwemmtem Boden bestehende, mit Weidenbäumen bewachsene Inseln beengt war. Die sandigen Ufer sind hier spärlich mit Holz bewachsen, weiterhin aber bestehen sie aus kahlem Sand.

Einer von unseren Jägern schoss auf zwei braune Bären, deren einen er verwundete, worauf der Bär sich augenblicklich umwandte und ihn verfolgte. Seine Gefährten in den Kanus eilten ihm zu Hilfe, konnten aber keinen von den Bären erlegen. – Wir lagerten uns am Fuß einer Kette von Bergen, die zwölf- bis fünfzehnhundert Fuß hoch waren, eine rundliche Form und eine unebene Außenseite hatten. Dies war die erste, diesen Namen verdienende Bergkette, welche wir in jenem Land gesehen hatten. Wahrscheinlich ist sie eine Fortsetzung der von Hearne bereisten *Stony Mountains* (Steinigen Bergen). Neben unseren Zelten zeigten sich mehrere Pflanzen in voller Blüte, und Dr. Richardson sammelte einige auf den Gipfeln der Hügel.

In der Nacht war es sehr kalt, und um vier Uhr morgens stand das Thermometer auf 40°. Rasch glitten wir jetzt den Strom hinab und trafen morgens um sieben Uhr im Lager des Unterhäuptlings (Hook) ein, welches auf dem Gipfel einer hohen, vom Fluss bespülten Sandklippe aufgeschlagen war. Der Unterhäuptling hatte nur drei Jäger und einige alte Männer mit ihren Familien bei sich; der Rest seines Trupps war am Bärensee zurückgeblieben. Als er unseren Mangel an Lebensmitteln vernahm, trat er sogleich mit uns in Unterhandlung. Als einen vorläufigen Beweis unserer Achtung schmückte ich ihn mit einer

Medaille, gleich denen, welche die Oberhäupter erhalten hatten. Hierauf äußerte der Unterhäuptling sein Bedauern, dass er wegen der ungewöhnlichen Seltenheit des Wildes in diesem Jahr und wegen des verspäteten Empfangs der Munition vom Fort Providence nicht so viel Wildbret, wie er gewünscht hätte, für uns gesammelt habe. »Doch will ich Euch alles geben, was ich habe«, fuhr er fort, »so wenig es auch ist; denn zu viel verdanken wir den Weißen, als dass wir sie in unserem Land an Lebensmitteln Mangel leiden lassen, solange wir nur irgendetwas haben. Unsere Familien können von Fischen leben, bis wir uns Fleisch verschaffen.« Er befahl hierauf in unserer Gegenwart, dass die Weiber alles Fleisch, welches sie hätten, herbeibringen sollten; dies geschah, und wir füllten damit drei und einen halben Beutel voll Pemmikan; auch erhielten wir noch etwas gedörrtes Fleisch und Zungen, die wir in Anweisungen auf die Nordwest-Kompanie bezahlten, welchen wir ein Geschenk an Munition beifügten. Ich versuchte hierauf, den Unterhäuptling zu bewegen, dass er mit seinen Jägern bis zum Herbst in der Umgebung weilen möchte, um Lebensmittel an verschiedenen Stellen des Weges bis zum Meer zu sammeln für den Fall, dass wir genötigt sein sollten, auf dem gleichen Weg zurückzukehren. Er erbat sich für seine Antwort bis zum folgenden Tag Bedenkzeit und stimmte dann zu; worauf Folgendes unter uns verabredet wurde: Er versprach, bis zum November an der Ostseite des Bärensees, wo es zu allen Zeiten einen Überfluss von Wildbret gibt, mit seinen Jägern zu weiden, und zwar an derjenigen Stelle, die dem Kupferminenfluss am nächsten ist und mit demselben durch eine Kette von Landseen verbunden ist. Hier wollte er die Hauptniederlage von Lebensmitteln anlegen; während des Sommers aber sollten sich die Jäger damit beschäftigen, Vorräte an gedörrtem Fleisch nicht nur längs der Kommunikation mit dem Fluss, sondern auch an dessen Ufern bis zu den Kupferbergen *(Copper Mountains)* zu verteilen, und besondere Merkzeichen dabei befestigen. Wir schlossen mit ihnen hierüber einen Kontrakt, wonach sie reichlich bezahlt werden sollten, möchten wir nun auf diesem Weg zurückkehren oder nicht. Wäre Ersteres der Fall, dann sollten sie uns nach dem Fort Providence begleiten, um ihren Lohn zu empfangen, wenn nicht, so wollten wir von der Seeküste aus durch Herrn Wenzel die nötigen Papiere absenden, um ihnen ihre Bezahlung zu sichern. – Nachdem sie ihre vollkommene Zufriedenheit mit dieser Übereinkunft geäußert und die zahllosen Gefahren unserer weiteren Reise in den stärksten Farben geschildert hatten, warnten sie uns ernstlich vor der Verräterei der Eskimos und vor der Unternehmung einer zu langen Küstenfahrt, wo wir dem Mangel an Feuerung und einer zu heftigen Kälte ausgesetzt sein würden. Jetzt wurde auch der Wunsch des seit mehreren Jahren kränklichen Unterhäuptlings erfüllt, Dr. Richardson zurate zu ziehen, da Letzterer ihn mit Arzneimitteln versah. – Dieser Lagerplatz war unter 66°45'11" nördlicher Breite und 115°42'23" westlicher Länge aufgeschlagen.

Auf unserer weiteren Fahrt waren Akaitcho und sein Bruder, der Pfadfinder, im ersten Kanu und der alte Keskarrah im zweiten. – Der Fluss strömte in einem sandigen Bett und wand sich zwischen zwei Hügelketten hindurch. Dann trafen wir an der schon oben erwähnten Stelle ein, wo sich der Verbindungsweg zum Bärensee eröffnet. Sie ist sehr bemerkenswert als der westlichste Teil des Kupferminenflusses und als der Punkt, wo dieser seinen nördlichen Lauf wieder aufnimmt und durch die hohe Bergkette, mit der er bis dahin dreißig Meilen weit parallel geflossen ist, sich seinen Lauf bahnt. Da die Indianer von hier aus mit ihren Familien in drei Tagen bis zu dem Punkt, wo sie weilen wollten, zu reisen gedenken, so kann die Entfernung nicht mehr als sechzig Meilen betragen, und angenommen, dass der Lauf gerade in westlicher Richtung geht, wie unser Pfadfinder behauptete, so würde jener Ort am östlichen Teil des Bärensees unter 118¼° westlicher Länge liegen.

Jenseits dieser Stelle wird der Fluss schmaler und bildet eine Reihe von Wasserfällen. Die Ufer sind fortwährend mit Bergketten bedeckt und abwechselnd mit einzelnen Tonflächen, worauf verkrüppelte Fichten wachsen. – Abends um sechs Uhr gewahrten wir am Ufer ein Merkzeichen, das bei näherer Untersuchung erst neuerlich von Indianern hier aufgesteckt sein musste, und zwar hatten wir Gründe zu vermuten, dass sie sich noch in der Nähe aufhalten müssten. Wir schlugen daher hier unser Lager auf und machten ein großes Signalfeuer, das sie auf gleiche Weise beantworteten; Herr Wenzel wurde sogleich an sie abgesandt, in der Hoffnung, Lebensmittel von ihnen zu erlangen. Bei seiner Rückkehr vernahmen wir, dass die Gesellschaft aus drei alten Kupferindianern bestand, die sich seit dem letzten Herbst mit Bogen und Pfeilen hier ernährt, seit einem Jahr aber das Fort Providence nicht besucht hatten. Auf diese Weise hatten sie so viel Wild erlegt, dass sie imstande waren, uns mehr als siebzig Pfund gedörrtes Fleisch und sechs Elchhäute zu überlassen, die einen umso viel größeren Wert für uns hatten, da wir Gefahr liefen, vor dem Ende unserer Reise barfuß gehen zu müssen.

Am folgenden Morgen gingen wir selbst zu jenen Indianern und gaben ihnen für das Empfangene Anweisungen auf die Nordwest-Kompanie. – Jenseits jener Stelle wird der Fluss zwischen hohen Uferbänken bis auf hundertzwanzig Yards eingeengt und die Strömung weit stärker. Dann kamen wir an einen Wasserfall, den die Indianer uns zuvor als unbefahrbar für Kanus beschrieben hatten. Der Fluss strömt hier dreiviertel Meilen weit in einen tiefen, engen und gekrümmten Kanal hinab, welchen er sich durch den Fuß eines fünf- bis sechshundert Fuß hohen Hügels gebahnt hat. Die Hauptströmung des Flusses schießt mit der größten Heftigkeit schäumend um die vorspringenden Felssäulen, bis er sich am nördlichen Ende ergießt. Nachdem jedoch die Kanus von einem Teil ihrer Ladungen entlastet waren, durchfuhren sie dieses Defilee unbeschädigt. Während dieser Durchfahrt erlegten die Jäger am Ufer sechs Moschusochsen, deren Fleisch auf der Stelle gedörrt wurde. – Die Gegend unterhalb des Defilees besteht aus sandigen Ebenen mit einzelnen kugelförmigen, sandigen Anhöhen, im Westen begrenzt von der Fortsetzung der Bergkette, die wir unfern des Bärensees passiert hatten, und im Osten und Norden von den zwölf Meilen entfernten, von Herrn Hearne bereisten Kupferbergen. Auf diesen Ebenen sieht man Gruppen von etwa dreißig Fuß hohen Pechtannen. Wir lagerten uns an jener Stelle unter 67°1'10" nördlicher Breite und 116°27'28" westlicher Länge.

Jetzt sandten wir unsere Jäger voraus, um unter Leitung des Dolmetschers Adam auf den Kupferbergen zu jagen; doch gaben wir ihnen strengen Befehl, kein großes Feuer anzuzünden, um nicht etwa herumstreichende Trupps von Eskimos zu beunruhigen.

Da unser Pfadfinder uns berichtet hatte, dass der Fluss unterhalb unseres Lagerplatzes voll von Untiefen sei, so ließen wir, um die Kanus zu erleichtern, einige unserer Leute am Ufer zu Fuß gehen; allein sie wurden von den Moskitos so heftig geplagt, dass sie sich bald wieder einschiffen mussten.

Nachdem die Gewässer des Kupferminenflusses durch die sich in denselben ergießenden kleinen Flüsse, unter anderen durch den Mouse River, vermehrt waren, wurde die Strömung desselben immer reißender. Am Fuß der Kupferberge trafen wir unsere Jäger, die bereits drei Moschusochsen erlegt hatten. Dieser Umstand bestimmte uns, an einer waldigen Stelle haltzumachen, um das Fleisch zu dörren. Wir benutzten diesen Aufenthalt auf den Kupferbergen, zufolge meiner Instruktionen nach Erzen zu suchen, und einundzwanzig Mann stark begaben wir uns zu dem Zweck auf den Weg. Neun Stunden lang durchstreiften wir das Gebirge, fanden aber nur einige kleine Stückchen Kupfererz. Die Bergkette, welche wir bestiegen, lag an der Westseite des Flusses und erstreckte sich von Westnordwesten nach Ostsüdosten. Die Höhe der Berge wechselte von acht- bis neunhundert Fuß, und mitunter umfassten sie enge, von kleinen Flüssen durchströmte Täler, in denen wir die besten Proben von Metallen zwischen den Steinen auffanden. Unsere Pfadfinder berichteten uns, dass sie an einer zwei Tagereisen weiter nordwestlich in dieser Bergkette liegenden Stelle allenthalben große Stücke Kupfer gefunden hätten und dass auch die Eskimos dorthin kämen, um nach Kupfer zu suchen. Die jährlichen Reisen, welche die Kupferindianer auf diesen Bergen zu machen pflegten, als noch ihre Waffen und Gerätschaften aus Kupfer verfertigt wurden – haben aufgehört, seitdem sie dergleichen von den nächsten Handelsposten erhalten. – Die Unmöglichkeit, den Kupferminenfluss stromaufwärts vom Meer zu beschiffen, und der Mangel an Holz, um dort eine Niederlassung anzulegen, würden jeder Unternehmung einer Handelsspekulation zur Gewinnung des Kupfers in diesen Gegenden unüberwindbare Hindernisse in den Weg legen.

Wir hatten auf dieser Wanderung Gelegenheit, die Umgebung von mehreren hohen Punkten herab zu überschauen. Nur zwei bis drei kleine, noch zum Teil gefrorene Landseen waren sichtbar; auch lag auf den Bergen noch viel Schnee. Nur am Rand des Flusses sah man noch einige Bäume; die Berge an beiden Ufern aber waren kahl.

Jetzt belief unser ganzer, zur Aufbewahrung bestimmte Vorrat an Lebensmitteln sich auf einen vierzehntägigen Verbrauch, täglich drei Pfund für den Mann gerechnet. – Wir lagerten in dieser Gegend unter 67°10'30" nördlicher Breite und 116°25'45" westlicher Länge.

Am 12. Juli weigerten sich die Indianer, welche wussten, dass der Fluss unterhalb dieses Punktes nur eine Reihe von Wasserfällen war, ihre Kanus weiter mitzunehmen; da ich jedoch der Meinung war, dass es nötig sein würde, wenigstens *eins* bei uns zu haben für den Fall, dass wir genötigt sein sollten, die Küste entlangzugehen, so befahl ich zweien von unseren Leuten, es zu führen.

Jetzt betraten wir die Grenzen des Landes der Eskimos; unsere Pfadfinder empfahlen uns Vorsicht in der Anzündung unserer Feuer, damit unsere Gegenwart nicht bemerkt würde. Aus dem gleichen Grund rieten sie, so viel wie möglich in den Tälern zu wandern und die Gipfel der Hügel zu meiden. Beim Einschiffen nahmen wir bloß den alten Keskarrah mit uns; die übrigen Indianer gingen das Flussufer entlang. Auf dieser ganzen Tagesreise fanden wir die Strömung sehr heftig, sodass wir jede Stunde an die fünf Meilen zurücklegten; übrigens war die Schifffahrt ziemlich gut, sodass wir nur einmal das Kanu zu tragen brauchten. Der Fluss ist an vielen Stellen zwischen Felswänden eingeengt. Große Eismassen, zwölf bis vierzehn Fuß dick, hingen an manchen Teilen des Ufers und zeigten den späten Abzug des Winters auf diesem unwirtlichen Land, wenngleich der Boden rund umher in voller Vegetation war. – Abends kehrten unsere indianischen Jäger mit der Nachricht zu uns zurück, dass sie von einem Bären angefallen worden seien, der, während sie miteinander gesprochen hätten, auf sie losgesprungen sei – und zwar so plötzlich, dass sie keine Zeit gehabt hätten, ihre Flinten gehörig auf ihn zu richten, und alle fehlgeschossen hätten, außer Akaitcho, der, gefasster als die Übrigen, den Bären erlegt habe. Die Indianer essen kein Bärenfleisch; da sie jedoch wussten, dass wir kein solches Vorurteil hatten, brachten sie uns einige der auserlesensten Stücke mit, die wir sehr wohlschmeckend fanden.

Sobald wir uns, nach der Anzeige unserer indianischen Begleiter, innerhalb von zwölf Meilen vor dem Wasserfall befanden, wo sie jederzeit Eskimos angetroffen hatten, schlugen wir unsere Zelte am Strand zu Füßen eines hohen Hügels auf, von dessen Gipfel wir die Umgebung genau erspähen konnten. Wirklich fanden wir in der Nähe unserer Zelte Spuren eines frischen Lagers, und die Baumstämme trugen Spuren steinerner Äxte, derer die Eskimos sich zu bedienen pflegen. Nachts musste ein Offizier, nebst vier Kanadiern und einem Indianer, Wache halten, und die übrige Gesellschaft schlief mit den Waffen zur Seite. Um unseren Verkehr mit den Eskimos so bald wie möglich zu eröffnen, trafen wir sogleich Anstalt, einige Leute vorauszusenden, ob sich irgendjemand von dieser Nation in unserer Nähe befinde, und unsere Dolmetscher Augustus und Junius wurden zu diesem Geschäft zu ihrem großen Vergnügen ausersehen. Der Erste wurde mit einigen kleinen Geschenken versehen, um sie unter die Eskimos zu verteilen und ihnen zu sagen, dass weiße Männer gekommen seien, um zwischen ihnen und allen ihren Feinden Frieden zu machen und zugleich eine Durchfahrt zu entdecken, durch die ihnen alle Handelsartikel, derer sie bedürften, in großen Schiffen zugeführt werden könnten. – Beide Dolmetscher legten eine Eskimokleidung an, die zu dem Zweck im Fort Enterprise verfertigt worden war. Sie wurden beauftragt, nicht zu erwähnen, dass wir von Indianern begleitet wären, und womöglich einige Eskimos bei ihrer Rückkehr zu uns mitzubringen. –

Wenn sie in der Nähe des Wasserfalls kein Lager dieser Nation anträfen, sollten sie sogleich zu uns zurückkehren. So verließen uns diese bei der ganzen Reisegesellschaft beliebten Leute, begleitet von unseren Wünschen für ihre baldige Rückkehr.

Dr. Richardson, der die erste Nachtwache hatte und auf den Gipfel des Hügels gestiegen war, bemerkte, dass neun weiße Wölfe in Form eines Halbmondes sich um ihn versammelt hatten und näher kamen. Als er aufsprang, standen sie still; als er aber vorwärts ging, nahmen sie ihre Richtung gegen die Zelte. Er hatte die Flinte in der Hand, enthielt sich aber des Feuers, um nicht die etwa in der Nähe befindlichen Eskimos aufzuschrecken. Herr Wenzel, der nach ihm die Wache übernahm, sah die

Wölfe mehrmals auf der Höhe erscheinen, und einmal gelang es ihnen, ein Rentier den steilen Abgrund hinabzutreiben; doch nahm es von dem Fall keinen Schaden, sondern durchschwamm den Fluss und entkam. –

Als am anderen Morgen unsere Dolmetscher nicht zurückkehrten, beschlossen wir, uns selbst auf den Weg zu machen, um die Ursache ihres Ausbleibens zu erforschen, die Indianer aber einstweilen zurückzulassen, damit die Eskimos unsere Absichten nicht beargwöhnen möchten. Aber nur mit großer Mühe und unter der Bedingung, dass Herr Wenzel bei ihnen bleiben sollte, verstand sich Akaitcho dazu, auf uns im Lager zu warten, das unter 67°23'14" nördlicher Breite und 116°6'51" westlicher Länge lag. –

Wir zogen daher die vielen Krümmungen und Wasserfälle des Flusses stromabwärts und erreichten eine Bergkette, die wir in der gespanntesten Erwartung bestiegen, in der Hoffnung, den Wasserfall zu sehen, den Herr Hearne am Fuß derselben erreichte, und zugleich das Meer auf dem Gipfel zu erblicken. Doch wurde unsere Erwartung enttäuscht, und wir sahen jenseits nichts als eine Ebene, ähnlich der, die wir verlassen hatten, begrenzt von einer anderen Hügelkette, zwischen deren Öffnungen einige ferne blaue Berge sich zeigten. Das flache Land war mit Gras bedeckt, aber die einzelnen auf der Ebene verstreuten Hügel waren dürr und unfruchtbar. An den Ufern des Flusses zeigten sich einige verkrüppelte Tannen. Abends hatten wir das Vergnügen, unserem Dolmetscher Junius zu begegnen, der uns benachrichtigte, dass sie an einem Wasserfall, den wir für den von Herrn Hearne beschriebenen erkannten, vier Eskimozelte gefunden hätten. Die Bewohner derselben waren bei ihrer Ankunft noch im Schlaf gewesen, hatten sich aber sogleich erhoben, da denn Augustus ihnen erzählte, dass Weiße angelangt seien, die ihnen nützliche Geschenke machen wollten. Da zwischen dem Sprechenden und seinen Zuhörern der rauschende Strom floss und sie, was er sagte, nicht deutlich hören konnten, so näherte sich ihm ein Eskimo im Kanu, wollte aber nicht am jenseitigen Ufer landen, auch die ihm von Augustus dargebotenen Geschenke nicht annehmen; auch die übrigen Eskimos zeigten sich durch seine ersten Äußerungen über unsere Ankunft, die sie zu verstehen schienen, sehr beunruhigt, obwohl ihre Mundart von der unseres Abgesandten einigermaßen abwich. Da Augustus sich darauf verlassen hatte, bei seinen Landsleuten Nahrungsmittel zu finden, und deshalb keine mitgenommen hatte, so wurde Junius zurückgeschickt, diesem Mangel abzuhelfen. Nachdem wir uns hierauf gelagert und den ermüdeten Junius einige Ruhestunden hatten genießen lassen, schickten wir ihn, begleitet von Hepburn, zu seinem Gefährten zurück. Bald nach ihrer Entfernung kamen, trotz unseres Verbots, die Indianer uns unter leeren Vorwänden nach, wovon Herr Wenzel sie nicht abzuhalten vermocht hatte. – Noch am gleichen Abend genoss Doktor Richardson vom Gipfel eines hohen drei Meilen vom Lager entfernten Hügels herab des ersten Anblicks der See, die mit Eis bedeckt zu sein schien. Es fand sich, dass die blauen Berge, die wir am Vormittag gesehen hatten, ein großes nordöstlich liegendes Vorgebirge waren, dem ich den Namen Kap Hearne gab. Dr. Richardson sah von seinem hohen Standpunkt aus die Sonne einige Minuten vor Mitternacht untergehen und hatte seinen kurzen Rückweg zum Lager noch nicht ganz zurückgelegt, als ihre Strahlen schon wieder die Gipfel der Hügel vergoldeten.

Am folgenden Tag (15. Juli) fanden wir neue Schwierigkeiten, die Indianer zum Zurückbleiben zu bewegen; und nur durch die ernste Versicherung, dass sie im Fall fernerer Weigerung der ihnen versprochenen Belohnung verlustig gehen würden, erreichten wir endlich unseren Zweck. Wir ließen einen Kanadier bei ihnen und setzten unsere Reise fort. Der Fluss strömt hier zwischen hohen Felsenklippen von rötlichem Schieferton und Uferbänken von weißem Ton und ist voll Untiefen und gefährlichen Wasserfällen. Mittags (15. Juli) fanden wir Hepburn am Ufer auf uns warten, mit der Nachricht, dass der Fluss bis zum nächsten Wasserfall eine fortgesetzte Untiefe aufweise. Wir setzten daher unsere Reise zu Fuß fort. In der Nähe desselben hatte der Boden eine seltsame Gestalt; große unregelmäßige Sandhügel begrenzten beide Ufer; weiter im Innern war das Land mit hohen begrünten Hügeln bedeckt; der Fluss erweiterte sich, sodass wir zwischen den Untiefen ohne Schwierigkeit einen Kanal fanden. Sehr unzufrieden waren wir zu vernehmen, dass einige von unseren vorausgegangenen Leuten sich, während unser Dolmetscher mit einer Anzahl Eskimos sich in ein Gespräch einließ, auf den Hügeln zeigten – ein Anblick, woraus die Eskimos, die schon im Begriff waren, sich uns zu nahen, Argwohn schöpften und sich zurückzogen und auf einer kleinen Insel weiter stromabwärts Schutz suchten, nachdem sie ihre Zelte abgebrochen hatten. Da wir bemerkten, dass sie ihre ganze Habe, unter anderem auch zehn Hunde, zurückgelassen hatten, so vermuteten wir, sie würden zurückkehren, wenn der erste Schreck vorüber wäre, und weilten, ihrer harrend, bis zum folgenden Tag, schickten ihnen auch unsere beiden Dolmetscher nach, um sie womöglich wieder zurückzubringen; aber vergebens. Unter ihren zurückgelassenen Sachen waren einige steinerne Kessel und Beile, einige kupferne Wurfspieße, um Fische zu erlegen, ein paar Stücke Eisen, eine Anzahl Tierhäute und etwas getrockneter, halb verfaulter Lachs; Fischgedärme waren zum Trocknen ausgebreitet, und auch eine Menge Häute von kleinen Vögeln sowie zwei Mäuse waren zu gleichem Zweck aufgehängt worden. Hieraus ergab sich, dass dies arme Volk alles, was nur irgend zu Nahrungsmitteln dienen kann, aufbewahrt. – Mehrere Menschenschädel, welche Zeichen von Gewalteinwirkung an sich trugen, und viele Menschenknochen sah man in der Umgebung des verlassenen Lagers umherliegen. Da diese Stelle genau der Beschreibung entspricht, die Herr Hearne von dem Ort macht, wo die ihn begleitenden Chipewyans ein so grausames Blutbad unter den Eskimos anrichteten, so zweifelten wir nicht, dies sei der Schauplatz jener Szene, ungeachtet einiger Abweichung der von ihm angegebenen Lage, die wir auf 67°42'35" nördlicher Breite und 115°49'22" östlicher Länge berechneten; wir haben daher den Namen *Bloody Fall* (Blutiger Wasserfall), den Herr Hearne dieser Stelle gab, beibehalten. – In unserem Fischfang waren wir hier sehr glücklich, denn ein einziges Netz brachte uns vierzig treffliche Fische von verschiedenen Lachs- und Weißfischgattungen. Während der ganzen Tagesreise hatten wir keinen Baum gesehen, und unsere Feuerung bestand aus kleinen Weidenzweigen und Stückchen verdorrten Holzes, die wir bei dem Eskimo-Lager fanden. Übrigens ist der Boden mit gutem Gras bewachsen und trägt die meisten Gattungen von Gesträuchen und Beeren tragenden Pflanzen, die wir nordwärts vom Fort Enterprise sahen. Überhaupt hat das Land ein weit fruchtbareres Aussehen als das der Kupferindianer. Von den Hügeln herab sahen wir deutlich das Meer, welches voll Inseln und durch Eis gehemmt zu sein schien.

Am 16. schickten wir einen Kanadier ab, Akaitcho von der Flucht der Eskimos zu benachrichtigen, und beeilten uns, in einem unserer Kanus seewärts zu fahren, als wir Nachricht erhielten, dass ein Trupp Eskimos einige unserer Leute verfolgten, die wir zum Holzsammeln ausgeschickt hatten. Die zum Einschiffen bereits getroffenen Anstalten wurden daher eingestellt, und wir eilten unseren Leuten zu Hilfe, die uns jedoch bald langsamen Schrittes entgegenkamen; sie berichteten, sie seien auf einen Trupp Eskimos, bestehend aus sechs Männern mit Weibern und Kindern, gestoßen, die mit einer Menge Hunde, welche ihr Gepäck zögen, den Weg nach dem Wasserfall nähmen. Beim Anblick unserer Leute hatten die Weiber sich sogleich versteckt, die Männer aber hatten in einiger Ferne von den Unsrigen haltgemacht, im Kreis herumgetanzt, von Zeit zu Zeit die Hände in die Höhe gehalten und dabei eine Art Freudenschrei ausgestoßen, begleitet von Gebärden, die, wie es schien, ihr Verlangen nach Frieden ausdrücken sollten. Unsere Leute grüßten sie durch Ziehen der Hüte und verbeugten sich, aber keine von beiden Parteien schien geneigt, sich der anderen zu nähern; endlich zogen die Eskimos sich zum Hügel zurück, von dem sie herabgekommen waren. Nach dieser Runde setzten wir unseren Weg fort, in der Hoffnung, es zu einer Zusammenkunft mit den Eskimos zu bringen; um sie aber nicht zu schrecken, bildeten wir keine Gruppe, sondern gingen in kurzen Entfernungen einzeln hintereinander, und an der Spitze unserer Kolonne war der Dolmetscher Augustus. Das Geheul der Hunde, die sie nebst ihrem Gepäck auf der Flucht zurückgelassen hatten, führte uns auf ihre Spur, und auf dem Gipfel des Hügels fanden wir hinter einem großen Stein einen alten Mann, der zu schwach gewesen war, seinen Landsleuten auf der Flucht zu folgen. Als Augustus sich ihm näherte, war er sehr erschrocken, und den Tod erwartend, ergriff er seine Lanze und stieß damit nach Augustus, vermutlich um nicht ungerächt zu sterben. Augustus wich jedoch leicht seinem schwachen Stoß aus und beruhigte ihn durch Versicherung unserer freundschaftlichen Gesinnungen, dem er ein kleines Geschenk aus Eisen beifügte. In diesen Verhandlungen traf Dr. Richardson unseren Augustus und den Alten, der das Geschenk annahm, auch völlig beruhigt und sehr mitteilsam geworden war. Seine Mundart wich von der unseres Dolmetschers ab; doch konnten sie einander ziemlich gut verstehen. – Der Alte erzählte, seine Reisegesellschaft bestehe aus acht Männern und ihren Familien, die von einem Jagdzug zurückkämen und gedörrtes Fleisch, das Ergebnis desselben, heimbrächten. Nachdem wir ihm gesagt hatten, wer wir seien, erwiderte er, mehrere an der Seeküste gegen Osten hin wohnende Landsleute hätten ihm von den Weißen erzählt; und auf unsere Erkundigung nach Lebensmitteln und Feuerung bemerkte er, dass die Rentiere im Sommer sich an der Seeküste aufhielten, dass die Mündungen der Flüsse sehr fischreich, auch viele Seehunde dort zu finden seien, doch weder Walfische noch Seepferde. Ein Walfisch sei jedoch, wie er sich erinnere, einst von einem fernen Stamm seines

Volkes, der durch Zufall durch Sturm an jenen Teil der Seeküste verschlagen worden war, erlegt worden. Moschusochsen seien eine kurze Strecke stromaufwärts zu finden sowie auch Treibholz an den Ufern der Flüsse. Jenseits des nächsten Flusses, den er *Nappa-arktok-towock* nannte, war ihm die Küste unbekannt. Abweichend von der Sitte der Indianer, fragte der Alte jeden von uns um seinen Namen und nannte uns den seinigen *Terreganoeuck*, was in seiner Nationalsprache so viel bedeutet wie Weißfuchs. Den Volksstamm, dem er angehörte, nannte er *Nagge-ook-tor moeoot* oder Rentierhorn-Eskimos. Sie besuchten – fuhr der Alte fort – den Blutigen Wasserfall gewöhnlich in diesem und den folgenden Monaten, um Lachs zu fangen und einzusalzen, und ziehen sich dann an einen Fluss zurück, der sich etwas nach Westen in die See ergießt (wir nannten ihn in der Folge Richardsonfluss), und verleben den Winter in Schneehütten.

Nach Beendigung dieses Gesprächs wünschte der Alte, zu seinem Gepäck zurückzukehren, welches er jedoch wegen seiner Schwäche nicht ohne Augustus' Unterstützung bewerkstelligen konnte. Hier angekommen, verteilte er unter uns mehrere Stücke von seinem gedörrten Fleisch, die, obgleich sie schon etwas in Fäulnis übergegangen waren, sogleich verzehrt wurden, da unter den Indianern die Annahme und der augenblickliche Genuss ähnlicher, in freundschaftlicher Absicht geschehener Spende eine Erwiderung der friedlichen Absichten des Gebers bedeutet.

Als wir ihm unser Verlangen zu erkennen gaben, so viel gedörrtes Fleisch, wie nur möglich wäre, zusammenzubringen, äußerte er, dass er einen großen Vorrat in der Nähe versteckt habe, den seine Landsleute, sobald sie zurückkehrten, herbeiholen sollten. – Auch stimmte er bereitwillig in meine ihm mitgeteilten Absichten ein, zwischen den Eskimos und den Kupferindianern Frieden zu stiften, und nahm es wohl auf, dass wir vom Stamm der Letzteren einige zu diesem Zweck mitgebracht hätten. Jetzt ließen wir Akaitcho und seine Leute hiervon benachrichtigen und sie zu uns entbieten und befahlen unseren beiden Dolmetschern, bei dem Alten zu bleiben, um den übrigen Eskimos, wenn sie zu ihrem Gepäck zurückkehrten, unsere Zwecke und Absichten deutlich auseinanderzusetzen.

Die Gesichtsbildung des alten Eskimos war von einer europäischen wenig verschieden, ausgenommen in der Kleinheit seiner Augen und Stirn. Er hatte eine frische rote Gesichtsfarbe und einen längeren Bart, als ich bis dahin unter den Urvölkern Amerikas gesehen hatte; er war zwei bis drei Zoll lang und ganz weiß. Sein Gesicht war nicht tätowiert. Seine Kleidung bestand aus einem Hemd oder einer Jacke mit einer Kapuze, weiten, bis an das Knie reichenden Beinkleidern und dicht anliegenden mit den Schuhen zusammengenähten Strümpfen; alle diese Kleidungsstücke waren aus Rentierfell, die Schuhsohlen aber aus Seehundsfell verfertigt und inwendig mit Federn ausgefüttert. Er war etwa fünf Fuß zehn Zoll hoch, aber vom Alter gebeugt. Hände und Füße waren im Verhältnis zu seiner Größe sehr klein. Wenn er ein Geschenk erhielt, legte er jeden Gegenstand zunächst auf die rechte, dann auf die linke Schulter; und wenn er noch größere Freude darüber ausdrücken wollte, rieb er mit demselben den oberen Teil seines Kopfes. Auf Äxte und andere eiserne Werkzeuge legte er den höchsten Wert. Als er zum ersten Mal sein Gesicht in einem Spiegel sah, rief er aus: »Nie werde ich wieder Rentiere töten!«, und legte sogleich den Spiegel weg. Seine Waffen bestanden in

Bogen und Pfeilen. Der Erstere bestand aus drei Stücken Tannenholz; nur das mittlere Stück bog sich, und die beiden anderen Stücke waren fest und zierlich mit dem mittleren verbunden. Die Kanus dieses Volksstammes glichen denen, die wir in der Hudson-Straße gesehen hatten; doch waren sie kleiner. Zum Fischfang bedienen sie sich nicht der Netze, sondern der Angel. Ihre Kochgerätschaften bestehen aus Töpferarbeit; auch verfertigen sie zierliche Schüsseln aus Tannenholz und Löffel aus den Hörnern der Moschusochsen.

Abends traf Akaitcho mit seinen Leuten in unserem Lager ein und berichtete uns, dass auch sie tags zuvor Eskimos getroffen und einen freundschaftlichen Verkehr mit ihnen eröffnet hätten. Erst am folgenden Tag gegen Mitternacht erhielten wir Nachricht, dass von den Eskimos sich niemand zu ihrem Gepäck zurückgewagt hätte als des alten Terregannoeucks bejahrtes Weib, welches die Kunde mitgebracht hatte, dass die übrige Reisegesellschaft an einen westwärts fließenden Strom gezogen sei, wo ein anderer Trupp Eskimos sich mit Fischen beschäftige. Derweil zeigte der Alte den Ort, wo er sein gedörrtes Fleisch aufbewahrt hatte, willig an; doch wurde es in einem so verfaulten Zustand gefunden, dass wir keinen Gebrauch davon machen konnten. Die Gattin des Alten hatte ungemein platte Gesichtszüge; ihr Gesicht war stark tätowiert, und ihre Kleidung war von der ihres Mannes wenig verschieden.

Nachmittags zeigten sich am östlichen Ufer des Flusses, etwa eine Meile unterhalb unseres Lagerplatzes, neun Eskimos, die ihre Kanus und ihr Gepäck auf dem Rücken trugen, sobald sie aber unsere Zelte gewahrten, die Flucht ergriffen. Die Erscheinung so vieler verschiedener Trupps dieser Nation erschreckte die Indianer so sehr, dass sie aus Furcht, umringt und vom Rückzug abgeschnitten zu werden, trotz aller Gegenvorstellungen beschlossen, uns zu verlassen; und mit ihnen hegten ihre beiden Dolmetscher, St. Germain und Adam, den gleichen Vorsatz, ungeachtet ihrer schriftlich übernommenen Verbindlichkeit, uns auf der ganzen Reise zu begleiten. Allein wir ließen sie so sorgfältig bewachen, dass sie ihren Fluchtplan nicht ausführen konnten. Die übrigen Indianer vermochten wir nicht an ihrem Abzug zu hindern; doch versprachen sie, zuvor an den Ufern des Kupferminenflusses so viel gedörrtes Fleisch für uns an bestimmten Orten in Verwahrung zu bringen, wie nur irgend möglich sei. Wir gaben ihnen zu dem Zweck so viel Munition auf den Weg mit, wie wir entbehren konnten, und setzten unseren Weg an die nur neun Meilen vom blutigen Wasserfall entfernte Meeresküste fort.

Als wir einige Wasserfälle zurückgelegt hatten, fanden wir den Fluss breiter und schiffbarer für die Kanus, da seine Ufer hier aus angeschwemmtem Sand bestehen. Weiterhin bildet er zwei Kanäle, von denen nur der westliche für Kanus schiffbar, der andere aber durch eine Klippe versperrt ist. Die seewärts liegenden zahlreichen Inseln sind hoch. Gegen Osten bilden sie eine Kette, die dem Anschein nach durch das sie umgebende Eis eine zusammenhängende Masse war und zwischen ihren Ufern und der Küste des Festlandes nur einen Kanal von etwa drei Meilen offen ließen. Das Wasser dieses Kanals war von hellgrüner Farbe und entschieden salzig, nicht aber, wie Herr Hearne behauptet, bloß *etwas* salzig. Es stieg und fiel wechselnd um vier Zoll. Die Küste war mit einer Menge Treibholz bestreut, das größtenteils von der *Populus balsamifera*, jedoch von der kleineren Gattung war. Einige verkrüppelte Weiden wuchsen unfern unseres Lagers. Auch sahen wir etliche Enten, Möwen und Rebhühner. Unsere Netze waren an der Mündung des Kupferminenflusses sehr ergiebig und lieferten uns Lachs, Weißfische und zwei Gattungen von *Pleunorectes.* In der Nähe der Seeküste bemerkten wir eine bedeutende Veränderung in der Temperatur, während der Wind von Süden sich nach Nordwesten wandte.

Am 19. schickte ich Herrn Wenzel ab, um Depeschen nach England zu befördern und instruktionsmäßige Anstalten zur Sicherung unserer Lebensmitteln zu treffen; ihn begleiteten fünf Kanadier, die ich, um die uns so spärlich zugemessenen Lebensmittel zu schonen, aus dem Dienst entließ, sodass unsere ganze Reisegesellschaft in allem noch aus zwanzig Personen bestand. – Nachdem Herr Wenzel und seine Begleiter mit Munition versehen waren, behielten wir noch tausend Kugeln und etwas mehr als die angemessene Menge Pulver. – Unser Lagerplatz an der Mündung des Kupferminenflusses befand sich unter 67°47'50" nördlicher Breite und 115°36'49" westlicher Länge – eine Bestimmung, die von der des Herrn Hearne bedeutend abweicht; allerdings ließen alle Umstände die Identität der Örtlichkeit nicht bezweifeln. Eins von den hervorstehendsten Vorgebirgen nannte ich, zu Ehren dieses beharrlichen Reisenden, Kap Hearne, ein anderes Kap Mackenzie; und dem Strom, westwärts des Kupferminenflusses, gab ich zu Ehren unseres Begleiters den Namen Richardson. – Die Sonne ging in jener Nacht um halb zwölf Uhr unter. – Die Reiseroute vom Fort Enterprise bis an die Mündung des Kupferminenflusses betrug dreihundertvierunddreißig Meilen.

9. Kapitel

Schifffahrt auf dem Polarmeer – Bemerkungen über die Wahrscheinlichkeit einer nordwestlichen Durchfahrt

Es war unsere Absicht, uns am 20. Juli 1821 einzuschiffen; doch wurden wir von einem starken Nordostwind davon abgehalten, der unter steten Gewitterschauern den ganzen Tag anhielt. Sobald es jedoch stiller wurde, begannen wir unsere Fahrt auf dem Hyperboreischen Meer. Sehr bald landeten wir auf einer Insel, wo die Eskimos einen Vorrat von Treibholz aufgeschichtet, auch viele Fischergerätschaften, Schlitten, Seehunds-, Moschusochsen- und Rentierfelle niedergelegt hatten. Wir nahmen von diesen Vorräten bloß vier Seehundsfelle, um unsere Schuhe auszubessern, und ließen dagegen einen kupfernen Kessel nebst anderen Kleinigkeiten zurück.

Den ganzen Tag ruderten wir nach Osten zwischen der Küste und einer dichten Inselkette, sahen aber wenig Eis in unserer Nähe. Nordwärts hingegen erblickten wir in der Ferne Eis und etwas näher einen kleinen Eisberg. – Nachdem wir an der Küste des Festlandes unser Nachtlager genommen und uns mit einem auf einer Insel erlegten fetten Rentier ein gutes Mahl bereitet hatten, setzten wir unsere Fahrt in gleicher Richtung fort. Die Küste war mit Pflanzen von mittelmäßiger Höhe bedeckt und allenthalben sehr zugänglich. Die Inseln sind felsig, unfruchtbar und bieten hohe Klippen von säulenförmiger Formation dar. Die westlichste Inselgruppe, welche wir passierten, nannte ich zu Ehren des Gouverneurs der Hudson-Bay-

Kompanie die Berens-Inseln und die östlichste Sir-Graham-Moore-Insel. An unserem Landungsplatz sahen wir einige Muschelschalen und eine Seegras-Pflanze; dies war der einzige Ort an der Meeresküste, wo wir Muschelschalen fanden. Zu unserer Freude war der Strand mit einer Fülle von kleinem Treibholz bestreut. – Es muss hier bemerkt werden, dass der Kupferminenfluss kein Treibholz ins Meer flößt, ebenso wenig wie irgendein anderer Strom, ausgenommen der Mackenzie, woraus man auf eine östliche Strömung schließen kann. – Das Thermometer wechselte zwischen 43° und 45°.

Am folgenden Tag segelten wir ohne Hindernis weiter und bemerkten keinen Wechsel in der Beschaffenheit der Küste; doch gegen Mittag fanden wir die Szene verändert; die Küste wurde äußerst felsig und unfruchtbar und bildete nordwärts ein hohes, steiles Vorgebirge, an dessen Fuß sich Treibeis angelegt hatte, durch welches wir uns nicht ohne Mühe einen Weg bahnten. Die Wassertiefe betrug hier siebzehn Faden. Die geringste Tiefe, die wir seit unserer Ausfahrt aus der Flussmündung gefunden hatten, war sechs Faden. Die Farbe des Seewassers war hellgrün; doch war das Wasser nicht sehr klar; übrigens ist es weit weniger salzig als das des Atlantischen Meeres. Wir sahen Gänse und Enten mit ihren Jungen, auch zwei Rentiere, und bemerkten eine große Veränderlichkeit der Temperatur, je nachdem der Wind wechselnd vom Land oder vom Eis herwehte. Eine Inselgruppe, die wir unter 67°42'15" nördlicher Breite und 112°30' westlicher Länge passierten, benannte ich zu Ehren des Vizeadmirals Lawford nach seinem Namen.

Ein frischer Wind hatte nachts das Treibeis vom Land abgelöst, sodass wir am folgenden Morgen unsere Fahrt

Kap Barrow

ungehindert fortsetzen konnten. Doch nötigte uns ein widriger Wind, nach einer Fahrt von neun Meilen im Port Epworth Schutz zu suchen. Dieser Teil der Küste ist der unfruchtbarste und unwirtlichste, den man sich denken kann. Eine Klippe folgt der anderen, und ihre Trümmer bedecken die dazwischen liegenden Täler, in denen sich nicht die mindeste Vegetation zeigt. Vom Gipfel dieser Klippen herab sah man Eis in jeder Richtung. – Sobald der Wind nachließ, schifften wir uns wieder ein und wurden bald darauf durch den Anblick eines Rentiers auf der Insel erfreut, welches wir glücklicherweise erlegten. Bald aber wurde unsere Fahrt aufs Neue durch Eis unterbrochen, welches uns nötigte zu landen. Hier bemerkten wir einige Fuchsschlingen und andere Spuren der Eskimos. – Seit zwei Tagen hatten wir im Steigen und Fallen des Seewassers bloß einen Wechsel von etwa neun Zoll wahrgenommen, der so unregelmäßig war, dass wir die Richtung der Ebbe und Flut nicht mit Zuverlässigkeit bestimmen konnten. – Sobald das Eis wieder vom Ufer abgetrieben war, schifften wir uns wieder ein, durchkreuzten eine Bay, die wir nach dem Vorsteher der Akademie von Belfast *Grays Bay* nannten, und ruderten an der östlichen Küste einem heftigen Wind entgegen. Dieser Teil der Küste ist voll tiefer Buchten, getrennt durch Halbinseln, die sich mehrere Meilen weit ins Meer erstrecken. – Ein starkes Ungewitter nötigte uns, an der Mündung eines etwa dreihundertfünfzig Fuß breiten Flusses, den wir nach unserem bisherigen Reisegefährten Wenzel benannten, zu lagern. Seine Ufer waren sandig und mit Kräutern bewachsen.

Der uns sehr günstige Wind verleitete uns, ungeachtet eines starken, anhaltenden Nebels weiterzufahren. Zwar hielten wir uns so nahe wie möglich an der Küste des Festlandes; allein bald wurden wir ungewiss, ob wir sie nicht verlassen hätten. Fand sich nun gleich beim Verschwinden des Nebels diese Furcht unbegründet, so bot sich dagegen die Ansicht vieler schwerer auf uns eindringenden Eismassen unseren Blicken dar. Die nahe Küste war zu steil und zu felsig, als dass wir unsere Ladungen hätten landen können; wir mussten uns daher entschließen, durch das Eis einen Weg zu suchen, wodurch denn die Kanus in die drohendste Gefahr gerieten, von den durch die heftigen Meereswogen bewegten Massen zertrümmert zu werden. Gleichwohl bewirkten wir die Durchfahrt und landeten in einem Hafen, den wir *Detention Harbour* nannten, wo wir die Spuren eines ehemaligen Eskimo-Lagers fanden. Ich benannte dieses Vorgebirge nach Herrn Barrow, Mitglied der Admiralität, dessen Bemühungen wir die kürzlich in der arktischen

Erdbeschreibung gemachten Entdeckungen hauptsächlich verdanken. Eine Bucht an ihrer Ostseite erhielt von dem Professor der königlichen Seefahrts-Schule zu Portsmouth den Namen *Inman Harbour* und eine gegenüberliegende Inselgruppe den des Professors der Mineralogie zu Edinburgh, Herrn Jameson.

In *Detention Harbour*, dem wir deshalb diesen Namen beilegten und der unter 67°53'45" nördlicher Breite und 110°41'20" westlicher Länge liegt, wurden wir mehrere Tage zum großen Nachteil unserer Vorräte, deren Mangel durch unsere erfolglosen Jagdversuche noch gesteigert wurde, durch die während der Nacht eingedrungenen Eismassen aufgehalten. Und als wir endlich notgedrungen unsere Kanus und Packstücke etwa anderthalb Meilen weit über die östliche Landspitze des Hafens tragen ließen – der übrigens einen sicheren Ankerplatz gewährt und einen schönen Sandgrund hat –, war dort das Eis unserer Fahrt ebenso nachteilig wie an dem Ort, den wir verlassen hatten. Unser Pemmikan war so schlecht bereitet, dass zwei Beutel fast ungenießbar waren.

Dr. Richardson entdeckte am Strand eine kleine Ader von Bleiglanz in einem Gneis-Felsen, und unsere Leute sammelten eine Quantität davon, in der Hoffnung, Kugeln daraus zu gießen; aber ihre Versuche, das Metall zum Schmelzen zu bringen, waren, wie man sich denken kann, vergeblich. Das hier gefundene Treibholz besteht aus Tannen und Balsampappeln *(Populus balsamifera)* und wird wahrscheinlich aus dem Mackenzie River oder irgendeinem anderen Strom ostwärts des Kupferminenflusses hierher geschwemmt.

In der Nacht vom 28. auf den 29. fror es so heftig, dass das Wasser in einem unserer Kochkessel morgens eine ziemlich starke Rinde hatte. Ungeachtet dieses Zustands der Temperatur wurden wir durch Schwärme von Moskitos gequält, von denen wir gehofft hatten, an der Seeküste befreit zu bleiben.

Mittags am 29. wagten wir es, ungeachtet der ungünstigen Aussichten, unsere Fahrt mitten durch Eismassen fortzusetzen, welches uns nach siebenstündiger Arbeit und großer Gefahr gelang. – Nachdem wir drei Meilen zurückgelegt hatten, erreichten wir die Einfahrt einer tiefen Bucht, deren Hintergrund mit einer Masse kompaktem Eis angefüllt war. Trotzdem gelang es uns nach anderthalbstündiger Arbeit, das jenseitige Ufer zu erreichen, wo wir haltmachten, um unsere Kanus auszubessern und zu Mittag zu essen. Ich benannte diese Bucht nach einem meiner Freunde, Herrn Moore. Ihre Ufer sind sehr malerisch, und der Strand ist mit grünenden Pflanzen bedeckt. – Um Mitternacht schifften wir uns wieder ein und erreichten ohne Hindernis den Arktischen Sund, wo wir aufs Neue mit einer Eisströmung zu kämpfen hatten und nach glücklicher Überwindung dieser Schwierigkeit auf eine Bucht zusegelten, die wir für die Mündung eines Flusses hielten und an deren Ufern wir uns lagerten. Nach unserer Wiedereinschiffung fand sich, dass wir am gesuchten Fluss, ohne ihn wahrzunehmen, vorübergesegelt waren, und fuhren in einen tiefen Arm des Sunds ein, welchem ich den Namen Baillies Cove gab.

Allen Umständen nach hielten wir jenen Fluss für den uns im Fort Chipewyan von Boileau und Black Meat beschriebenen Anatessy und das Kap Barrow für das Vorgebirge, welche jene beiden Indianer als das nördlichste Ende von Amerika annahmen. Allerdings hatten die Umrisse der Küste einige Ähnlichkeit mit der Karte, die sie uns mit Kohlen auf den Fußboden abzeichneten, und die Entfernung dieses Stromes zu dem Kupferminenfluss stimmte beinahe mit ihren Angaben überein. In der Folge unserer weiteren Reise vergewisserten wir uns jedoch, dass diese Mutmaßung unrichtig war und dass der Anatessy sich weiter östlich ins Meer ergießen muss.

Da unser Vorrat an Lebensmitteln jetzt nur noch für acht Tage reichte, war es ein Gegenstand der ersten Wichtigkeit für uns geworden, ihn zu vermehren; und da wir von dem alten Eskimo erfahren hatten, dass seine Landsleute in dieser Jahreszeit die Flüsse zu bereisen pflegen, beschloss ich, zur Behebung unseres Mangels oder auch allenfalls zur Vorbereitung eines Winteraufenthaltes von hier aus die Eröffnung eines Verkehrs mit ihnen zu versuchen – umso mehr, da wir am 31. Juli mehrere Rentiere gesehen hatten und der Fluss fischreich zu sein schien. Augustus, Junius und Hepburn wurden daher, versehen mit den nötigen Geschenken, abgesandt, um längs des Ufers Eingeborene aufzusuchen, um Lebensmittel und Leder von ihnen zu erlangen, auch womöglich Nachrichten über die Seeküste einzuziehen.

Unterdessen schlugen wir am ersten Wasserfall des Flusses unter 67°19'23" nördlicher Breite und 109°44'30" westlicher Länge unser Lager auf. Dem Fluss selbst gab ich in der Folge den Namen Hood. Er ist unterhalb des Wasserfalls drei- bis vierhundert Yards breit, an vielen Stellen aber sehr seicht. Die Ufer, das Bett und die anstoßenden Hügel bestehen aus einer Mischung von Sand und Ton, und der Boden ist mit kleinen Weiden und Zwergbirken bewachsen. Leider bewährte er sich nicht als fischreich; denn unsere Netze verschafften uns nur einen Lachs und fünf Weißfische; doch erlegten unsere Jäger bald darauf zwei Rentiere und einen braunen Bären; allein unsere Dolmetscher, die zwölf Meilen stromaufwärts gewandert waren, kehrten unverrichteter Dinge zurück, ohne irgendeine Spur von Einwohnern wahrgenommen zu haben. Der erlegte Bär war ein hageres, gelbbraunes Tier männlichen Geschlechts. Es hatte nur einen schwachen Versuch gemacht, sich zu verteidigen, und wurde ohne Mühe getötet. Die Kanadier wollten von dem Fleisch des Bären nichts genießen und gaben vor, dass er nach seiner Hagerkeit zu urteilen krank gewesen sein müsse. Wir Übrigen ließen die Pfoten kochen und fanden sie vortrefflich.

Die östliche Küste des Arktischen Sundes, der zum Andenken des berühmten Präsidenten der königlichen Gesellschaft der Wissenschaften, *Sir-Joseph-Banks-Halbinsel* benannt ist, fuhren wir jetzt entlang, umsegelten die Landspitze Wollaston an ihrem östlichen Ende und suchten zu erforschen, ob dies eine andere Bucht oder durch eine Inselkette führende Durchfahrt sei. Da der Anschein die letztere Meinung begünstigte, so beschlossen wir, südwärts unsere Richtung zu nehmen. Um von den Hügeln herab die Umgebung zu überschauen, landeten wir mehrmals und schossen bei dieser Gelegenheit mehrere Rentiere, welches denn die Nachricht bestätigte, dass um diese Jahreszeit jene Küste von diesen Tieren häufig besucht wird; doch ist es sonderbar, dass wir bis dahin fast lauter Junge erlegten, die nur für Leute, denen keine Wahl blieb, essbar waren. – So ruderten wir die westliche Küste entlang, mussten aber, weil es am Strand an Treibholz fehlte, auf einer Insel unser Lager aufschlagen. Ich muss hier bemerken, dass der Arktische

Sund der beste Ankerplatz ist, den wir an der ganzen Küste gefunden haben; insbesondere in jener Jahreszeit, wo man, wenn man mit guten Schützen versehen ist, seine Vorräte bedeutend vermehren kann. Denn außer Rentieren findet man den Hood River stromaufwärts auch Moschusochsen, und der feine, sandige Boden verspricht eine gute Fischerei.

Wir umruderten das südliche Ende der Insel und setzten unsere Fahrt nach Südosten fort, sehr zweifelnd, ob das Land zur Rechten Festland oder eine Inselkette sei. Die letztere Meinung wurde dadurch bestärkt, dass der Boden sehr uneben war und wir eine ausgedehnte Aussicht auf Browns Canal (so benannt nach einem meiner Freunde) hatten, dessen Mündung wir passierten. Auf der anderen Seite ließ uns die anscheinende Kontinuität des Landes an der Nordseite des Kanals, welches sich nach Süden auszudehnen schien, argwöhnen, dass wir in eine tiefe Bucht einführen. – In diesem Zustand des Zweifels landeten wir oft und bemühten uns fortwährend, vom Gipfel der nahe liegenden höchsten Hügel die Beschaffenheit der Küste zu beurteilen; aber vergebens. Wir ruderten die ganze Nacht in südöstlicher Richtung. Die Bucht, von der Anhöhe herab betrachtet, bot so viele Arme dar, dass wir über den zu nehmenden Lauf ungewisser als jemals waren. Gleichwohl war es unumgänglich notwendig, das Ende derselben zu sehen, bevor wir bestimmen konnten, dass es keine Durchfahrt sei. Wir brachten daher den ganzen 4. August damit hin, Kanäle, die eine Breite von fünf bis sechs Meilen hatten und sämtlich ihre Richtung nach Süden nahmen, zu durchrudern, und es gelang uns, an diesem Tag zu erkennen, dass das Land, welches wir seit dem Morgen des vorübergehenden Tages gesehen hatten, aus mehreren großen Inseln bestand, denen wir die Namen Goulburn, Elliot und Young beilegten; das Land zur Linken aber hatte immer noch ein ebeneres, zusammenhängendes Aussehen, und wir blieben ungewiss, ob es die Ostseite eines tiefen Sundes oder eine große Insel sei.

Als wir am 5. August zwölf Meilen in der Bucht oder Bay fortgerudert hatten, fanden wir zu unserem Verdruss, dass sie in einem Fluss endete, dessen Größe und Gestalt wir nicht erforschen konnten, weil die unter 66°30' nördlicher Breite und 107°53' westlicher Länge liegende Mündung durch Untiefen versperrt war. Ich nannte ihn nach unserem Reisegefährten, Back, und glaubte in der Folge Grund zu der Vermutung zu haben, dass dies der gleiche Fluss sei, welchen uns in einer früheren Periode unserer Reise der Indianer Black Meat unter dem Namen Thlueetessy beschrieben hatte. Für unseren Zeitverlust bei der Erforschung dieser Bucht wurden wir durch das Erlegen eines Moschusochsen und eines Bären am Ufer einigermaßen schadlos gehalten, insbesondere war das Fleisch des Letzteren (einer Bärin) von vortrefflichem Geschmack. Auch fingen wir eine Menge Fische mancherlei Art, unter anderem Lachsforellen, Rundfische, Tittamegs, Sternfische, mehrere Heringe und einen platten Fisch, ähnlich der Scholle, ausgenommen, dass er auf dem Rücken hornartige Auswüchse hatte. – Seehunde sahen wir in großer Menge; doch hielten sie sich so tief im Wasser, dass wir nicht auf sie schießen konnten.

Am 9. gelangten wir an eine Bay, die wir nach Sir I.A. Gorden benannten. Nachdem wir aber dreizehn Meilen in derselben zurückgelegt hatten, entdeckten wir von der Spitze eines Hügels, dass sie keine Durchfahrt darbot. –

Wir folgten dem östlichen Ufer der Hauptbucht etwa vierundzwanzig Meilen weit und freuten uns, als sich uns endlich die offene See wieder darbot; eine Inselgruppe im Westen verbarg den Kanal, durch welchen wir in die Bay eingefahren waren. Diese Bucht, deren Erforschung uns neun Tage gekostet hatte, enthält mehrere sichere Häfen, insbesondere in der Nähe der Mündung des Back Rivers, wo bei vierzig Faden Wassertiefe ein sandiger Boden ist und Fische, Rentiere und Moschusochsen mit mäßigem Zeitaufwand zu haben sind. – Es gibt in der Bucht, die ich nach dem Staatssekretär Bathurst benannte, mancherlei unregelmäßige Strömungen, die vielleicht dem Wind zuzuschreiben sind. Übrigens legten wir, ihre Küsten entlangrudernd, etwa hundertvierundsiebzig Meilen zurück. Merkwürdig ist, dass keiner von den Indianern, mit denen wir gesprochen hatten, diese Bucht erwähnte; allein wir vernahmen in der Folge, dass sie auf ihren Reisen von einer Flussmündung in gerader Linie zur anderen überzugehen pflegen, ohne der Küstenlinie zu folgen. Jenseits der Bathurst Bay fanden wir zu unserem großen Vergnügen an der Seeküste und auf den Inseln wieder Rentiere, deren wir mehrere erlegten. Von den Hügeln herab sahen wir an einigen Inseln noch Überbleibsel von Eis; sonst aber war die See vollkommen von Eis befreit.

Eine zweite Bay erreichten wir am 11. August, an deren Ufer wir uns unfern der nördlichen Einfahrt lagerten. Hier zeigten sich Spuren, dass kürzlich Eskimos dort gehaust hatten. Diese Bay, die unter 68°1'20" nördlicher Breite liegt, und die ich nach einem meiner Freunde Buchan Bay benannte, scheint einen sicheren Ankerplatz zu bieten. Achtzehn Meilen weiter zeigte sich uns eine dritte Bay, die ihren Namen von dem Vizeadmiral Hope erhielt und deren Ufer ziemlich dicht mit kleinen Weidenbäumen bewachsen waren, und zwar von der gleichen Gattung, die nach unserer früheren Bemerkung aus den Flüssen als Treibholz ins Meer geflößt war. Auch fischten wir ein Ruder auf, das, wie Augustus wahrnahm, eine Form hatte, die bei einem ihm wohlbekannten Stamm seiner Landsleute, der sich Weiße-Gänse-Eskimos nennt, üblich ist. Dies alles schien uns zu beweisen, dass ein Fluss sich in den Hintergrund dieser Bay ergießt. Etwas weiter passierten wir die Mündung eines ziemlich breiten Flusses, an deren Ufer wir unter 68°6'40" nördlicher Breite die noch frischen Spuren eines Eskimo-Lagers fanden. Von hier aus richteten wir unsere Fahrt nach einer fernen Landspitze, die wir für ein Vorgebirge und das Land im Westen derselben für Inseln hielten; doch bald befanden wir uns in einer großen Bay, aus welcher wir nur eine einzige Ausfahrt gewahrten. Diese schlugen wir ein; fanden aber nach näherer Untersuchung, vom Gipfel eines Hügels herab, eine gekrümmte Durchfahrt nach Westen, der wir eine kurze Strecke folgten und uns dann am Ufer lagerten. Hier zogen einige von den Eskimos zurückgelassene Gegenstände unsere Aufmerksamkeit an; namentlich ein Winterschlitten, einige Schneeschaufeln, ein Walfischknochen, ein Eismeißel, ein Messer und einige Kügelchen. Die Ufer dieser Bay, die ich nach einem Freund namens Warrender benannte, sind niedrig und tonig, und die Gegend ist vier Meilen in die Runde vollkommen flach und von Wasser durchschnitten; doch fehlte es uns an Muße festzustellen, ob es Arme der Bay oder Landseen waren. Überhaupt wurde von hier aus das Land durchgängig so flach, dass man keine Fernsicht gewinnen konnte. Fast auf allen Landspitzen gewahrte man Spuren kürzlicher Anwesenheit der Eskimos. Auch sahen wir am 14. August viele Enten von der Gattung, welche die Reisenden nach dem Laut ihres Geschreis *»caccawees«* zu nennen pflegen; auch sahen wir graue Gänse und Schwäne, und am 1. August töteten wir zum ersten Mal auf unserer Reise einen Seehund, der, wie es sich fand, blind war.

Wir lagerten uns am Abend dieses Tages an der nordwestlichen Seite einer Bay, die wir nach dem Kapitän Parry benannten und deren westliches Ufer wir am anderen Morgen entlangschifften. Jetzt erreichten wir die nördliche Spitze der Einfahrt dieses Sundes, dem ich vom Viscount Melville den Namen gab. Er ist dreißig Meilen weit von Osten nach Westen, zwanzig von Norden nach Süden, und wir hatten auf unserer Küstenfahrt siebenundachtzig und ein Viertel geographische Meilen zurückgelegt.

Es war mir eine äußerst unangenehme Entdeckung, die Kanus durch mehrere äußerst schwierige Fahrten in den letzteren Tagen sehr bedeutend beschädigt zu finden. Noch weit mehr aber bekümmerte mich die Wahrnehmung, dass unsere Leute, die bis dahin bei allen Gefahren und Schwierigkeiten unserer Reise mehr Mut gezeigt hatten, als wir erwarteten, jetzt ernste Besorgnisse äußerten und so kleinmütig wurden, dass sie selbst in Gegenwart ihrer Vorgesetzten ihre Klagen nicht unterdrückten. Wir argwöhnten nicht ohne Grund, dass diese Empfindungen hauptsächlich durch die Dolmetscher St. Germain und Adam erregt wären, die von Anfang an alles mögliche Unglück prophezeit hatten; namentlich hatten wir sie in Verdacht, dass der schlechte Erfolg ihrer neuerlichen Jagdstreifzüge von einer absichtlichen Vernachlässigung ihrer Anstrengungen herrühre, damit der Mangel an Lebensmitteln uns nötigen möchte, unserer Reise ein Ziel zu setzen.

Wirklich hatten mehrere zusammentreffende Umstände mich in den letzten Tagen an die Annäherung dieser peinlichen Notwendigkeit erinnert. Die heftigen Winde, die wir seit einigen Tagen auszustehen gehabt hatten, ließen mich fürchten, dass die strenge Jahreszeit herannahe, die wir in einem von Feuerholz entblößten Land nicht aushalten konnten. Unser Vorrat an Lebensmitteln war jetzt auf ein Quantum Pemmikan zusammengeschmolzen, das uns nur drei Tage nähren konnte, und den Rentieren, die wir sahen, konnte man sich in der Ebene an der Küste nicht unbemerkt nähern; überdies war zu befürchten, dass diese Tiere bald nach Süden auswandern würden. Augenscheinlich hatte uns die Zeit, die wir auf die Untersuchung des Arktischen Sunds, des Melville-Sunds und der Bathurst Bay verwandt hatten, die anfangs gehegte Hoffnung geraubt, die Repulse Bay zu erreichen; und ebenso klar war es, dass unsere Entfernung von irgendeiner Handelsniederlassung die Gefahren der Rückreise durch dürre Landstrecken – die uns, falls wir unsere Kanus an der Küste zurücklassen müssten, bevorstand – täglich steigern würde.

Als ich diese Ideen meinen Dienstgenossen mitteilte, stimmten sie vollkommen mit mir überein und bekräftigten mich in dem Entschluss, die Rückreise anzutreten, insbesondere auch deswegen, weil wir unsere Hoffnung, die Eskimos zu treffen und Lebensmittel von ihnen zu erlangen, jetzt anscheinend aufgeben mussten. Doch wünschten wir, die Reise noch so lange fortzusetzen, bis wir uns überzeugt haben würden, dass das Land sich wieder nach Osten erstrecke und sich von demjenigen trenne, was wir in unserer Fahrt von Kap Barrow bis zu der Bathurst Bay für eine große Inselkette gehalten hatten. Da es jedoch auf alle Fälle nötig war, unseren Fortschritten ein Ziel zu setzen, verkündigte ich unseren Begleitern meinen Beschluss, die Rückreise nach viertägigen weiteren Forschungen anzutreten, falls wir nicht etwa vorher Eskimos fänden und imstande wären, mit ihnen über einen Winteraufenthalt in ihrer Umgebung die nötigen Verabredungen zu treffen. Freudig vernahmen unsere Leute diese Mitteilung, und wir hofften, dass, wenn der Fleiß unserer Jäger neu angeregt würde, wir auch eine Vermehrung unserer Vorräte erwarten dürften.

Es wird hier nicht am unrechten Ort sein, zu bemerken, dass wir in der *Parry Bay* und in der *Warrender Bay* zum ersten Mal eine regelmäßige Ebbe und Flut bemerkten; doch betrug das Steigen und Fallen des Wassers nur einen Unterschied von höchstens zwei Fuß.

Am folgenden Tag (16. August) ruderten unsere Leute mit erneuter Fröhlichkeit zehn Meilen weiter die Küste entlang, bis ein dichter Nebel uns nötigte, auf einer Landspitze, *Slate-Clay Point* (Tonschiefer-Spitze) benannt, zu landen. Hier fanden wir zahlreichere Spuren der Anwesenheit der Eskimos und einen menschlichen Hirnschädel zwischen zwei Felsen. Als mittags der Nebel schwand, entdeckten wir nordwärts eine Inselgruppe, die ich nach dem Vizeadmiral Cockburn benannte. Wir umschifften hierauf die Landspitze und fuhren in die Walker Bay, wo, wie in anderen Fällen, der niedrige Strand, der zwischen mehreren hohen Klippen lag, nicht eher unterschieden werden konnte, bis wir die Küste entlang fast den Hintergrund der Bay erreicht hatten. Als wir uns von der Kontinuität des Landes überzeugt hatten, fuhren wir quer hinüber an das westliche Ufer, landeten und entdeckten einen durch eine Inselgruppe führenden Kanal. Durch diesen Kanal nahmen wir unseren Weg, segelten die Porden-Inseln, Riley Bay durchkreuzend, vorbei und umfuhren ein Vorgebirge, das ich in der Folge nach meinem jetzt verewigten Freund, dem Kapitän Flinders, benannte. Hier hatten wir das Vergnügen, uns zu überzeugen, dass die Küste sich nach Nordnordosten erstrecke und dass das Meer dort in einem ungemeinen Grad frei von Inseln sei. – Bis gegen Abend setzten wir unsere Fahrt längs der Küste fort, bis eine Veränderung des Windes und ein drohendes Ungewitter uns zum Landen nötigten. Große Stücke Treibholz belegten jetzt, dass wir den Buchten endlich entgangen waren. Nach einem heftigen Gewittersturm, der in der Nacht dreimal unsere Zelte umwarf und noch den folgenden Tag fortwährte, schickten wir unsere Jäger aus, jedoch ohne anderen Erfolg als das Erlegen einiger noch ungefiederter Gänse, sodass wir unsere tägliche Portion auf eine Handvoll Pemmikan und einige Suppenkuchen beschränken mussten. Das Thermometer stand nachmittags auf 41°, und wir lagerten uns unter 68°18'50" nördlicher Breite und 109°25' westlicher Länge. – Als am folgenden Tag (18. August) das Wetter stürmisch und die See unruhig blieb, machte ich mich mit den Herren Richardson und Back zu Fuß auf den Weg, um zu untersuchen, ob das Land innerhalb eines Tagesmarsches sich mehr nach Osten erstrecke. Wir wanderten daher zehn bis zwölf Meilen weit die Küste entlang und fanden, dass das Land, so weit wir sehen konnten, die gleiche nordnordöstliche

Der Lagerplatz am Point Turnagain

Richtung behielt und nur zwei Inseln in einer Ferne von sechs bis sieben Meilen demselben gegenüberlagen; ihre innere Küste schien mehr nach Osten sich zu wenden, sodass wahrscheinlich *Point Turnagain* (Landspitze der Rückkehr) – denn so nannten wir unseren damaligen Lagerplatz – der höchste Punkt eines niedrigen Vorgebirges ist.

Obgleich dieser Fleck nur 6½° ostwärts der Mündung des Kupferminenflusses liegt, so hatten wir doch, die vielen Buchten mitgerechnet, fünfhundertfünfundfünfzig geographische Meilen von dort bis hierher zurückgelegt, d.h. fast eine ebenso große Strecke wie die gerade Linie zwischen dem Kupferminenfluss und der Repulse Bay – vorausgesetzt, dass die von Middleton angegebene Lage der Letzteren richtig ist. Wenn man die vielen unzuträglichen Umstände berücksichtigt, die uns auf der Untersuchungsreise an der Küste begegneten, und sie mit der Kürze der Zeit vergleicht, die auf dergleichen Forschungen verwandt werden kann, und mit der großen Landstrecke, die wir zu durchreisen hatten, um ein Obdach für den Winter zu gewinnen, so wird man beurteilen, dass wir unser Unternehmen so weit trieben, wie die Klugheit es gestattete, und es erst dann aufgaben, als wir die gegründete Überzeugung hatten, dass weiteres Fortschreiten die ganze Reisegesellschaft in Gefahr bringen und verhindern würde, dass die Kunde des Ergebnisses unseres Unternehmens nach England gelangte.

Unsere Forschungen, so weit sie gegangen sind, scheinen die Meinung derer zu begünstigen, welche die Ausführbarkeit einer nordwestlichen Durchfahrt verteidigen. Die ganze Küstenlinie läuft wahrscheinlich von Osten nach Westen, ungefähr in der Breite, die man dem Mackenzie River, dem Sund, in welchen Kotzebue einlief, und der Repulse Bay beilegt; und es kann meines Erachtens das Dasein eines in jener Richtung zusammenhängenden Meeres kaum bezweifelt werden. Auch der Umstand, dass an diesem Teil der Küste Walfische vorhanden sind, bestätigt durch den an derselben von uns gefundenen Walfischknochen, kann als ein Beweis des Daseins einer offenen See betrachtet werden, zumal deren Verbindung mit der Hudson Bay durch die Tatsache, dass eine andere Fischgattung sowohl an den von uns bereisten Küsten als an denen nordwärts des Churchill Rivers im Überfluss vorhanden ist, noch wahrscheinlicher wird. Ich rede hier vorzüglich von derjenigen Lachsgattung, welche man Capelin *(Salmo Arcticus)* nennt, die wir in den großen Untiefen der Bathurst Bay in großer Menge fanden und die man, wie Augustus uns erzählt, nicht nur in den Buchten seines Vaterlandes, sondern auch in denen von Grönland in Fülle findet.

Derjenige Teil der See, den wir bereisten, ist schiffbar für Fahrzeuge jeder Größe; das Eis, worauf wir stießen, ist, insbesondere jenseits des *Detention Harbour* von der Art, dass selbst ein starkes Boot nicht dadurch gehemmt werden kann. Die Inselketten gewähren in angemessenen Entfernungen sichere Häfen als Zufluchtsorte gegen Stürme; kurz, ich hege große Hoffnungen, dass Kapitän Parrys Geschicklichkeit und Tätigkeit diese Frage nicht mehr unaufgelöst lassen wird. – Er wird auf seiner Fahrt an der Mündung des Hood Rivers, der ungefähr in der gleichen Länge liegt, eine hohe, mit einer Flagge versehene Signalstange finden, die wir am 26. August dort errichteten und an deren Fuß wir ein zinnernes Kästchen mit einem Schreiben eingruben, dessen Inhalt ihm manche nützliche Notizen mitteilen kann.

10. Kapitel

Rückreise durch die dürren Landstriche – Schwierigkeiten der Überfahrt über den Kupferminenfluss – Traurige Ergebnisse derselben – Großes Elend der Reisegesellschaft – Ermordung des Herrn Hood – Tod mehrerer Kanadier – Schlechter Zustand des Fort Enterprise – Geschichtserzählungen der Herren Richardson und Back – Rückkehr nach der York Factory

Es war anfänglich meine Absicht gewesen, meinen Rückweg stromaufwärts des Kupferminenflusses zum Sklavensee und von dort durch die Kette von Wäldern über den Großen Bären- und den Mardersee zu nehmen; allein unsere spärlichen Lebensmittel und die Länge der Reise machten es notwendig, einen näheren Weg einzuschlagen. Ich beschloss daher, meine Richtung auf den Arktischen Sund zu nehmen, in dessen Umgebungen wir mehr Wild gefunden hatten als an irgendeinem anderen Ort; dann den Hood River, so weit er schiffbar sein würde, stromaufwärts zu fahren, und dort aus den Materialien unserer Kanus kleinere Fahrzeuge verfertigen zu lassen, die man durch die dürren Landstriche bis zum Fort Enterprise tragen könnte. – Täglich vermehrten sich die Vorzeichen der strengen Jahreszeit. Das Thermometer fiel auf 33°. Am 22. August fanden wir beim Erwachen alles zusammengelaufene Wasser überfroren, den Boden mit Schnee bedeckt, und um Mittag stand das Thermometer auf dem Gefrierpunkt. Einem von unseren Leuten waren auf einem Streifzug die Beine erfroren, und ganze Schwärme von wilden Gänsen zogen sich nach Süden. Der Wind blies heftiger als jemals aus Nordwesten, und das Meer schlug hohe Wellen. Dabei gewährte uns unsere Handvoll Pemmikan, wovon wir nur einen halben Beutel voll übrig hatten, ein äußerst spärliches Mahl. Gleichwohl schifften sich unsere Leute, ermutigt durch die Aussicht auf Heimkehr, frohen Sinnes mit uns ein und ruderten uns von frühmorgens bis mittags zwanzig Meilen weit über Riley und Walker Bay, wo der sich von Neuem erhebende Wind uns nötigte, auf der Schieferton-Landspitze *(State-Clay Point)* ans Ufer zu gehen. Vergebens zog die ganze Reisegesellschaft auf die Jagd; durchnässt von unaufhörlichem Regen, kehrten wir unverrichteter Sache ins Lager zurück und mussten, da unser schwacher Vorrat nicht zwei Mahlzeiten täglich gestattete, hungrig schlafen gehen, ohne bei dem eingetretenen heftigen Frost die Ruhe genießen zu können.

Am folgenden Tag (23. August) setzten wir bei widrigem Wind mit großer Schwierigkeit über den Melville-Sund, wo unsere Kanus in steter Gefahr waren umzuschlagen. Auch in unserem heutigen Lagerplatz täuschten uns unsere Jagdversuche; dagegen wurden wir durch einen Überfluss von reifen Beeren einigermaßen schadlos gehalten. – Es ist bemerkenswert, dass seit den letzten Stürmen die Moskitos gänzlich verschwunden waren. – Jenseits der Bathurst Bay erreichten wir eine Insel, die ich nach meinem Freund, dem Obristen Barry, benannte und wo wir das Glück hatten, fünf Rentiere zu erlegen, sodass wir der Furcht vor nahem Mangel enthoben waren. Vermutlich hatten sich die Rentiere, im Begriff, ihre Wanderung anzutreten, auf den der Küste am nächsten liegenden Inseln versammelt. Auch waren die, welche wir sahen, meist weiblichen Geschlechts und hatten ihre Jungen bei sich.

Ein günstiger Wind beschleunigte unsere Fahrt an die Mündung des Hood Rivers, welchen wir bis zum ersten Wasserfall stromaufwärts fuhren. – Hier endete also unsere Fahrt auf dem Arktischen Meer, auf welchem wir sechshundertfünfzig geographische Meilen zurückgelegt hatten. Die Küsten der Vorgebirge Barrow und Flinders einschließlich der großen Arme des Arktischen Sunds, des Melville-Sunds und der Bathurst Bay bilden gewissermaßen *einen* großen Meerbusen, welchen ich Georgs-IV.-Krönungs-Golf nannte. Den Archipel von Inseln, die von der Mündung des Kupferminenflusses bis zur Landspitze Turnagain die Seeküste umkränzen, benannte ich nach dem Herzog von York.

Es ist bemerkenswert, dass die äußersten Punkte der Temperatur des Seewassers auf unserer Fahrt 53° und 35°, die mittleren aber 43° und 48° waren. Auf unserer Rückkehr von der Landspitze Turnagain beobachteten wir, dass die See mehrere Fuß hoch über die Merkzeichen gestiegen war, die wir auf unseren vorigen Lagerplätzen zurückgelassen hatten, welches vermutlich den nordwestlichen Stürmen zuzuschreiben war.

Bevor wir am anderen Morgen (26. August) landeinwärts fuhren, stellten wir auf einer zur leichten Ansicht für die Eskimos geeigneten Anhöhe verschieden Kleinigkeiten auf, z.B. eiserne Werkzeuge, Glasperlen, Spiegel und dergleichen, und pflanzten auf dem höchsten Sandhügel die englische Unionsflagge auf, legten auch an ihrem Fuß eine zinnerne Büchse nieder mit einer schriftlichen Nachricht über den Fortgang unseres Unternehmens, die Länge und Breite der Hauptpunkte und

Die Wilberforce-Wasserfälle

die Richtung unseres beabsichtigten Rückwegs über den Sklavensee.

Der Hood River ist voll sandiger Untiefen; seine Breite beträgt hundert bis zweihundert Yards, und seine Ufer bestehen aus hohen, steilen Tonbänken. Jenseits eines Wasserfalls von achtzehn bis zwanzig Fuß Höhe fällt ein nur halb so breiter Strom, den wir James Branch nannten, in den Hood River. Hier wurde ein kleines Rentier erlegt, das nebst den in der Nähe wachsenden Beeren uns ein köstliches Mahl gewährte. Das Wetter wurde mild, und die Moskitos zeigten sich, wiewohl nicht in großer Menge. – Am folgenden Morgen fingen wir zehn Weißfische und Forellen und legten vor der Fortsetzung unserer Reise abermals einige Kleinigkeiten für die Eskimos hin. – Es gab hier so viele Wasserfälle und Untiefen, dass wir die Boote entluden und den ganzen Tag am Ufer zu Fuß gingen und dennoch der Transport unserer leeren Boote äußerst beschwerlich war. Zwei prachtvollen Wasserfällen legte ich den Namen des Menschenfreundes Wilberforce bei.

Da es offensichtlich schwierig war, mit zu großen Kanus unsere Reise weiter fortzusetzen, führte ich hier meine vorhin erwähnte Absicht aus, die Materialien unserer Fahrzeuge zu zwei kleineren Kanus für je drei Personen verarbeiten zu lassen und die uns den Weg versperrenden Flüsse zu passieren. Diese Arbeit wurde sogleich begonnen und schon am 30. August vollendet; den Leuten wurden wärmere Kleidungsstücke ausgeteilt, und das nicht unumgänglich notwendige Gepäck wurde, um die Last unserer Begleiter zu erleichtern, in kleinen Kisten an bezeichneten Orten vergraben, sodass jeder Mann etwa neunzig Pfund trug, und auch wir nach unseren

Kräften einen Teil der Last übernahmen. Abends wurde eine magere Moschuskuh erlegt; doch konnte leider nur ein geringer Teil des Fleisches mit fortgebracht werden.

Der September zeigte sich mit einem Schneeschauer; der Transport der Kanus wurde äußerst lästig und verzögerte unsere Reise; die Kälte nahm zu, und das Thermometer wechselte zwischen 34° und 36°. Es fehlte an Feuerung, die wir jedoch durch dürres Moos einigermaßen zu ersetzen suchten; dagegen lieferten uns mehrere erlegte Moschusochsen einstweilen hinreichende Nahrung. – Da wir vom Gipfel des höchsten Hügels unfern unserer Zelte uns vergewissert hatten, dass der Fluss einen westlichen Lauf beibehielt, und fürchteten, dass wir in der Verfolgung desselben zu viel Zeit verlieren würden, so beschloss ich, seine Ufer zu verlassen und geradezu auf den *Point Lake* unseren Kurs zu nehmen. Dies geschah, und wir betraten eine ebene, dürre Gegend, die nur durch kleine Landseen und Sümpfe gegliedert wurde. Wir lagerten uns am Ufer des nach Osten strömenden *Wright Rivers*, den wir am anderen Morgen passierten, und nach Verteilung unseres kleinen Vorrats an Pemmikan und Pfeilwurz setzten wir unsere Wanderung fort. Doch nun begannen unsere Leute, ihre Ladungen zu drückend zu finden, und einer von ihnen erlahmte an einer Entzündung des Knies. Da es heftig schneite, wir nichts zu essen hatten und kein Feuer machen konnten, blieben wir den ganzen Tag in unsere Decken gehüllt liegen; doch konnten diese uns, benetzt vom eindringenden Schnee, selbst in unseren Zelten nicht erwärmen. Das Thermometer stand auf 20°, und man kann sich kaum vorstellen, was wir, ohne Feuer und mit leerem Magen, in dieser Lage litten.

Aus Furcht, von einem noch heftigeren Frost überfallen zu werden, waren wir bereit, so schwach wir auch waren, unsere Reise fortzusetzen, als mich eine Ohnmacht überfiel, wovon ich mich jedoch nach dem Genuss eines Stücks Suppenkuchen erholte. Der Grund und Boden war jetzt einen Fuß hoch mit Schnee bedeckt, die Landseen hatten einen Eisrand und die Sümpfe, die wir zu passieren hatten, waren ganz überfroren; da aber das Eis noch nicht fest genug war, uns zu tragen, so fielen wir häufig bis an das Knie ins Wasser. Oft stürzten die Träger der Kanus, wodurch das größte dergestalt zerbrach, dass es gänzlich unbrauchbar wurde – ein Unfall, der uns umso härter traf, da das andere Kanu aus Versehen so klein gemacht war, dass wir sehr zweifelten, ob es zu unseren Zwecken brauchbar sei. Wir suchten indessen unseren Schaden aufs Beste zu nutzen, indem wir das zerbrochene Fahrzeug als Feuerung gebrauchten und den Rest unserer Suppenkuchen und des Pfeilwurzes dabei kochten. Dies war freilich ein spärliches Mahl nach dreitägigem Fasten, diente aber doch dazu, die Pein des Hungers zu mindern und uns zur schnelleren Fortsetzung unserer Reise zu befähigen. – Nachmittags fanden wir in einer hügeligeren Gegend Moosarten von *genus gyrophora*, wovon wir eine bedeutende Menge einsammelten und an dessen Feuer wir einige im Lauf des Tages geschossene Rebhühner als spärliche Mahlzeit brieten.

Am folgenden Morgen erreichten wir den nach Westen strömenden *Cracroft River*, den wir mit großer Mühe passierten, da das Kanu auf jeden Fall, wegen der felsigen Untiefe des Stroms, nutzlos war. Wir lagerten uns an seinen Ufern, und jeder erhielt zur Stillung seines Hungers ein Rebhuhn, was freilich nach solchen Anstrengungen zur Sättigung bei Weitem nicht ausreichte. Die meisten unserer Leute mussten in freier Luft schlafen, weil der Träger der Zelte vorausgegangen war; doch fanden wir glücklicherweise eine ungewöhnliche Menge Wurzelgewächse, sodass wir Feuer machen konnten, welches bei dem Thermometerstand von 17° dringend notwendig war.

Unsere vorausgeschickten Leute fanden wir am Ufer eines Landsees unter einer Gruppe verkrüppelter Weidenbäume. Dieser Landsee dehnte sich, so weit das Auge reichte, nach Westen aus und ergoss sich in einen reißenden, hundertfünfzig Yards breiten Strom, den wir wenn möglich zu passieren wünschten. Unsere Jäger brachten uns die Reste eines von Wölfen halb verzehrten Rentieres, durch dessen Genuss, verbunden mit dem einiger Rebhühner, wir uns zum Übergang des Flusses zu stärken suchten. Mit großer Umsicht gelang es einem nach dem anderen, über den Fluss zu setzen, sodass wir 5¾ Meilen in südwestlicher Richtung jenseits desselben unser Nachtlager aufschlagen konnten, nachdem wir uns aus zwei, kurz zuvor geschossenen jungen Hasen eine Abendmahlzeit bereitet hatten. In der Folge erfuhren wir, dass der Fluss, den wir passiert hatten, und nicht derjenige, den ich früher dafür gehalten hatte, der Anatessy war, welcher wahrscheinlich an demjenigen Teil der Küste seinen Ausfluss hat, welcher unseren Blicken durch die Goulboures-Inseln entzogen wurde.

Am 10. September hatten wir bei kaltem Nordwind und einem Thermometerstand von 18° mehrere kleine Landseen zu passieren und einen weit tieferen Schnee zu durchwaten, wodurch unsere Wanderung nicht nur schwieriger, sondern auch gefahrvoller wurde, da der

Schnee an den Abhängen der Hügel die kleinen spitzigen Felsstücke bedeckte, sodass unsere Leute, mit ihren schweren Lasten auf dem Rücken, oft gefährlich stürzten.

Die ganze Reisegesellschaft klagte täglich mehr und mehr über Mattigkeit und Schwäche, und am 12. September nahm unser Abendessen den letzten Bissen hin, dessen wir mächtig waren. Hierzu kam am folgenden Tag der betrübende Anblick eines großen Landsees, der, wie wir in der Folge von den Indianern erfuhren, *Contwog-to* oder Rum-See genannt wird, weil einst der Reisende, Herr Hearne, eine Quantität dieses Getränks unter seine Begleiter hatte verteilen lassen; er war von so großem Umfang, dass wir seine äußersten Grenzen nicht sehen konnten und uns daher genötigt sahen, seine Ufer entlang nach Westen zu ziehen, um eine zum Übergang geeignete Stelle aufzusuchen. Diesen See umkränzten steile und hohe Hügel, an deren Abhängen, wo sie der Sonne ausgesetzt waren, treffliche Beeren wuchsen. – Eine noch traurigere Entdeckung machten wir an demselben Tag. Es hatten nämlich unsere unbesonnenen Gefährten drei Fischnetze weggeworfen, um sich ihre Last zu erleichtern; und doch wussten sie, dass in Ermangelung der Jagd in der Fischerei unser hauptsächlichstes Hilfsmittel lag. Damit nicht noch einmal solche unentbehrlichen Gegenstände zur Erleichterung gewählt werden möchten, beschloss ich, alles Gepäck zurückzulassen außer Munition, Kleidung und den zur Auffindung des Wegs notwendigen Instrumenten. Außerdem munterte ich unsere Jäger auf alle mögliche Weise auf, bei ihren Jagdzügen mehr Tätigkeit zu zeigen. – Bei dieser Gelegenheit kann ich einen schönen Zug eines unserer Kanadier nicht unerwähnt lassen. Als ich nämlich morgens den 14. September mit meinen beiden Kollegen um ein kleines Feuer gelagert war, kam Perrault – so hieß er –, als er sah, dass es uns an allen Nahrungsmitteln fehlte, mit einem Stückchen Fleisch zu uns, welches er sich von seinen letzten Portionen aufgespart hatte, und bot es uns gutherzig dar – eine Selbstverleugnung, die uns zu Tränen rührte.

Bald machten wir zwei angenehme Entdeckungen: dass nämlich der Landsee in einem Fluss ende und dass einer unserer vorausgeschickten Jäger zwei Rentiere erlegt habe. Wir säumten nicht, sie zu einem guten Frühstück zu benutzen; doch minder glücklich waren wir in der Benutzung des Flusses zum Übergang. Ich war unter den Ersten, die es versuchten; allein die reißende Strömung eines nahen Wasserfalls stürzte das kleine Kanu um, und mit großer Gefahr erreichte ich, durchnässt und halb erfroren, das jenseitige Ufer. Noch größere Schwierigkeiten und Wagnisse mussten meine Reisegenossen bestehen. Für mich war der bei dieser Gelegenheit erlittene Verlust meiner Brieftasche mit dem Tagebuch meiner Reise vom Fort Enterprise mit allen astronomischen und meteorologischen Bemerkungen während der Fahrt auf dem Kupferminenfluss am empfindlichsten. Zum Glück war das Ergebnis meiner wesentlichen Beobachtungen teils von meinen Kollegen ebenfalls notiert, teils in unsere gemeinschaftlichen Register eingetragen worden. Am jenseitigen Ufer wurden wir für die Ersteigung eines steilen, schneebedeckten Berges – des *Mount Willingham* – durch die Erlegung eines schönen männlichen Rentiers schadlos gehalten. Hier war (am 15. September) die Temperatur um sechs Uhr nachmittags 30°. – Nach der Verzehrung jenes vorübergehenden Hilfsmittels sahen wir uns genötigt, unseren Hunger mit einem übel schmeckenden Kraut, *tripe de roche* (Felswurz) zu stillen, welches jedoch unseren erschöpften Körpern nicht genügen wollte, sodass ein wahrer Heißhunger sich unserer bemächtigte. – Alle kleinen Landseen waren gefroren. Am 18. fiel tiefer Schnee, durch welchen sich unsere Leute mit Mühe fortschleppten. Auch unser letztes Kanu war unglücklicherweise durch den Fall des Trägers sehr beschädigt – sogar am Felswurz, unserer letzten Zuflucht, begann es zu mangeln, und das Isländische Moos, das wir auf unserem Weg entdeckten, war so bitter, dass unsere Leute von der daraus gekochten Suppe nur wenige Löffel voll genießen konnten. Am 20. hatten wir den ganzen Tag keine Spuren von Rentieren gesehen, und alles vereinigte sich, unsere Begleiter so kleinmütig zu machen, dass sie laut drohten, ihre Bündel wegzuwerfen und uns zu verlassen, was sie wahrscheinlich ausgeführt haben würden, wenn sie gewusst hätten, welchen Weg sie einschlagen sollten. – Zum ersten Mal seit acht Tagen zeigte sich mittags am 21. September die Sonne, als wir uns unter 65°7'6", sechs Meilen südwärts von demjenigen Teil des Point Lakes befanden, wohin wir unseren Lauf richteten. Durch diese Beobachtung entdeckten wir, dass wir zu weit nach Osten geraten waren; wir veränderten daher sogleich unseren Kurs weiter nach Südwesten, was unsere argwöhnischen Begleiter auf den Gedanken brachte, wir hätten die Kunde des Wegs ganz verloren, obwohl sie gesehen hatten, dass unsere Beobachtungen uns in den Stand gesetzt hatten, die Fernen genau zu bestimmen.

Am 22. September erreichten wir das Ufer eines großen Sees, dessen Umfang wir wegen des nebligen Wetters nicht überschauen konnten; doch waren wir geneigt, ihn für einen Arm des Point Lakes zu halten; und da wir wussten, dass wir in diesem Fall durch Umgehung des südlichen Endes bald den Kupferminenfluss erreichen müssten – eine Mutmaßung, die durch den Anblick einiger Zwergtannen und Weiden noch wahrscheinlicher wurde – so schlugen wir diese Richtung ein, nachdem wir jeder ein halbes Rebhuhn mit etwas Felswurz genossen hatten. Bald kam es so weit, dass einige unserer Leute, während sie uns aus den Augen verloren hatten, ihren Hunger an den Knochen und der Haut eines von den Wölfen verzehrten Rentiers stillten, nachdem sie versucht hatten, sie durch Feuer genießbar zu machen; einige hatten dieser Mahlzeit ihre Schuhe beigefügt, zugleich aber das Kanu als ihrer Meinung nach gänzlich unbrauchbar zurückgelassen; eine Unbesonnenheit, die größtenteils unsere nachherigen traurigen Ereignisse verursachte. – Schon waren unsere Leute der Verzweiflung nahe, und wir selbst hatten unseren Hunger an unseren Schuhen stillen müssen, als das Schicksal uns fünf kleine Rentiere zuschickte, die uns einige Mahlzeiten gewährten, wodurch Mut und Kräfte einigermaßen gehoben wurden; doch fühlten wir uns sämtlich anfangs unbehaglich, als wir nach so langer Enthaltung vom Fleischessen wieder zu diesem Nahrungsmittel zurückkehrten.

Endlich erreichten wir am 26. wirklich den Kupferminenfluss, der nach Norden strömend und mehr als fünf Meilen lang einem gekrümmten Lauf folgend sich mit dem Point Lake vereinigte. Er hatte eine reißend schnelle Strömung in diesem Abschnitt seines Laufs und zwei Wasserfälle, die wir jedoch leicht hätten passieren können, wenn wir unser Kanu noch gehabt hätten. Eine Furt war nirgends zu finden, und unseren Vorschlag, in einem aus Weidenzweigen zu verfertigenden Floß oder Kanu den Übergang zu versuchen, erklärten unsere Leute für unausführbar; so wie sie denn auch in unsere Berechnungen so wenig Vertrauen und so ganz die Ortskunde verloren hatten, dass sie nicht glaubten, dies sei der Kupferminenfluss; kurz, ihr ganzer Kleinmut war wieder zurückgekehrt; doch unsere zuversichtliche Behauptung, dass wir nur noch höchstens vierzig Meilen vom Fort Enterprise entfernt seien, bestätigt durch den Anblick einiger Pflanzen von der Gattung der *Arbutus uva ursi*, die, wie die Indianer versichert hatten, am östlichen Ufer des Kupferminenflusses wächst, machte einigen Eindruck auf sie. Sie bedauerten jetzt innigst die Zerbrechung und Zurücklassung des Kanus und kamen überein, dass uns nichts anderes übrig bleibe, als aus Tannen an den Ufern des Point Lakes (wo, wie wir wussten, dergleichen wachsen), ein Floß zum Übergang des Kupferminenflusses zu verfertigen.

Wir erreichten glücklich den Point Lake, und da wir während unserer Wanderung an dessen Ufer nicht leicht durch Verfehlung des Wegs getrennt werden konnten, so schickte ich Herrn Back mit den Jägern voraus, mit dem Auftrag, bei den ersten Tannen, die er fände, haltzumachen, uns nach Möglichkeit Wildbret entgegenzuschicken und den Indianern von unserer Lage, sobald es tunlich sei, Nachricht zu geben. – Da der Schnee plötzlich verschwunden war und man die Fußstapfen der vom Weg Abgekommenen nicht erkennen konnte, so gab ich strengen Befehl, dass die ganze Gesellschaft sich zusammenhalten solle. So gelangten wir endlich an ein Gewässer, das nach Nordosten sich ausdehnte und dem Anschein nach mit dem Landsee,

Die Expedition erreicht den Coppermine-Fluss

den wir am 22., 23. und 24. entlanggewandert waren, in Verbindung stand. – Der Gedanke, noch einmal eine so weite Wasserfläche auf so unfruchtbarem Boden zu umgehen, war furchtbar; und wir waren besorgt, dass andere Flussarme uns den Pfad hemmen und unsere Kräfte dahinschwinden würden, bevor wir den in gerader Linie fünfundzwanzig Meilen weit entfernten Ort, wo Tannen wuchsen, erreichen könnten. Während wir haltmachten, um zu überlegen, was zu tun sei, gewahrten wir in einer Felsspalte ein totes, halb verfaultes Rentier, welches uns, auf der Stelle gebraten, ein willkommenes Frühstück gewährte. Jetzt baten unsere Leute uns inständig, das Vorhaben, dessen Ausführung sie anfangs für unmöglich gehalten hatten – den Strom auf einem Floß von Weiden zu passieren – zur Ausführung bringen zu lassen und zu diesem Zweck zum Wasserfall zurückzukehren. – Wir stimmten damit überein; Augustus wurde abgeschickt, Herrn Back und seine Begleiter zurückzurufen, und sowohl diese als auch zwei andere von unseren Leuten, die unseres Verbots ungeachtet vom Kurs abgewichen waren, an den Wasserfall zu bescheiden. Einer von den Letzteren stieß in der Nacht wieder zu uns, nicht aber der andere. – Als wir die Wasserfälle erreicht hatten, wo der Fluss in seiner geringsten Breite hundertdreißig Yards (dreihundertneunzig Fuß) breit war, versprach ich, dass derjenige, der zuerst einen Strick über den Fluss bringen würde, woran wir das zu verfertigende Floß hin- und herziehen könnten, eine Belohnung von dreihundert Livres erhalten sollte. Alles begann nun, Weiden zur Verfertigung des Floßes zu fällen, wozu wir uns durch den Genuss einiger trefflicher Beeren *(Vaccinum uliginosum)* und des Restes unseres verfaulten Rentiers gestärkt hatten. – Die Temperatur des Wasserfalls war 38°. – Abends um sieben Uhr (29. September) war das Floß vollendet. Da aber die Weiden grün, mithin zu schwer waren, stellte sich heraus, dass das Fahrzeug nur jeweils einen Mann tragen konnte, doch auch dies, hofften wir, würde uns zum Ziel führen. Nun aber zeigte sich eine andere Schwierigkeit – der Mangel an Rudern, um das Floß gegen Wind und Strömung über den Fluss zu führen und jenseits eine Leine zu befestigen. Bei den wiederholten Versuchen unserer Leute und namentlich Dr. Richardsons, der den Fluss zu durchschwimmen strebte, erstarrten ihnen die Glieder, und wir waren froh, unseren Kollegen an dem Strick, den er sich um die Hüften gebunden hatte, lebend, wenngleich sehr krank, wieder ans Ufer zu ziehen. – Noch am gleichen Abend kehrte Augustus nach anderthalbtägiger Wanderung zurück, ohne jedoch

Herrn Back und seine Gesellschaft getroffen zu haben. – Am folgenden Morgen gingen unsere Leute aus, dürre Weiden aufzusuchen, welches ihnen auch gelang; doch war der Wind immer noch der Überfahrt sehr entgegen, als dass wir den Versuch dazu hätten machen können. Wir harrten also hier (unter 65° nördlicher Breite und 112°2' westlicher Länge) einer Veränderung des Windes und der Rückkehr unserer Reisegefährten, die am 1. Oktober erfolgte. Sie waren den See fünfzehn Meilen weiter als wir entlanggewandert und fanden ihn, wie wir vermutet hatten, mit demjenigen verbunden, welchen wir am 25. des vorhergehenden Monats gesehen hatten. Jetzt wurde der Vorschlag gemacht, aus dem bemalten Zeug, worin wir unser Bettgerät einwickelten, den Bezug eines aus Weidenästen zu verfertigenden Kanus zu machen. Da dieser Plan ausführbar schien, schickten wir einige unserer Leute zu einem unserer früheren Lagerplätze ab, wo wir Kiefern gesehen hatten, mit dem Auftrag, Pech daraus zu bereiten, um das Kanu dadurch abzudichten; doch bald kehrten sie mit der Nachricht zurück, dass sie keine Kiefern hätten finden können. Hierzu kam, dass wir am 2. Oktober beim Erwachen den Boden 1 ½ Fuß hoch mit Schnee bedeckt fanden und das Wetter äußerst stürmisch war. – Eine Witterung, die die folgenden Tage fortdauerte. Unsere einzige Nahrung waren jetzt Felswurz und der Rest eines unweit unseres Lagers aufgefundenen, ganz verfaulten Rentiers.

Sobald das Kanu fertig war (4. Oktober), versuchte zuerst St. Germain den Übergang über den Fluss, und er gelang ihm mit großer Schwierigkeit; es wurde jenseits ein Strick befestigt und mithilfe desselben einer nach dem anderen übergesetzt. Doch ließ das Fahrzeug so viel

Wasser durch, dass Bettzeug und Kleidungsstücke gänzlich durchnässt wurden, ohne dass wir am jenseitigen Ufer hinreichende Feuerung fanden, solche zu trocknen. – Um keine Zeit zu verlieren, uns aus dieser Lage zu ziehen, schickte ich Herrn Back mit drei Begleitern nach dem Fort Enterprise ab, wo er, wie ich glaubte, die Indianer oder Nachricht von Herrn Wenzel finden würde, an welchem Ort man sie antreffen könne. Zugleich trugen wir den Vorausgeschickten auf, so viel Wildbret, wie sie erlegen könnten, an bezeichneten, in die Augen fallenden Orten für uns in Bereitschaft zu legen.

Zum Unglück fanden wir am jenseitigen Ufer kein Felswurz – schon seit einiger Zeit unser Hauptnahrungsmittel. Hungrig mussten wir uns schlafen legen und am anderen Morgen bei großer Kälte unsere Wanderung im tiefen Schnee wieder antreten. So schleppten wir uns bis Mittag fort, bis wir endlich an eine Stelle gelangten, wo das hilfreiche Kraut sich unseren Blicken zeigte. Wir säumten nicht, davon zu genießen und so viel, wie nur möglich war, mit auf den Weg zu nehmen, wenngleich es einigen von der Reisegesellschaft schlecht bekam. Herr Hood war sehr schwach, und Herr Richardson musste sich auf einen Stab stützen, sodass wir nur langsame Fortschritte machten, zumal uns der heftige Wind gerade ins Gesicht blies und wir häufig haltmachen mussten. Endlich blieben zwei unserer Begleiter, unfähig weiterzugehen, ganz zurück. Wir boten daher die Stärksten unter den Übrigen auf, sie an ein kleines Feuer zu tragen, wozu wir die Materialien mit einiger Mühe zusammengebracht hatten. Allein sie erklärten sich unfähig, diesen Auftrag zu übernehmen, und drangen in mich, ihnen zu erlauben, ihre Bündel abzuwerfen und so erleichtert, nach dem Fort Enterprise zu eilen. Die Bewilligung dieses Verlangens würde ihren Untergang zur Folge gehabt haben, da sie der zu nehmenden Richtung ganz unkundig waren und keiner von uns in dem Zustand war, in der beabsichtigten Eile mit ihnen Schritt zu halten. Da indes etwas geschehen musste, um so viel wie möglich ihre Last zu erleichtern, erboten sich die Herren Hood und Richardson mit einem einzigen Begleiter an der ersten Stelle zurückzubleiben, wo sich so viel Felswurz finden würde, dass sie sich zehn Tage davon nähren könnten; ich sollte dagegen, nach ihrem Vorschlag, mit unseren Leuten so schnell, wie mir möglich sei, nach dem Fort Enterprise vorausgehen und ihnen augenblicklich Hilfe senden. Lange trug ich Bedenken, meine Genossen in dieser hilflosen Lage zu verlassen; allein endlich gab ich ihren dringenden Vorstellungen und der Hoffnung nach, unsere beiden krank zurückgebliebenen Kanadier zu retten. Unseren kleinen Munitionsvorrat ließ ich größtenteils meinen zurückbleibenden Freunden und trat, nachdem wir unter einem ziemlich großen Dickicht von Weiden eine hinreichend scheinende Menge von Felswurz aufgefunden hatten, mit den Übrigen die Wanderung an. Hier ließen wir außer unseren beiden Freunden auch den ehrlichen Hepburn zurück, der sich freiwillig dazu erbot, und halfen ihnen vor unserer Entfernung ihr Zelt möglichst haltbar aufzuschlagen und einige Feuerung einzusammeln. – Meine Begleiter hatten nichts zu tragen als jeder seine notdürftige Bekleidung, ein Zelt, die nötige Munition für die Reise und unsere Tagebücher. Ich hatte nichts als eine Decke und zwei Paar Schuh. Schon am ersten Abend fühlten zwei unserer Begleiter, Michel und Bélanger, sich so schwach, dass sie mich baten, sie am folgenden Morgen zu unseren weilenden Freunden zurückkehren zu lassen. Die plötzliche Schwäche, von der diese beiden Männer befallen wurden, machte die Übrigen aufs Neue äußerst kleinmütig, umso mehr, als wir keinen Felswurz finden konnten und uns mit einem Aufguss der Teepflanze von Labrador *(Ledum palustre)* nebst einigen Stücken gebrannten Leders behelfen mussten. Wir fühlten uns unfähig, das Zelt zu heben und im Ganzen fortzubringen; wir mussten es daher auseinanderschneiden und jeder einen Teil des Zeugs als Bedeckung um den Leib winden. Die folgende Nacht war sehr kalt, und obwohl wir uns so nahe wie möglich aneinanderlegten, konnten wir doch vor Kälte umso weniger schlafen, da um Mitternacht ein starker Wind die Strenge der Witterung steigerte. Unter diesen Umständen konnte ich nicht umhin, Bélanger und Michel, ihrem wiederholten Verlangen zufolge, zurückgehen zu lassen; ich gab ihnen einige Zeilen an unsere Freunde mit, worin ich ihnen ernstlich riet, ihren Aufenthalt dahin zu verlegen. – Kaum hatten wir eine kurze Strecke Wegs zurückgelegt, als ein dritter Kanadier, namens Perrault, vom Schwindel befallen wurde und sich nach vergeblichen Versuchen, mit uns weiterzugehen, gleichfalls dazu unfähig erklärte, sodass wir ihn ebenfalls zurückgehen lassen mussten. Derweil war Augustus, ungeduldig über den dadurch verursachten Aufenthalt, vorausgegangen, sodass wir ihn aus dem Gesicht verloren. Um das unerträgliche Durchwaten des Schnees zu vermeiden, versuchten wir, über einen in unserem Weg liegenden fest gefrorenen Landsee zu gehen; allein auf der ebenen Eisfläche fielen wir, umgeweht von heftigem Wind, jeden Augenblick aufs Eis. Hierdurch vollends

Überquerung eines gefrorenen Sees

erschöpft erklärte ein vierter Kanadier, namens Fontano, sich für unfähig weiterzugehen, sodass wir auch ihn zurücksenden mussten.

Nun war meine Reisegesellschaft bis auf vier Personen (außer mir) zusammengeschmolzen; denn der vorausgegangene Augustus ließ sich immer noch nicht sehen. – Da wir noch keinen Felswurz fanden und auch, der strengen Witterung wegen, nicht danach suchen konnten, mussten wir uns einstweilen mit Labrador-Tee und gebranntem Leder begnügen. Doch fanden wir etwas Feuerung, sodass wir einigen Schlaf gewannen. Auch ermöglichte uns die mildere Witterung des folgenden Tages, nach Felswurz zu suchen, den wir glücklicherweise fanden. – Nach Zurücklegung von etwa fünf Meilen erreichten wir die Ufer des Mardersees, den wir zu unserer Freude gefroren fanden, sodass wir unsere Richtung gerade auf das Fort Enterprise nehmen konnten. Ungeachtet des Mangels an Feuerung und Nahrung hob die Ankunft in einer wohlbekannten Gegend den Mut unserer Begleiter aufs Neue. Umso mehr, da wir einen großen Trupp Rentiere erblickten, die aber unser einziger Jäger, namens Adam, wegen seiner großen Schwäche nicht verfolgen konnte. Doch setzten uns mehrere Tannengruppen an unserem Weg in den Stand, uns zu erwärmen. Dabei musste unser Tee und Schuhleder uns das Leben fristen. So passierten wir den Dogrib-Felsen und erreichten endlich das Fort Enterprise, welches wir jedoch, zu unserem größten Kummer, gänzlich verlassen fanden.

Hier war keine Spur von Nahrungsmitteln, kein Indianer und keine schriftliche Nachricht von Herrn Wenzel, wo sie etwa zu finden sein möchten; doch fand ich eine Note von Herrn Back, worin er meldete, dass er zwei Tage zuvor das Haus erreicht habe und im Begriff sei, die Indianer an einem Ort aufzusuchen, wo er sie nach St. Germains Meinung am wahrscheinlichsten finden würde. Gelänge es ihm nicht – so schrieb er weiter –, dann wolle er nach dem Fort Providence gehen und uns von dort aus Hilfe schicken, wenn anders seine und seiner Begleiter große Schwäche ihm die Vollendung dieser Reise gestatte. – Bei diesen zweifelhaften Aussichten beschloss ich, mich selbst zum Aufsuchen der Indianer auf den Weg zu machen, falls wir nach einigen Rasttagen keine Nachricht von ihnen erhalten würden.

Zum Glück fanden wir einige, während unseres vorigen Aufenthalts weggeworfene Rentierfelle und Knochen, die uns, verbunden mit Felswurz, zur Nahrung dienten. Das Pergament war von den Fenstern gerissen, sodass wir der ganzen Strenge der Jahreszeit ausgesetzt waren und uns durch einige Dielen, die wir vor die Öffnungen setzten, gegen den Wind zu schützen suchten, welches bei einer Temperatur von 15° bis 20° unter null sehr schwer war. Als Feuerung dienten uns die Fußböden der Nebenzimmer, und Wasser verschaffte uns geschmolzener Schnee. – Große Freude machte uns der unvermutete Eintritt unseres Augustus, der einen anderen Weg hierher ausfindig gemacht hatte, welches, da er der Gegend gänzlich unkundig war, von seinem Scharfsinn sehr vorteilhafte Begriffe erwecken musste.

Als wir am anderen Morgen erwachten, fanden wir uns sämtlich, mehr oder weniger, am ganzen Leib geschwollen; insbesondere traf Adam und mich dieses Übel in so hohem Grade, dass er nicht aufstehen und ich nur wenige Schritte gehen konnte. Glücklicherweise konnten wir unsere Knochensuppe mit Felswurz durch den hier vorgefundenen Salzvorrat etwas schmackhafter machen; die sich in unserer Nähe zeigenden Rentiere hingegen konnte, wegen des körperlichen Zustandes der ganzen Reisegesellschaft, niemand verfolgen.

Am 14. traf Bélanger mit einem Billet von Herrn Back ein, mit der Nachricht, dass er von den Indianern keine Spur gefunden habe und Anweisung verlange, wohin er jetzt seine Richtung nehmen solle. Unsere erste Sorge erforderte jedoch der Überbringer, der fast sprachlos und, da er in einen Wasserfall gestürzt war, mit Eis bedeckt eintraf, sodass wir ihm erst nach der sorgfältigsten Pflege einen Bericht entlocken konnten. – Nach viertägiger Erholung war er so weit wiederhergestellt, dass ich ihn wieder zu seinem Absender, den er am *Round Rock Lake* (Runden Felsensee) gelassen hatte, zurückschicken konnte. Ich ließ Herrn Back wissen, dass er am Rentiersee zu uns stoßen und mit uns nach dem Fort Providence gehen möge. – Als wir uns nach Bélangers Entfernung bereit machten, unsere Wanderung nach dem Fort Providence anzutreten, erklärte Adam sich wegen seines körperlichen Zustands gänzlich unfähig, uns zu begleiten. Ich ließ daher zwei Kanadier (Peltier und Samandré) ihrem Erbieten gemäß bei ihm zurück und machte mich, bloß von Benoit und Augustus begleitet, am 20. auf den Weg. Meine Kleider waren dergestalt zerrissen, dass sie mich durchaus nicht vor dem Wind schützen konnten, und Peltier und Samandré, um meine Gesundheit besorgt, vertauschten bereitwillig die unbrauchbarsten Teile derselben mit den ihrigen. Um unseren Unterhalt einigermaßen zu sichern, nahmen wir einen Vorrat gesengter Rentierhäute mit. Unsere Tagebücher, nebst einem Bericht an den Unterstaatssekretär ließ ich den im Fort Enterprise Zurückbleibenden mit dem Auftrag, diese Gegenstände nach dem Fort Providence zu befördern und solche durch die Indianer, falls sie zu ihnen stießen, tragen zu lassen. Auch befahl ich ihnen, sobald wie möglich meinen Freunden, Richardson und Hood, Hilfe zu senden, falls sie vielleicht eher dazu imstande sein würden als ich selbst.

Anfangs vermochten wir kaum, uns durch den tiefen Schnee einen Weg zu bahnen; besser ging es auf dem Eis, und wir erreichten glücklich das Ufer des Runden Felsensees, wo wir uns, dicht aneinander gedrängt, unter freiem Himmel bei heftiger Kälte und starkem Wind lagerten. Am folgenden Morgen hatte ich überdies das Unglück, einen meiner Schneeschuhe durch einen Fall zu zerbrechen, sodass ich mit meinen Begleitern unmöglich Schritt halten konnte. Da ich fürchten musste, dass die Letzteren, wenn sie ihre Schritte meinetwegen verzögern müssten, zu spät kommen könnten, um uns zu rechter Zeit Hilfe zu verschaffen, so entschloss ich mich, nach unserem Haus zurückzukehren und Benoit mit Augustus die Indianer allein aufsuchen zu lassen; ich schrieb daher auf der Stelle ein Billet an Herrn Back mit den nötigen Anweisungen, insbesondere die Wiederholung des Auftrags, sogleich nach dem Fort Providence zu gehen und uns von dort aus augenblicklich Vorräte zu besorgen. Unsere zurückgelassenen Leute fand ich so kleinmütig und geschwächt, dass keiner aus dem Bett aufstehen und für Nahrungsmittel sorgen wollte; daher war meine Rückkehr in jeder Hinsicht ein glückliches Ereignis. Ich selbst musste es übernehmen, mit Peltiers Hilfe den Koch zu machen, und hatte bei all dem noch große Mühe, unsere Leute zum Genuss der bereiteten Nahrungsmittel zu bewegen. Leider war jetzt der Felswurz dergestalt gefroren, dass wir ihn nicht mehr einsammeln konnten und uns hauptsächlich an unsere Knochensuppen halten mussten.

Unsere Kräfte nahmen täglich mehr und mehr ab. Jede Anstrengung wurde uns lästig, und wenn wir einmal saßen, kostete es uns große Mühe, wieder aufzustehen. – Am 29. traten unerwartet Dr. Richardson und Hepburn herein, jeder sein Bündel auf der Schulter tragend. Als ich sie allein sah, erfüllten mich augenblicklich böse Ahnungen über das Schicksal meines Freundes Hood und unserer anderen Gefährten, und nur zu bald wurden sie bewahrheitet durch des Doktors traurige Mitteilung, dass Herr Hood und Michel tot seien, Perrault und Fontano aber das Zelt gar nicht erst erreicht und ohne Zweifel das gleiche Schicksal gehabt hätten. Folgendes ist der wesentliche Inhalt des Berichts, welchen Dr. Richardson von den Schicksalen des zurückgebliebenen Teils der Gesellschaft erstattete.

Als er am Tag nach unserer Abreise, um Felswurz aufzusuchen, ausgegangen und Hepburn beschäftigt war, Holz zu hauen, während Herr Hood auf seinem Lager blieb, war Michel mit meinem Billet eingetroffen, worin ich ihm die Ursachen von seiner und Bélangers Zurücksendung meldete und zugleich auf die Tannengruppe aufmerksam machte, wohin ich ihnen riet, das Zelt zu verlegen. Zugleich erzählte er, Bélanger sei eine Stunde früher ausgegangen und müsse, weil er noch nicht angekommen sei, den Weg verfehlt haben. Michel brachte einen Hasen und ein Rebhuhn mit, die er am Morgen erlegt hatte. Da er über Frost klagte, teilte Herr Hood in der Nacht seinen Büffelrock mit ihm, und der Doktor gab ihm eines von seinen zwei Hemden. Am folgenden Morgen bereitete sich die Gesellschaft, meinen Rat zu befolgen und ihren Aufenthalt unter die erwähnte Tannengruppe zu verlegen, wohin Michel sich zu ihrem Führer erbot. Unterwegs erzählte er, dass er auf dem Hügel neben den Tannen eine Flinte und achtundvierzig Kugeln zurückgelassen habe, die Perrault ihm gegeben hatte, als er von ihm Abschied nahm. Auf der ersten Wanderung zu der Tannengruppe wurden bloß die Munition und andere schwere Gegenstände mitgenommen, und für die Nacht kehrte der Doktor zum Zelt zurück, während Michel, seinem Wunsch gemäß, unter den Tannen sein Nachtlager nahm, mit der Bitte, ihm ein Beil dort zu lassen, wogegen er versprach, früh am anderen Morgen wieder zum Zelt zurückzukehren, um den Übrigen im Transport der Bett- und Zeltgeräte behilflich zu sein. Herr Hood blieb den ganzen Tag im Bett, und da man am 10. Oktober nichts von Bélanger hörte und sah, wurde er für verloren gehalten.

Als am folgenden Tag Michel vergebens auf sich warten ließ, beluden Richardson und Hepburn sich selbst mit den nötigen Gerätschaften und schlugen, begleitet von dem immer noch unpässlichen Hood, den Weg zur Tannengruppe ein. Als sie dort ankamen, waren sie erstaunt und beunruhigt, Michel nicht zu finden. In Erwartung seiner baldigen Ankunft holte Hepburn den Rest des Gepäcks herbei, und abends im Dunkeln traf auch Michel ein, mit der Entschuldigung, dass er vergebens ein Rentier verfolgt, dagegen aber einen Wolf erlegt habe, von dessen Fleisch er einen Teil mitbringe. Seine Gefährten glaubten unbedenklich diese Erzählung; in der Folge wurden sie aber durch mehrere zusammentreffende Umstände überzeugt, dass das mitgebrachte Fleisch nicht von einem Wolf, sondern von Bélangers oder Perraults Leiche herrühre. Es entsteht hier die Frage, ob er diese beiden Männer oder einen von ihnen ermordet oder ob er ihre Leichen im Schnee gefunden hat. Ich muss der ersteren Meinung beipflichten, da ich, als Perrault zum Zelt zurückkehrte, ihm bis an ein kleines Weidengebüsch nachsah, welches ihn unseren Blicken entzog, und gleich darauf der Dampf von frischem Holz aus jenem Gebüsch aufstieg. Ich mutmaße aus mancherlei Umständen, dass Michel damals schon den Bélanger ermordet hatte und sein Verbrechen durch Perraults Tod vollendete, um sich vor der Entdeckung zu schützen. Hätte Michel auch nicht nachher gezeigt, dass er (ein Irokese von Abstammung) einer solchen Tat nur zu fähig sei, so würde ihn schon der Umstand verdächtig machen, dass er seinem Vorgesetzten, dem Doktor Richardson, Perraults Rückkehr verschwieg und dass er von demselben verlangte, ihm das Beil zurückzulassen, dessen er doch zur Jagd nicht bedurfte.

Am folgenden Morgen (den 12.) ging Michel sehr früh aus, lehnte Richardsons angebotene Begleitung ab, blieb den ganzen Tag aus und wollte nachts nicht im Zelt, sondern am Feuer unter freiem Himmel schlafen. – Am 13. entfernte er sich gleichfalls sehr früh, vorgeblich um zu jagen, kehrte aber unerwartet sehr früh zurück, und seine widersprechenden Antworten auf die Fragen seiner Gefährten erregten deren Argwohn. Am 15. Oktober äußerte er Reue, dass er uns nicht zum Fort Enterprise gefolgt sei, und drohte sowohl an diesem als am folgenden Tag, seine Gefährten zu verlassen; deshalb hielten die Herren Hood und Richardson es am geratensten, ihm zu versprechen, dass, wenn er vier Tage lang fleißig jagen wolle, sie ihm erlauben würden, mit Hepburn, welchem man einen Kompass mitgeben wolle, uns zu folgen. Er erbot sich daher, die ganze Nacht und den folgenden Tag auf der Jagd zuzubringen, und kehrte nachmittags den 18. zurück. Am 19. weigerte er sich, zu jagen oder auch nur Feuerung herbeizuholen, und Herrn Hoods Gegenvorstellungen – weit entfernt, irgendeine heilsame Wirkung hervorzubringen – setzten ihn aufs Äußerste in Zorn, sodass er unter anderem sagte: »Das Jagen ist nutzlos; es ist kein Wildbret vorhanden; Ihr tätet besser, mich zu töten und zu essen.« Endlich ging er jedoch aus, kehrte aber sehr bald zurück, ohne etwas erlegt zu haben. – Am 20. wurde Michel von seinen Gefährten dringend aufgefordert, den heutigen Tag noch zur Jagd zu benutzen, da es der letzte von den vier Probetagen sei, wodurch er die ihm nur bedingterweise versprochene

Erlaubnis zur Abreise verdienen könne; allein er zeigte großen Widerwillen auszugehen, schlenderte am Feuer umher unter dem Vorwand, seine Flinte zu reinigen. Nachdem der Morgensegen gelesen war (es war Sonntag), ging Herr Richardson gegen Mittag aus, Felswurz zu sammeln, während Hepburn in einiger Entfernung vom Zelt einen Baum fällte, Herr Hood aber vor dem Zelt am Feuer saß und mit Michel im Wortwechsel begriffen war. Richardson war noch nicht weit gegangen, als er einen Flintenschuss fallen und etwa zehn Minuten später Hepburns Notruf hörte, sogleich herbeizukommen. Er eilte unverzüglich herbei und fand den armen Hood, wie es schien, von einer Kugel an der Stirn getroffen, leblos am Feuer liegen. Anfangs bemächtigte sich seiner der Gedanke, dass der Unglückliche in einem Anfall von Kleinmut sich selbst das Leben genommen habe; bald aber gewahrte der Doktor bei näherer Untersuchung des Körpers, dass die Kugel in den Hinterkopf eingedrungen und an der Stirn wieder herausgefahren war, sowie auch, dass der Flintenlauf sehr nahe an den Hinterkopf gehalten sein müsse, da die Schlafmütze des Ermordeten am Hinterkopf in Brand geraten war. Die Flinte war von der längsten Art, sodass sie unmöglich von dem Ermordeten selbst in eine Richtung gesetzt sein konnte, um sich eine solche Wunde beizubringen. Als man Michel befragte, auf welche Weise dies Unglück sich ereignet habe, erwiderte er: Herr Hood habe ihn ins Zelt geschickt, um ihm die kurze Flinte zu bringen, und in seiner Abwesenheit sei die lange losgegangen; ob durch Zufall oder nicht, dies sei ihm unbekannt.

Während er mit Doktor Richardson sprach, hielt er die kurze Flinte in der Hand. Der Doktor wagte es nicht, seinen Verdacht gegen Michel offen zu äußern, und dennoch beteuerte dieser wiederholt, er sei einer solchen Tat unfähig; dabei war er beständig auf seiner Hut und vermied sorgfältig, Hepburn mit dem Doktor allein zu lassen; und sooft Hepburn das Wort nahm, fragte er denselben, ob er ihn des Mordes anklage? Es ist zu bemerken, dass er zwar unvollkommen, aber doch so viel Englisch sprach, dass jene nicht ohne Gefahr, von ihm verstanden zu werden, in seiner Gegenwart miteinander reden konnten. Die Leiche wurde in einer Weidengruppe hinter dem Zelt niedergelegt und nach dem Abendsegen das bei Begräbnisfeierlichkeiten eingeführte Gebet gelesen. – Der Doktor und Hepburn durchwachten die Nacht im Zelt; Michel suchte den Doktor zu bereden, ihn in die Wälder am Kupferminenfluss auf die Jagd gehen zu lassen, anstatt ihn nach dem Fort Enterprise zu schicken, und nachmittags schoss er mehrere Rebhühner, die er mit uns teilte. Allein der Doktor beharrte bei seinem Vorsatz, uns zu folgen, und am 23. Oktober machte er sich mit Hepburn und Michel auf den Weg, wobei einige geröstete Stücke von des gemordeten Hoods Büffelpelz zur Stillung des Hungers mitgenommen wurden. Hepburn und Michel hatten jeder eine Flinte und der Doktor eine kleine Pistole, die Hepburn für ihn geladen hatte. Auf dem Weg beunruhigte Michel seine Gefährten unaufhörlich durch seine Gesten und durch sein ganzes Benehmen; ohne Unterlass hielt er Selbstgespräche und bezeigte seine Abneigung, zum Fort zu gehen, wiederholte auch seinen Vorschlag, stattdessen die Richtung südwärts in die Wälder zu nehmen, wo sie, wie er sagte, sich den ganzen Winter von der Rentierjagd nähren könnten. Der Doktor, immer mehr beunruhigt durch sein Benehmen und durch seine Mienen, ersuchte ihn hierauf, sie zu verlassen und jenen Weg allein einzuschlagen. Dieser Vorschlag steigerte seine bösartigen Gesinnungen, er ließ einige dunkle Winke fallen, dass er sich am folgenden Tag von allem Zwang befreien wolle, und äußerte Drohungen gegen Hepburn, den er laut beschuldigte, er habe Lügen über ihn erzählt. Auch nahm er zum ersten Mal einen Ton der Überlegenheit gegen den Doktor an und gab zu erkennen, dass dieser und Hepburn nun ganz in seiner Gewalt seien. Überhaupt äußerte er seinen Hass gegen die Weißen, die, wie er sagte, seinen Oheim und zwei seiner Verwandten ermordet und verzehrt hätten. Kurz, alles zusammengenommen, war es klar, dass er die erste Gelegenheit ergreifen wolle, seine beiden Reisegefährten zu ermorden, und dass er entschlossen sei, nicht *mit ihnen* nach dem Fort Enterprise zurückzukehren; zumal da er mehrmals zu erkennen gab, er könne ohne sie den Weg dahin finden. Weder der Doktor noch Hepburn waren in einem Zustand, der es ihnen erlaubte, gegen einen offenen Angriff Widerstand zu leisten, und ebenso wenig vermochten sie, ihm zu entkommen. Ihre vereinigten Kräfte waren den seinigen nicht gewachsen, und außerdem war er nicht nur mit einer Flinte, sondern auch mit zwei Pistolen, einem indianischen Bajonett und einem Messer bewaffnet. Als sie nachmittags einen Felsen erreichten, wo sie etwas Felswurz fanden, erbot er sich, während sie vorwärtsgingen, einen Vorrat davon einzusammeln, und versprach, seine Reisegefährten bald einzuholen. Seit Hoods Tod waren diese jetzt zum ersten Mal miteinander allein, und nun erfuhr der Doktor von Hepburn mehrere wesentliche Umstände, die ihn vollends überzeugten, dass nur Michels Tod sie vom Untergang retten könne. Hepburn erbot sich, das Werkzeug desselben zu sein; der Doktor nahm jedoch alle Verantwortlichkeit auf sich, und sobald Michel herbeikam, schoss er ihn mit der Pistole durch den Kopf und machte so seinem Leben ein Ende. Der Umstand, dass Michel keineswegs Felswurz eingesammelt hatte, wie er doch versprach, ließ vermuten, dass er bloß deswegen haltgemacht hatte, um seine Flinte zu dem beabsichtigten Mord instand zu setzen.

Auf ihrem ferneren Weg fanden Richardson und Hepburn eine essbare Moosgattung von dem Geschlecht der *Cornicularia*, die, angefeuchtet und geröstet, ein gutes Nahrungsmittel bot. – Die Erreichung des ihnen wohlbekannten Kleinen Mardersees verlieh ihnen neue Kräfte, sodass sie glücklich den Aufenthaltsort ihrer Gefährten erreichten.

Der 1. November zeigte sich schön und mild. Abends hatten wir den Kummer, unseren Gefährten Peltier nach einer anhaltenden Krankheit sterben zu sehen, und noch vor Anbruch des folgenden Tages folgte ihm sein Gefährte Samandré im Tode. So geschwächt waren wir alle, dass unsere vereinten Kräfte nicht hinreichten, sie zu begraben oder sie auch nur bis an den Fluss zu tragen.

Am 3. November überfiel den Doktor und Hepburn ein ungemeiner Grad von Schwäche, die bei dem Letzteren mit einem starken Anschwellen verbunden war. Auch ich wurde nun ganz unfähig zu jeder Anstrengung. Hierzu kam, dass bei unserer dermaligen schrecklichen Hagerkeit das Liegen auf dem bloß mit einer Decke versehenen harten Boden uns an denjenigen Teilen, worauf im Liegen die Last des Körpers hauptsächlich

Richardson erschießt den Irokesen Michel

ruht, bedeutende Verwundungen zuzog. Auch bemerkte ich, dass in dem Maß, in dem unsere körperlichen Kräfte schwanden, auch die Geisteskräfte Symptome der Abnahme zeigten.

Endlich langte am 7. November Hilfe an, ohne die wir alle in wenigen Tagen Opfer des Hungertodes geworden wären. – Es erschienen drei Indianer, die am 5. Akaitchos Lager verlassen hatten und deren Abreise von Herrn Back, sobald er in ihren Zelten eintraf, in größter Eile angeordnet worden war. Um geschwinder gehen zu können, brachten sie uns einstweilen einen geringen Vorrat, bestehend aus gedörrtem Rentierfleisch, Unschlitt und geräucherten Zungen. Doktor Richardson, Hepburn und ich verschlangen in so großer Menge die Nahrung, die uns die Indianer unvorsichtigerweise darboten, dass wir an einer schrecklichen Verdauungsstörung litten und nachts kein Auge zutun konnten.

Der Jüngste der drei Indianer kehrte nach einstündiger Ruhe zu Akaitcho zurück, um ihn und Herrn Back, an welchen ich ihm ein Billet mitgab, von unserer Lage in Kenntnis zu setzen und sie aufzufordern, uns unverzüglich mehr Lebensmittel zu übersenden. Aus dem Schreiben des Herrn Back, das die Indianer mir überbrachten, ging übrigens hervor, dass er ebenso viel gelitten hatte wie wir.

Nicht nur durch Überbringung der Nahrungsmittel, sondern auch durch ihre kräftige Arbeit verbesserten die Indianer in sehr kurzer Zeit unseren Zustand. Sie holten Holz herbei, reinigten unsere Zimmer und erinnerten uns, unser völlig vernachlässigtes Äußeres zu reinigen, namentlich unsere ihnen äußerst widerlichen langen Bärte zu scheren; auch fingen sie einige Forellen.

Als am 13. ihr jüngerer Gefährte noch nicht mit neuen Vorräten zurückgekommen war, äußerten sie große Besorgnis um ihn, und obwohl wir sie ihnen auszureden suchten, verließen sie uns abends plötzlich, ohne Abschied zu nehmen, nachdem sie jedem von uns noch eine Handvoll gedörrten Fleisches gegeben hatten. – Jetzt waren wir zum zweiten Mal ohne Nahrungsmittel, und schon begannen einige von unseren Begleitern aufs Neue zu verzweifeln, als schon am folgenden Vormittag der Jüngste von den drei Indianern nebst zwei Landsleuten und ihren Weibern, welche Lebensmittel zogen, begleitet von unserem Benoit, bei uns erschienen.

Herr Back schrieb mir, er und seine Gefährten hätten sich so weit erholt, dass sie sich zur Abreise nach dem Fort Providence vorbereiteten; und da unsere Kräfte gleichfalls schon bedeutend zugenommen hatten, beschlossen wir, um einem nochmaligen Mangel zuvorzukommen, schon am folgenden Tag ebenfalls dahin abzugehen. Die Indianer behandelten uns mit der größten Zärtlichkeit, gaben uns ihre Schneeschuhe und wanderten in bloßen Pelzschuhen uns zur Seite, um uns aufzuhelfen, wenn wir fielen. So legten wir den Winterfluss und den Runden Felsensee *(Round Rock Lake)* zurück, wo wir haltmachen mussten, weil Dr. Richardson, jetzt bei Weitem der Schwächste unter uns, nicht weiterkonnte. Die Indianer bereiteten unser Lager, kochten für uns und fütterten uns, als wären wir kleine Kinder; kurz, sie waren gegen uns so menschenfreundlich, dass es dem zivilisiertesten Volk Ehre gemacht hätte. Unter ihrer Pflege nahm unser Wohlbefinden sichtlich zu, sodass wir ohne Unfall am 26. November Akaitchos Lager erreichten. Er und die Seinigen empfingen uns in seinem Zelt schweigend und mit mitleidigem Blick. Der Häuptling bewies uns die freundschaftlichste Gastfreiheit und die größte Aufmerksamkeit, sodass er mit eigener Hand uns Speise bereitete – ein Geschäft, das er nie für sich selbst verrichtete. Mit ihm standen seine beiden Brüder, mehrere von unseren bisherigen Jägern nebst einer Anzahl Greise und Weiber im Lager. Im Laufe des Tages besuchte uns jeder Bewohner des Lagers, und zwar, wie es schien, nicht bloß aus Neugier, sondern aus Verlangen, sein Mitgefühl für unsere neuerlichen Leiden an den Tag zu legen. Wir erfuhren, dass Herr Back mit St. Germain und Bélanger nach dem Fort Providence abgegangen war und dass er vor seiner Abreise in dem Versteck eines Vorrats von gedörrtem Fleisch einen Brief für uns niedergelegt habe, den wir zwei Tage zuvor verfehlt hatten. Da wir vermuteten, dies Schreiben könnte uns von seinen Absichten genauer unterrichten als die Mitteilungen der Indianer, so schickten wir unseren Augustus in Begleitung eines Indianers ab, ihn herbeizuholen. – Unterdessen begaben wir uns am 1. Dezember mit unseren Wirten weiter nach Süden. – Am 6. traf Bélanger mit einem anderen Kanadier vom Fort Providence bei uns ein und brachte uns zwei Gespanne Hunde, einige starke Getränke und Tabak für die Indianer, neue Kleidung und etwas Tee und Zucker für uns. Auch erhielten wir durch sie Briefe von England sowie von den Herren Back und Wenzel. Die Ersteren setzten uns in Kenntnis von der erfolgreichen Reise Kapitän Parrys sowie von meiner und der Herren Back und Hood Beförderung – eine Nachricht, die unseren Schmerz über den Verlust des Letzteren nur erneuerte.

Nach einer langen Konferenz mit Akaitcho nahmen wir am 8. Dezember Abschied von ihm und seinen freundlichen Gefährten und zogen mit zwei schwer beladenen Schlitten voll Lebensmittel und Bettgewand, bespannt mit Hunden und geleitet von Bélanger und dem ihn begleitenden Kanadier in der Richtung des Forts Providence weiter, welches wir am 11. erreichten. Hier wurden wir von Herrn Weeks, der noch immer den Oberbefehl dort führte, aufs Freundschaftlichste aufgenommen und, so viel nur in seine Kräften stand, mit allen möglichen Bequemlichkeiten versehen. Am 14. erschien auch Akaitcho mit seinem ganzen Trupp und hielt, bevor er in das Zimmer trat, wo Dr. Richardson und ich uns befanden, eine Rede an Herrn Weeks. Dann wandte er sich auch an uns: Er habe, so sprach er, erfahren, dass unsere Vorräte ausgeblieben seien, welches allerdings auch ihm sehr unangenehm sei, da seine Leute von ihm die Förderung ihres Interesses erwarteten; doch tadle er *uns* deswegen nicht; es geht schlimm zu in der Welt, fuhr er fort. »Alle sind arm; Ihr seid arm; die Handelsleute scheinen arm zu sein; ich und meine Leute sind ebenfalls arm, und da die Vorräte nicht angekommen sind, können wir sie nicht erhalten. Darum aber bedaure ich noch immer nicht, Euch mit den nötigen Bedürfnissen versehen zu haben; denn ein Kupferindianer kann niemals zugeben, dass Weiße in seinem Land Mangel leiden, ohne zu ihrer Hilfe herbeizueilen. Ich hege jedoch das Vertrauen, dass wir Eurem Versprechen gemäß dasjenige, was Ihr uns schuldig seid, im nächsten Herbst erhalten werden, und auf alle Fälle ist es das erste Mal, dass weiße Männer Schuldner der Kupferindianer geblieben sind.« Er nahm hierauf die kleinen Geschenke, die wir ihm machten, sehr freundlich auf und bat uns, dass wir unseren Landsleuten seine Nation in einem günstigen

Licht darstellen möchten. »Ich weiß«, sagte er, »dass Ihr alle Vorgänge in Euren Tagebüchern aufzeichnet; hoffentlich aber habt Ihr das Schlechte, was wir gesagt und getan haben, weggelassen und bloß das Gute erwähnt.« Nach Beendigung dieser Konferenz wurden diejenigen Indianer, die der Kompanie etwas schuldig waren, durch Abrechnung für die uns gelieferten Vorräte bezahlt; auf die gleiche Weise belohnten wir auch die, welche uns im Fort Enterprise zu Hilfe gekommen waren. Überdies gaben wir den Indianern ein Fass Rum mit Wasser gemischt und eine Quantität Tabak, wodurch wir ihnen einen lustigen Abend in ihren Zelten bereiteten. – Da unser Dolmetscher Adam den Kupferindianern sich anzuschließen wünschte und mich um seinen Abschied bat, gab ich ihm für den Betrag seines Lohns eine Anweisung auf die Hudson-Bay-Kompanie.

Jetzt bereiteten wir uns, unsere Heimreise fortzusetzen. Herr Weeks versah den Dr. Richardson und mich mit einem bedeckten Schlitten, und so begaben wir uns am 5. Dezember 1821 auf den Weg nach Moose Island (Elchinsel). Unsere Gesellschaft bestand aus Bélanger, den beiden Führern unserer Schlitten, Benoit und Augustus. Vor unserer Abreise hatten wir eine zweite Konferenz mit Akaitcho, der, so wie seine übrigen Gefährten, zärtlichen Abschied von uns nahm.

Am 17. lagerten wir uns auf der südlichsten Rentierinsel. In den Fischerhütten der Hudson-Bay-Kompanie zu Stony Point fanden wir Herrn Andrews, einen Angestellten dieser Handelsgesellschaft, der uns mit einem Gericht trefflicher Weißfische bewirtete, die in dieser Gegend des Sklavensees häufig gefangen werden. Hier wurden uns zwei neue Schlitten entgegengeschickt, mit denen wir am folgenden Tag Moose Island erreichten. In der dortigen Handelsniederlassung der Hudson-Bay-Kompanie fanden wir unseren Freund Back, dem wir unsere Rettung vom Hungertod im Fort Enterprise hauptsächlich verdankten. Was sich mit ihm seit unserer Trennung am 4. Oktober ereignete, erzählte er uns im Wesentlichen folgendermaßen:

Am 6. Oktober begann der Felswurz – bis dahin sein und seiner Gefährten einziges Nahrungsmittel – ihnen zu mangeln; hin und wieder ein Rebhuhn war das Einzige, was sehr spärlich dessen Stelle vertrat. Es war sehr kalt, und Herrn Backs Schwäche nahm immer mehr zu, als sie die ihnen noch wohlbekannte Stelle am Mardersee erreichten, wo wir im vorigen Jahr einen Haltepunkt gemacht hatten. Der See war überfroren; allein das Eis brach unter Bélanger, und nur mit großer Mühe wurde er durch seine Begleiter vom Tode gerettet; und um das Schreckhafte dieses Unfalls zu erhöhen, hielten sich drei Wölfe dicht neben ihnen. Die Reisenden zogen den Sklavensee vorbei, sahen aber keine Spuren der Indianer, weder in der Umgebung noch im Fort Enterprise, das sie endlich ausgehungert erreichten. Auch sie nährten sich dort von weggeworfenen, verfaulten Gegenständen, namentlich von alten Knochen, die sie unter dem Schnee hervorsuchten, rösteten und mit Salz genossen.

Versehen mit einem kleinen Vorrat von Stücken alter am Feuer gerösteter Rentierfelle, machten sie sich am 11. Oktober auf den Weg, die Indianer aufzusuchen, bald aber schwanden ihre Nahrungsmittel; Wildbret ließ sich nicht sehen, und schon am 15. Oktober war die ganze Mannschaft in höchstem Grad geschwächt, als sie glücklicherweise etwas Felswurz und einige verfaulte

Rentierköpfe fand, welche die Wölfe wegen der strengen Witterung zurückzulassen genötigt gewesen waren. Ohne diesen Fund wären alle binnen vierundzwanzig Stunden Opfer des Hungertods geworden. Doch hatten sie das Unglück, dass einer von der Gesellschaft, der vor dieser Entdeckung nach Nahrung und Hilfe ausgesandt war, unterwegs erfror. Endlich traf sie Bélanger mit seiner Botschaft vom Fort Enterprise. – Nachdem sie sich bis zum 30. mit dem neu aufgefundenen Rest von einem Rentier das Leben gefristet hatten, wagten sie es in ihrem geschwächten Zustand, den Weg nach dem Fort Providence anzutreten, um entweder von den Indianern oder aus dem Fort Providence uns Hilfe zu schaffen. Endlich sahen sie am 3. November Fußstapfen von Indianern. Herr Back war so erschöpft, dass er selbst diese nicht mehr verfolgen konnte; doch schickte er St. Germain zu dem Zweck ab, der noch an demselben Abend Akaitchos Zelt erreichte. Akaitcho schickte am folgenden Tag einen von seinen Leuten, der Herrn Back in sein Lager geleitete, von wo aus er mir und meinen Begleitern die ersehnte Hilfe zusandte und sich, gestärkt durch die gastfreie Aufnahme der Indianer, bald von seinem erschöpften Zustand insoweit erholte, dass er sich am 10. November nach dem Fort Providence auf den Weg machen konnte, wo er am 21. eintraf.

Der Aufenthalt auf Moose Island stellte unsere Gesundheit – Dank sei der Sorgfalt der beiden Vorsteher der dortigen Handelsniederlassung – allmählich wieder her, sodass wir bei dem ersten Vorzeichen des nahenden Frühlings (25. Mai 1822) Vorbereitungen trafen, uns nach dem Fort Chipewyan einzuschiffen. Gerade damals traf von dort ein Kanu mit den Vorräten ein, deren wir zur Bezahlung Akaitchos und unserer Jäger bedurften; und es war uns doppelt angenehm, uns dieser Schuld noch vor unserer Abreise entledigen zu können.

Nach fünfmonatigem Aufenthalt verließen wir Moose Island und erreichten am 2. Juni das Fort Chipewyan, wo wir Herrn Wenzel und die vier Männer antrafen, die wir mit ihm von der Mündung des Kupferminenflusses abgesandt hatten. Der Erstere rechtfertigte sich bei mir vollkommen über die Nichtbefolgung meiner letzten Instruktionen, denen zufolge er im Fort Enterprise Lebensmittel für uns in Bereitschaft halten sollte. Eine Reihe von ungünstigen Zufällen war lediglich schuld daran; namentlich hatte er, in Ermangelung der nötigen Schreibmaterialien, bei seiner kurzen Anwesenheit auf dem verödeten Fort Enterprise, zu Häupten meiner gewöhnlichen Schlafstätte mit einem Pinsel in großen Buchstaben alle uns notwendigen Notizen aufgezeichnet. Da ich aber solche bei meiner Hinkunft nicht wahrnahm, mussten mittlerweile Indianer dort gewesen sein – wie auch aus anderen Umständen hervorging – und die Schriftzüge verwischt haben.

Im Fort Chipewyan wurden wir von dem Vorsteher der dortigen Niederlassung mit einem Kanu, geführt von einem Bootsmann, versehen; wir schifften uns am 5. Juni ein und langten am 4. Juli in Norway House an. Da von hier aus Kanus nach Montreal abzugehen in Begriff waren, gab ich unseren sämtlichen kanadischen Reisegefährten ihren Abschied, schickte sie mit diesen Fahrzeugen in ihre Heimat zurück, mit einer Anweisung an den dortigen Agenten der Hudson-Bay-Kompanie, ihnen den verabredeten Lohn auszuzahlen. Unseren Augustus behielten wir bis zur York Factory bei uns, wo wir am 14. Juli eintrafen und von sämtlichen Beamten beider Handelskompanien mit allen möglichen Beweisen der Aufmerksamkeit und Freundschaft empfangen wurden.

So endigten unsere langen, beschwerlichen, von so manchen traurigen Vorfällen begleiteten Reisen im Norden Amerikas, nachdem wir teils zu Wasser, teils zu Lande – unsere Fahrt auf dem Polarmeer inbegriffen – fünftausendfünfhundertundfünfzig Meilen zurückgelegt hatten.

Editorische Notiz

Das Original von John Franklins Darstellung, *Narrative of a Journey to the Shores of the Polar Sea, in the Years 1819, 20, 21 and 22 […]. With an Appendix on Various Subjects Relating to Science and Natural History,* erschien 1823 bei John Murray in London in einem Band.

Noch im selben Jahr wurde das Werk von der Bran'schen Buchhandlung in Jena unter dem Titel *Capitän Franklins Entdeckungsreise an die Küsten der Polarsee in den Jahren 1819, 20, 21 und 22* – ohne Bekanntmachung des Übersetzers – innerhalb des von Friedrich Alexander Bran betreuten »Ethnographischen Archivs« als Nummer 22 auf Deutsch vorgelegt.

Und nur wenig später, nämlich um die Jahreswende 1823/24, folgte im Verlag des Großherzoglich Sächsisch-preußischen Landes-Industrie-Comptoirs in Weimar unter dem Titel *Reise an die Küsten des Polarmeeres in den Jahren 1819, 1820, 1821 u[nd] 1822* – wiederum ohne Nennung des Übersetzers – eine zweite deutsche Nachbildung des Berichts als Nummer 36 der »Neuen Bibliothek der wichtigsten Reisebeschreibungen«.

Danach gerieten John Franklins Aufzeichnungen unter dem Eindruck seines vorerst spurlosen Verschwindens im Jahr 1845 und der anschließenden aufwendigen Suche nach ihm lange Zeit – zwar nicht in Vergessenheit, aber doch – ins Abseits, bis Gerhard Grümmer die Schilderung 1988 für die vom VEB F.A. Brockhaus in Leipzig veranstaltete Reihe »Klassische Reisen« aufs Neue übertrug und herausgab. Dabei wurde das Ganze, wie Grümmer in seiner doch recht knappen Vorbemerkung unterstrich, »gegenüber dem vorliegenden Original erheblich gekürzt, weil ein Tagebuch von mehr als siebenhundert Seiten Länge notwendigerweise Wiederholungen aufweisen muss«.

Derselben Richtschnur folgte auch der ungenannte Urheber der frühesten deutschen Fassung – das heißt: jener von 1823. Denn er betonte in der Einleitung zu seiner Arbeit, dass er zwar von der Vorlage »einen im Wesentlichen vollständigen Auszug« geliefert, den wissenschaftlichen Anhang jedoch – als da sind »geognostische, meteorologische, astronomische, zoologische und botanische Bemerkungen« – um einiges ausgedünnt habe.

Damit prädestinierte er seine Übersetzung zur Aufnahme durch Erdmann in zweifacher Weise.

Zum einen entspricht ihre Textmenge ziemlich genau dem bei Erdmann üblichen Umfang; zum anderen geht von ihr ein Hauch des Urtümlichen aus. Wenn wir nämlich für das englische: »This circumstance determined us on encamping to dry the meat, as there was wood at the spot« (1823) lesen: »Dieser Umstand bestimmte uns, an einer waldigen Stelle haltzumachen, um das Fleisch zu dörren« (1823), dann bringt uns solch ein gestelzt und kantig erscheinender Wortlaut näher an die einstigen Verhältnisse heran als die polierte Prosa nach dem Muster: »Da es an jenem Orte Holz gab, entschlossen wir uns, zu lagern und das Fleisch zu trocknen« (1988).

Zur Wahrung des Zeitkolorits ist die einst gebräuchliche Schreibweise der Namen von Örtlichkeiten und Indianerstämmen – zumal sie keinerlei Verständnisschwierigkeiten bereitet – beibehalten worden; die zum Teil arg sinnentstellenden Druckfehler wurden hingegen nach Möglichkeit ausgemerzt.

JOURNEY

TO THE

SHORES OF THE POLAR SEA,

In 1819-20-21-22:

WITH

A BRIEF ACCOUNT OF THE SECOND JOURNEY

In 1825-26-27.

BY

JOHN FRANKLIN, CAPT. R.N. F.R.S.

AND COMMANDER OF THE EXPEDITION.

FOUR VOLS.—WITH PLATES.

VOL. I.

LONDON:

JOHN MURRAY, ALBEMARLE STREET.

MDCCCXXIX.

Eine Ausgabe der »Journey« von 1829
(im Anhang eine Kurzfassung der »Second Journey«)

Weiterführende Literatur

Empfehlungen für Leser, die mehr über John Franklin wissen wollen

»Es gibt buchstäblich«, heißt es 1987 in einem Prolog zur Bibliographie in Owen Beatties und John Geigers Buch *Der eisige Schlaf,* »Millionen von Einzeldarstellungen, die über die Vorbereitung und den Untergang der Franklin-Expedition von 1845–48 und die anschließende Suche nach ihr geschrieben wurden«. Ganz im Gegensatz dazu sind Monographien über die Persönlichkeit und das Lebenswerk des Entdeckers Mangelware – vor allem in deutschen Bibliotheken und Antiquariaten (vom Sortiment ganz zu schweigen). Die nachstehende Übersicht spiegelt dieses Manko wider und weist dennoch einen Weg zum besseren Verständnis des Polarforschers John Franklin.

Constantin Schumann: Franklin, der Held des nördlichen Eismeeres. Franklins Nordfahrten und ihre Folgen, Entdeckung der nordwestlichen Durchfahrt durch M'Clure und Auffindung der Überreste der letzten untergegangenen Franklin-Expedition durch M'Clintock. Leipzig 1890, [6]1896 (Otto Spamer).

Die erste und bis heute einzige ausführlichere Würdigung des Mannes in deutscher Sprache… und wie das meiste, das noch weltweit über ihn verbreitet werden sollte, auf seine arktischen Kampagnen konzentriert – weshalb auch die Schilderung der lange andauernden Fahndung nach dem plötzlich abhandengekommenen Leitbild jener Tage die zweite Hälfte des Bandes einnimmt: »Ewig werden diese Unternehmungen in der Geschichte als Denkmäler der Menschenliebe und Aufopferung glänzen; laut werden sie bezeugen, was Völker vermögen, wenn sie sich großherzig für die Erreichung eines erhabenen Zieles begeistern.«

Henry D[uff] Traill: The Life of Sir John Franklin, R.N., London 1896 (John Murray).

Obwohl sie eine Reihe von Flüchtigkeitsfehlern enthält, lange Zeit die Standard-Biographie des Eismeer-Forschers … nicht zuletzt, weil sich ihr Verfasser auf eine Fülle von Dokumenten aus dem Besitz von Lady Franklin und ihren Anverwandten stützen konnte – gewiss im Stil der Zeit ›heroisch‹, dann aber doch immer wieder auch bemüht, den Menschen im Recken sichtbar zu machen: »Was Franklin tat, dürfte seinen Landsleuten inzwischen hinreichend geläufig sein. Wer er war – wie zuvorkommend und gütig, wie anspruchslos und duldsam, wie unverbrüchlich als Gefährte, wie pflichtgetreu in seinen Ämtern, wie tief und wahrhaft gläubig – das hat und konnte bisher niemand erfahren außer seinen engsten Vertrauten.«

Roald Amundsen: Die Nordwestpassage. Meine Polarfahrt auf der Gjöa 1903–1907 [1907]. Herausgegeben von Detlef Brennecke. Wiesbaden 2012 (Edition Erdmann).

Das Logbuch eines Siegeszugs… wie sich die »Gjöa« aus der norwegischen Hauptstadt Kristiania (dem heutigen Oslo) zwei Jahre lang von Osten her durch das Labyrinth der Inseln und Untiefen im nördlichen Kanada quälte, bis ihr am Morgen des 26. August 1905 bei Nelson Head von Westen her ein Schiff entgegenkam, die »Charles Hansson« aus San Francisco – da hatte Roald Amundsen einen Menschheitstraum wahr gemacht: »Die Nordwestpassage war vollendet!«

H[einrich] H[ubert] Houben: »John Franklin unter den nördlichsten Indianern«, »Im Kanu durch das Polarmeer« und »Die Schrecken eines Rückmarsches«, in ders.: Der Ruf des Nordens. Abenteuer und Heldentum der Nordpolfahrer. Berlin 1927 (Wegweiser Verlag), S. 73–80, S. 81–86 und S. 86–93 (vgl. ebda. S. 105–137).

Ein Leitfaden durch mehr denn tausend Jahre Tollkühnheit … von Pytheas über John Franklin bis Richard Evelyn Byrd – lesenswert sowohl als kulturhistorische Revue wie auch als sprachliches Kunstwerk: »Neue Zeitalter werden neue Strophen hinzudichten.«

Kathleen Fitzpatrick: Sir John Franklin in Tasmania 1837–1843. Melbourne 1949 (Melbourne University Press).

Wenn es nicht in Deutschland so schwierig zu beschaffen wäre, eines der empfehlenswertesten Bücher zum Thema überhaupt… seine Autorin hatte Einblick in sämtliche Unterlagen über Franklins Amtstätigkeit in Tasmanien und kann zeigen, wie der Ruf eines gutwilligen Mannes von korrupten Karrieristen beinahe zerstört worden wäre – zum Glück gelang es nicht: »Denn er war ein Mann, der schon zu Lebzeiten eine Legende geworden war, sowohl wegen seines Mutes als auch wegen der Schönheit seines Charakters.«

Richard S[tanton] Lambert: Franklin of the Arctic. A Life of Adventure. London 1954 (The Bodley Head) (= Men of the Modern Age 5).

Eine epische Rekonstruktion … sind doch die Worte und Taten der Akteure dieser Lebensdichtung überlieferten Sachverhalten nachgebildet – Defätismus inklusive: »›Tod oder Ruhm – das wurde bei Trafalgar auf die Kanonen gekritzelt. Ich frage mich aber manchmal, ob für Männer wie uns nicht der Tod grundsätzlich der Preis für den Ruhm ist.‹«

Roderic Owen: The Fate of Franklin. London 1978 (Hutchinson & Co).

Ein Vierteljahrhundert alt und immer noch die einzige neuzeitliche Gesamtschau des unglücklichen Wegbereiters … sie beruht nicht auf eigener Grundlagenforschung, sondern fasst zuvor Geschriebenes ohne jeden Nachweis der Quellen zusammen – ein Buch für die sogenannte breite Leserschaft: »Höchste Zeit nämlich, dass die Leute etwas über den, wie ich finde, wahren Sir John erfahren!«

Dietmar Henze: »Franklin, Sir John«, in ders.: Enzyklopädie der Entdecker und Erforscher der Erde, Band 2 D–J. Graz 1983 (Akademische Druck- und Verlagsanstalt), S. 276–280.

Eine kompakte Auflistung der Leistungen dieses Pioniers … Schritt für Schritt vollzieht sie die Stationen seiner Expeditionen nach – und verzichtet dabei auf das Geraune über sein spurloses Verschwinden: »F[ranklin] und seine Begleiter haben sich um die Entdeckung, Kartierung und wissenschaftliche Erforschung des arktischen Amerika größte Verdienste erworben.«

Sten Nadolny: Die Entdeckung der Langsamkeit. Roman. München 1983 (Piper); Taschenbuchausgabe: München 1987 (= Serie Piper 700).

Eine – längst klassisch gewordene – Variation des Ecce-Homo-Themas. In ihr ergibt sich der Heroismus des Protagonisten nicht aus dem Pomp-and-circumstance-Getue der ›großen‹ Entdecker; nicht aus der Neigung zum Übermenschentum, sondern aus Franklins Hang zum stillen Kult des Genauen – aus jener Gewissenhaftigkeit also, die unter anderem dazu führte, dass in der Geschichte des Scheiterns seiner Fahrt von 1819–1822 kein Sachverhalt bemäntelt ist: »Er hatte gar nicht erst versucht, sich zu rechtfertigen, sondern das Unglück genau geschildert, nichts weggelassen und auch seine eigenen Hilflosigkeiten zugegeben.«

Owen Beattie / John Geiger: Der eisige Schlaf. Das Schicksal der Franklin-Expedition [1987], Köln 1989 (vgs Verlagsgesellschaft); Taschenbuchausgabe: München 1998 (= Serie Piper 1371).

Das Protokoll einer Paradoxie… Nachdem die Leichen von drei Teilnehmern an Franklins verhängnisvoller letzter Fahrt rund anderthalb Jahrhunderte im Permafrost der Arktis gelegen hatten, konnten sie 1984 exhumiert werden, und dabei stellte sich heraus, dass die Männer nicht etwa der Witterung oder dem Hunger zum Opfer gefallen sind, sondern dem Fortschritt der Technik – sie hatten sich beim Genuss des Proviants vergiftet, den sie aus mit Blei verlöteten Konservendosen gelöffelt hatten: »Es ist eine traurige Ironie, dass Franklins machtvolle Expedition […], die mit allem ausgestattet war, was die aufstrebende Industrie und der Erfindergeist jener

Zeit zu bieten vermochten, ausgerechnet von einer dieser Erfindungen tödlich getroffen wurde.«

Rudy Wiebe: Land jenseits der Stimmen. Roman [1994]. Frankfurt am Main 2001 (Eichborn).

Empathische Ethno-Prosa mit einem Körnchen Edler-Wilder-Kitsch … hier die technikbesessenen Europäer und dort die mythengläubigen Indianer – aber die Liebe fügt alles zusammen und macht die Toten am Ende vergessen, derweil die unversehrten Teilnehmer der Franklin-Expedition von 1819–1822 begriffsstutzig über den Erzeuger eines frisch geborenen Halbblutes rätseln: »Rings um sie herum zieht sich das arktische Licht zurück ins Dunkel seiner undurchdringlichen, Leben spendenden Kälte.«

Francis Leopold McClintock: Die Reise der »Fox« im arktischen Eismeer 1857–1859. Herausgegeben von Eckhard Berkenbusch und Stefan Christoph Saar. Wiesbaden 2010 (Edition Erdmann).

Im Sommer 1845 verschwanden auf ihrer Suche nach der Nordwest-Passage die Expeditionsschiffe HMS »Erebus« und »Terror« spurlos im Nordatlantik. Zahllose Suchexpeditionen, die sich in den folgenden Jahren auf die Spur des legendären Polarforschers Sir John Franklin setzten, scheiterten. Erst 1857/59 gelang McClintock der endgültige Nachweis, dass »Erebus« und »Terror« in den Eiswüsten des kanadisch-arktischen Archipels gescheitert waren und Franklin und seine Schiffsmannschaften einen entsetzlichen Tod erlitten hatten.

Lebensdaten

1786 15. April – Geburt von John Franklin in Spilsby, Lincolnshire; England

1796 Kurzzeitiger Besuch der Lateinschule in St. Ives, Cambridgeshire

1796–00 Besuch der Lateinschule in Louth, Lincolnshire

1799 Als Passagier auf einem Kauffahrteischiff Probe-Törn von Hull nach Lissabon und zurück

1800 Eintritt in die Royal Navy

1801 Als Matrose auf der »Polyphemus« Teilnahme an der Seeschlacht auf der Reede von Kopenhagen

1801–03 Als Matrose auf der »Investigator« Teilnahme an der Australien-Fahrt von Matthew Flinders

1803–04 Als Kadett erst auf der »Rolla« und danach auf der »Earl Camden« umständliche Heimfahrt nach England

1805 Als Kadett auf der »Bellerophon« Teilnahme an der Seeschlacht vor Trafalgar (seither schwerhörig)

1806–07 Als Obermaat auf der »Bellerophon« beim Ostasien-Geschwader

1807 Als Bootsmann auf der »Bedford« Teilnahme an der Überführung der portugiesischen Königsfamilie nach Rio de Janeiro

1807–09 Als Bootsmann auf der »Bedford« Aufenthalt in Rio de Janeiro und Patrouillenfahrten (u.a. nach Madeira)

1810–12 Als Bootsmann auf der »Bedford« Teilnahme an den Blockadeaktionen vor der Küste der Niederlande

1813–15 Als Bootsmann auf der »Bedford« Teilnahme am englisch-amerikanischen Krieg

1814 Als Bootsmann auf der »Bedford« Teilnahme an der Seeschlacht vor New Orleans (dabei leicht verwundet)

1815 Als Leutnant zur See auf der »Forth« Teilnahme an der Rückführung der Herzogin von Angoulême, der Tochter Ludwigs XVI., nach Frankreich

1815–18 Untätigkeit im Kreise der Familie in Lincolnshire

1818 Als Fregattenkapitän auf der »Trent« Teilnahme an der Expedition David Buchans zur Eroberung des Nordpols nach Spitzbergen und ins Nordpolarmeer

1819–22 Erste Suche nach der Nordwestpassage

1823 Vermählung mit Eleanor Anne Porden; Ernennung zum Kapitän zur See; Aufnahme in die Royal Society; *Narrative of a Journey [...] 1819–22*

1824 Geburt der Tochter Eleanor Isabella

1825 Tod von Eleanor Anne Franklin, geb. Porden

1825–27 Zweite Suche nach der Nordwestpassage

1828 Vermählung mit Jane Griffin; *Narrative of a Second Journey [...] 1825–27*

1829 Erhebung in den Adelsstand als »Sir« John Franklin durch George IV.; Dr. iur. h.c. der Universität Oxford

1830–34 Als Befehlshaber auf der »Rainbow« Teilnahme an dem Befreiungskampf der Griechen gegen die Türken

1834 Auszeichnung mit dem griechischen Erlöserorden

1836–43 Gouverneur von Van-Diemens-Land (= Tasmanien)

1845– … 18. Mai: Start zur dritten Suche nach der Nordwestpassage; 26. Juli: Letztes Lebenszeichen in der Baffin Bay – *A Narrative of Some Passages in History of Van Diemen's Land during the Last Three Years of Sir John Franklin's Administration in the Colony*

1847 11. Juni: Tod von John Franklin auf King William Land, Kanada

1852 Für-tot-Erklärung John Franklins

1859 9. Mai: Entdeckung des Zettels mit der Todesnachricht John Franklins durch William Robert Hobson auf King William Land

1987 Mutmaßung über die entscheidende Todesursache der Mitglieder der »Erebus«-und-»Terror«-Expedition: Bleivergiftung durch die mitgeführten Konservendosen – eine Diagnose freilich, die bald durch die These in Frage gestellt wurde, die Männer seien an Skorbut erkrankt und schließlich daran gestorben (wobei es in der letzten Phase dieses Dramas, was Schnitt- und Stichspuren an den Knochen von drei 1984 gefundenen und exhumierten Leichen der Abenteurer zu beweisen scheinen, sogar noch zu Kannibalismus kam)

2014 Ortung des Wracks der »Erebus« durch ein Team kanadischer Meeresarchäologen im Osten des Queen Maud Golfs – und zwar vor der O'Reilly Insel im Süden von King William Land auf 68°15' N, 98°45' W.

2016 Ortung des Wracks der »Terror« durch ein Team kanadischer Meeresarchäologen ebenfalls im Osten des Queen Maud Golfs – allerdings in der Terror Bai an der Südwestküste von King William Land und damit rund hundert Kilometer oberhalb des Wracks der »Erebus« auf 68°54' N, 98°57' W. Die Forschung zieht aus dieser Tatsache den Schluss, dass die Restmannschaft zunächst die »Terror« aufgegeben hat, um an Bord der »Erebus« weiterzusegeln … bis sie auch dieses Schiff aufgeben musste und danach zu Fuß gen Süden aufbrach, wo sie umkam

Reisedaten

23. Mai 1819 Abreise auf der »Prince of Wales« von Gravesend

3. Juni Zwischenstopp in Stromness auf den Orkney-Inseln (bis 16. Juni)

30. Aug. Ankunft in York Factory am Südwestufer der Hudson Bay

9. Sep. Aufbruch ins Innere Nordkanadas

28. Sep. Ankunft in Oxford House

6. Okt. Ankunft in Norway House

22. Okt. Ankunft in Cumberland House

22. Nov. Bezug des Winterquartiers in Cumberland House

18. Jan. 1820 Aufbruch mit Back und Hepburn nach Carlton House

30. Jan. Ankunft mit Back und Hepburn in Carlton House

23. Feb.	Ankunft mit Back und Hepburn in Isle à la Crosse
19. März	Ankunft mit Back und Hepburn in Pierre au Calumet
26. März	Ankunft mit Back und Hepburn im Fort Chipewyan
13. Juli	Ankunft Richardsons und Hoods in Fort Chipewyan
28. Juli	Ankunft in Fort Providence
19. Aug.	Bezug des Winterquartiers Fort Enterprise
29. Aug.	Rekognoszierungstour von Back (bis 12. Sep.)
9. Sep.	Rekognoszierungstour von Franklin (bis 14. Sep.)
18. Okt.	Verproviantierungstour von Back (bis 15. März)
14. Juni 1821	Aufbruch zum kanadischen Polarmeer
14. Juli	Sichtung des kanadischen Polarmeers durch Richardson
18. Juli	Ankunft an der Mündung des Kupferminenflusses
21. Juli	Anfang der nautischen Rekognoszierung des kanadischen Polarmeers
22. Aug.	Ende der nautischen Rekognoszierung des kanadischen Polarmeers bei Point Turnagain im Osten des Coronation-Golfs (= 68°19' nördlicher Breite und 110°5' westlicher Länge)
23. Aug.	Aufbruch zum Rückmarsch; Einsetzen des Nahrungsmittel-Mangels
7. Sep.	Schwächeanfall Franklins
26. Sep.	Aufenthalt am Kupferminenfluss

4. Okt. Abmarsch einer Vorausabteilung unter Back mit den Kanadiern St. Germain, (Salomon) Bélanger und Beauparlant nach Fort Enterprise; danach Abmarsch des Haupttrupps unter Franklin

5. Okt. Bildung einer Nachhut unter Richardson, Hood und Hepburn mit den Kanadiern Vaillant und Crédit

6. Okt. Umkehr zur Nachhut durch den Kanadier (Jean-Baptiste) Bélanger, den Irokesen Michel sowie später die Kanadier Perrault und Fontano

7. Okt. Weitermarsch des Haupttrupps unter Franklin mit den Kanadiern Peltier, Semandré und Benoit sowie dem Dolmetscher Adam

9. Okt. Abmarsch der Vorausabteilung unter Back von Fort Enterprise

11. Okt. Ankunft des Haupttrupps in Fort Enterprise (Auftreten von Kannibalismus bei der Nachhut)

14. Okt. Anschluss des Kanadiers (Salomon) Bélanger von der Nachhut an den Haupttrupp

18. Okt. Abmarsch des Kanadiers (Salomon) Bélanger vom Haupttrupp zur Vorausabteilung

20. Okt. Abmarsch des Haupttrupps nach Fort Providence ohne die Kanadier Peltier und Semandré sowie den Dolmetscher Adam (Ermordung Hoods durch den Irokesen Michel bei der Nachhut)

21. Okt. Umkehr des Haupttrupps nach Fort Enterprise (Hinrichtung Michels durch Richardson bei der Nachhut)

29. Okt.	Ankunft von Richardson und Hepburn beim Haupttrupp
7. Nov.	Rettung des Haupttrupps (Franklins, Richardsons, Hepburns sowie der Kanadier Benoit, [Salomon] Bélanger und St. Germain sowie des Dolmetschers Adam) durch drei Indianer mit Nahrungsmitteln
15. Nov.	Abmarsch des Haupttrupps nach Fort Providence
26. Nov.	Ankunft des Haupttrupps in einem Indianerlager
1. Dez.	Weitermarsch des Haupttrupps nach Fort Providence
11. Dez.	Ankunft des Haupttrupps in Fort Providence
18. Dez.	Vereinigung mit der Vorausabteilung (ohne den umgekommenen Kanadier Beauparlant) auf Moose Island; hier Bezug des Winterquartiers
26. Mai 1822	Aufbruch nach Fort Chipewyan
2. Juni	Ankunft in Fort Chipewyan
4. Juli	Ankunft in Norway House
14. Juli	Ankunft in York Factory
Oktober	Heimkehr nach England

In den vier Wochen zwischen Anfang Oktober und Anfang November 1821 starben im Verlauf dieser Expedition der Engländer Robert Hood, die Kanadier Gabriel Beauparlant, Jean Baptiste Bélanger, Vincenzo Fontano, Mathias Pelonquie (gen. Crédit), Joseph Peltier, Ignace Perrault, François Semandré und Registe Vaillant sowie der Irokese Michel Teroahauté.

Bibliografische Information der Deutschen Nationalbibliothek
Die Deutsche Nationalbibliothek verzeichnet diese Publikation in der Deutschen Nationalbibliografie; detaillierte bibliografische Daten sind im Internet über http://dnb.d-nb.de abrufbar.

Covergestaltung: Anja Carrà, Weimar; Karina Bertagnolli, Wiesbaden
Bildnachweis: © jennifer-latuperisa-andresen by Unsplash
Gesamtherstellung: CPI books GmbH, Leck – Germany

ISBN: 978-3-7374-0057-2

Mehr über Ideen, Autoren und Programm des Verlags finden Sie auf www.verlagshausroemerweg.de und in Ihrer Buchhandlung.